30岁

30SuiShengcunJingzhengli

生存竞争力

人际关系也是生产力

王 澜/编著

JINGZHENGLI

中国华侨出版社

图书在版编目(CIP)数据

30 岁生存竞争力：人际关系也是生产力 / 王澜编著.—北京：中国华侨出版社，2010.5
ISBN 978-7-5113-0378-3

Ⅰ.① 3… Ⅱ.①王… Ⅲ.①人际关系学－通俗读物 Ⅳ.① C912.1-49

中国版本图书馆 CIP 数据核字（2010）第 070484 号

● 30 岁生存竞争力：人际关系也是生产力

作　　者 / 王　澜
责任编辑 / 文　虫
装帧设计 / 孙希前
责任校对 / 胡首一
经　　销 / 新华书店
开　　本 / 710 × 1000 毫米　1/16　印张 / 18　字数 / 200 千字
印　　刷 / 三河市华润印刷有限公司
版　　次 / 2010 年 7 月第 1 版　2010 年 7 月第 1 次印刷
书　　号 / ISBN 978-7-5113-0378-3
定　　价 / 30.00 元

中国华侨出版社　北京市安定路 20 号院 3 号楼 305 室　邮编：100029
法律顾问：陈鹰律师事务所
编 辑 部：(010)64443056　64443979
发 行 部：(010)64446051　传真：(010)64439708
网　　址：www.oveaschin.com
e-mail:oveaschin@sina.com

Preamble 序言

人际关系是成功的温床，是成功的前提，是事业发展的支持系统，是成功的第一因素，更是成功的一项资本。"人缘好四处逢源，人缘差寸步难行"。拥有一流的人际关系，才能在这个社会中游刃有余、进出有道。

在中国古代，越王勾践的卧薪尝胆是可歌可泣的，但若没人来助，他怎会败中取胜。汉高祖刘邦的楚汉相争是惨烈悲壮的，但若没人相帮，他怎能扭转乾坤。自古以来，得人际关系者定输赢，得人心者得天下。可见融洽的人际关系对人生好和事业是不可或缺的。

人生在世，谁都想活得潇洒，活得成功，活得红红火火。然而，任何事业都是人际关系的事业，成功之道在于你与多少人有良好的关系。所以经营事业就是在经营人际关系，当你学会了利用人际关系，你就具备了整合人际资源、创造价值的能力。从某种意义上说，人际关系也是生产力。也许人际关系不会直接给你带来金钱、地位和晋升，但却可能润物于无声中，不知不觉提升你的能力和层次，当你的人际关系积累到一定程度时，就能实现从量到质的转变，让你的事业获得巨大辉煌。

"一个好汉三个帮，一个篱笆三个桩"。在当今时代，单打独斗寸步难行，孤胆英雄已鲜无踪迹，人与人之间的沟通日益频繁，人与人之间的合作愈显重要。无论你从事何种职业，身处何地，都免不了要跟各种各样、形形色色的人打交道共事。融洽的人际关系可以给你创造机遇，可以延伸你的能力，更是你用之不尽的资源财富。一位国内的财富精英甚至宣言，其最大的也是最重要的成功资本就是人际关系。

中国社会自古以来就尤为重视人际关系，历史传统造就了讲人情、重关系的习性，办事要讲人际关系。拥有过硬的人际关系一向是中国人评价一个人能力高低的重要标志。若某人拥有过硬的人际关系就意味着他能够利用蕴藏于其中的资源为自己办成事情，开创事业，收获财富，拥有幸福。成功要靠人际关系，没有人际关系就会处处碰壁。因此，欲要精彩人生，就得有更广泛的社会交往，更好的人际关系。

很多人天真地觉得只要自己有能力，就很容易取得成功！而事实上，不管你是否有能力，人际关系都会为你提供足够的发展空间。如果你还在抱怨他人的成功是因为拥有人际关系，其能力并不比你高的话，那么你就与时代落伍了！不管出身如何，那些最终能够成为超级富翁的人，他们的人际关系都是非常广泛的！你只看到了他们拥有的财富，而没有看到他们成功之前的人际关系。那些取得成功的超级富翁都是因不断地积累人际关系，才会取得今天的成功！能力，不单纯是指对某个行业的关注或技能的娴熟，还包括对人际关系的把握。如果你能将人际关系中的学问研究透彻，你的人际关系终将变成财富！很多成功的大企业家都已经深刻地意识到人际关系资源对自己事业的重要性。因此，要想成就事业、想处理好各种问题，就一定要营造一个适合成功的人际关系气氛。

那些具有突破人际关系能力的人，却总能在困难时候有人帮助，贫苦之时有人济，迷途之时有人引，晋升之际有人扶。正是过硬的人际资源使他能战胜各种艰难险阻，收获各种资源财富，在芸芸众生之中脱颖而出，成为一个事业成功、生活幸福的时代宠儿。

我们与家人、同事、上司及雇员的关系是我们事业成败的关键。一个没有良好的人际关系的人，即使他再有知识、再有技能，也不会有施展的空间。

当我们试遍了所有的失败，尝遍了所有的苦涩之后，才知道人际关系在生活中是多么重要。历览当代成功人士，融洽人际关系则是他们成功最大的秘密，人生最大的收获。

所以，不管你是大企业家也好、职场高级白领也好、白手起家的人也好，都应懂得积累人际关系就是为自己的成功开辟道路。良好的人际关系不仅是人生必需，也是事业的保证，也是事业成功的最有效的桥梁与纽带。合理巧妙地利用人际关系，可以造就自己、成就事业、改变人生。

职场中如果你的人际关系管理得好,那就会有许多人喜欢你,乐于与你共事;当你在工作中遇到困难时,他们也会帮助你走出困境;当手上有了升职加薪的机会时,他们自然也会想起你。如此一来,你就相当于发射出了无数条信息探察触角,可以比别人更好、更快地抓住机会完成任务。事业上和谐的人际关系可以提升办事效率,因为它会帮助我们消除障碍,加速事业的进展。所以要想取得成功,我们就应花大力气,认真理顺这些关系,使之为我所用、助我成功。

当今社会,一个人若要想在事业上取得成功,他就必须广结人际关系,依靠人际关系的支持与帮助,才能成就人生的辉煌。要赢得好的人际关系,靠你的智慧,靠你的修炼,靠你洞悉其中的奥妙。我们一定要做好自我人际关系管理,因为它能让你得到更多的回报,让你越来越强大,越来越相信自己的能力,越来越得心应手地管理自己,掌控自己的事业发展轨迹。

本书用精炼的语言、浅显易懂的道理、典型的事例,从思辨的角度有情有义、互惠互利、强化互动、尊重对方、善于结交、言辞得体等等方面破解人际关系与成功的秘密,阐释了好良好人际关系的构成要素,揭示了人际关系的修炼途径;同时,还通过对大量的历史故事和日常生活中突破人际关系的案例分析,指出了与不同类型的人突破关系的方法。巧妙地凝聚理论性与实践性、思想性与可读性、可操作性与指导性于一体。

本书将人生哲理寓于谈心交流之中,帮助读者在轻松阅读中反思自我的人生轨迹;将人生经验寓于对话故事之中,帮助读者在掩卷思考中评价自我的人生设计。

通过对人际关系与办事能力的阐述,为您指点事业、人生的迷津,为您指出人际关系的重要性,同时还中肯地告诉您社交种不该有的不良心态及调整的方式。学会更多实用的办事技巧,帮助大家开拓思路,借鉴经验,为广大读者在提升处世艺术方面,提供行之有效的帮助,使你在轻松阅读中获得启迪。就让我们从阅读此书开始,一起来打造我们突破人际关系的超强能力,拥有通往成功和幸福的杀手锏吧!

Contents 目录

PART 1
理论篇

第一章
成事在天，"天"即人际关系

人际交往为人们提供了这样的可能，即让你结识他人，也让他人认识你，当彼此间的品行、才干、信息得以相互了解的时候，这种交往就可能结出两个甜美的果实，密切彼此的友谊和获得发展的机遇。交际活动是机遇的催产术。善于开发人际关系资源，捕捉机遇，成功的彼岸离我们就更近了！

Contents 目录

第二章

办事有人际关系，再难也容易

人际关系的第一层意义便是从人与人的交往中获得学习和提高，从关系中获得一种人生资源。在交往中，我们可以学到和得到的东西太多，甚至可以说，是关系决定了我们的一生。一个成功的人士，只有20%是由于他的专业知识和技能，另外80%要靠他的人际关系与处世技巧。在这个竞争，的社会，如果只有专业，没有关系，很难成功。个人竞争力是一分耕耘，一分收获，但若加上良好的关系，则个人竞争力将是一分耕耘，数倍收获。无数事实也充分证明：人际关系是成功的一个因素。

Contents
目录

第三章

人际关系是成功的重要因素

人际关系是人不能忽视的潜在财富。没有丰富的人际关系，无论做什么事都将举步维艰。换句话说，你的人缘越好，朋友越多，你的力量也就越大。人际关系是你能力的延伸。

一个人的力量毕竟是有限的，如果能获得周围朋友们的帮助，那么他的成功就会变得非常容易。在这个竞争激烈的社会，要想赢得财富，就应该从现在开始积累人际关系，因为只有丰厚的人际关系才会带来丰富的财富。

Contents 目录

第四章
人际关系也是生产力

　　从某种意义上说，人际关系也是生产力。也许人际关系不会直接给你带来金钱、地位和晋升，但却可能润物于无声中，不知不觉提升你的能力和层次。如果你的人脉关系管理得好，那就会有许多人喜欢你，乐于与你共事；当你在工作中遇到困难时，他们也会帮助你走出困境；当手上有了升职加薪的机会时，他们自然也会想起你。如此一来，你就相当于发射出了无数条信息探察触角，可以比别人更好、更快地抓住机会完成任务。当你的人际关系积累到一定程度时，就能实现从量到质的转变，让你获得巨大的事业辉煌。

Contents
目录

第五章

人际关系在职场中的重要性

　　成功的事业，是以和谐的人际关系来做根基的。在职场上人际关系对个人的发展同样起着至关重要的作用。良好的人际关系能让你在职场中保持持久的动力。要相信，时代改变了，不论你在什么地方做什么，一定记得打电话给同学、同事、朋友们，互相交流意见、想法，甚至认识一下彼此的朋友，这样都是很切合实际的做法。

Contents 目录

PART 2

提升篇

第六章
人际关系互动形成网络

孔子曾说："三人行，必有我师。"在这个世界上，没有一无是处的人，任何一个人身上，一定会有你所不具有的东西。与更多的人交往，才更有助于优势互补，共同提高进步。而对于想要赚大钱的人，则更应如此，只有和自己的众多朋友建立起优势互补的合作关系，才能路路畅通，广纳四海之财。在当今活动很频繁的社会里，你若能在各种场合中把握住每一次交往的机会，那么你的人际关系会非常宽广，那么就可能会遇到改变你命运的贵人。多认识一些带"圈"的朋友，多认识一些朋友多的人。每个人的人际关系网都是不一样的，朋友的朋友也有可能成为你的朋友。

Contents 目录

第七章
经营人际关系，也是经营事业

　　每个人的嗜好、想法都不一样，所以我们经常遇到的人际关系网中的人也各不相同。与人交往时，倘若能够明白对方属于何种类型，应对起来就比较容易了。人人都在追求完美人际关系。做人做事都希望达到完美的境界，但是完美又是那样的可遇而不可求。完美只是人们的一种希望，事事都达到完美是不可能，但话又说回来，如果一个人没有追求完美的心态，那么这个人成功的希望就很渺茫。

Contents
目录

第八章

人际关系网是事业成功的催化剂

　　世界上到处都有有才华的人，但并不是有高学历、才华横溢的人就能取得成功。千万不要因为信奉靠自己的力量就能取得成功，而不肯或者不屑于同别人合作。要改变现状，达到一定目标，搞好人际沟通是很重要的一点。你要走出低谷，进步、发展、升迁，都必须在一定的社会环境里得到许多人的支持。你期望进步越大，就要得到越多的人的支持和帮助。离开了这种支持，你不可能改变现状。事实证明，这样的做法是不正确的。没有他人协助，谁都难成功。

Contents 目录

第九章

发掘人际关系，攀登事业高峰

常常有人抱怨，我想创一番自己的事业，但缺乏必要的资金力量，更幻想能得贵人相助。其实，庞大的资源往往就在身边，那就是无数的"人"。只要善于把握、打理、培植你的人脉，就能聚集人气，进而铸造人际关系，有了这样的帮助，资金、技术、渠道还不是唾手可得？

茫茫人海中你总会遇到一些贵人，尤其是当你距离功成名就尚欠一段路途时，更需要有贵人把你"扶上马，送一程"。佛经上教育我们要"结好贵人"，在事业上更需下工夫去结交贵人。更进一步说，不仅要结好，更要跟对、跟好你的贵人，这才是道行的最高境界。

Contents 目录

第十章

善借他人之力，成就自己的事业

人生之旅充满了艰辛的风风雨雨，光靠一个人的努力有时未免显得有点孤单，因此，如果能够为自己找到一棵可以遮风避雨的大树，取得成功便会易如反掌。每个人的人际关系网都是不一样的，你的人际关系网中的每一个小点，都能为你带来一条人际关系的线。这就如同数学的乘方。以这条主线来建立你的人际关系网，速度是十分惊人的！人缘越好，路子就越宽，事情就越好办。一个优秀的人，往往能影响他身边的人，同样，身边有很多优秀的人，也会影响自己。好人缘是你人生中最重要的资本，也是成大事者最重要的因素。

Contents
目录

PART 3
实践篇

第十一章
拓展人际关系的要领

经营好人际关系，不如营建"大人际关系"。而喜欢攀高枝的人，就正是突破人际关系局限，实现拉拢"大人际关系"的各种高手。想攀高枝，就要从有名、有势、有钱的人入手，一旦打开了局面，以后在人际交往中，就能高枕无忧了。要想处理好人际关系，有时糊涂是一种大智慧，和那些小聪明比起来，糊涂能使你获得更多的财富。小聪明的人能聪明一时而不能聪明一世；大智若愚，表面上糊涂的人，不计一时的得失，却能聪明一世、明哲保身，始终立于不败之地。

Contents 目 录

第十二章

努力提升你的人际关系竞争力

究竟什么是人际关系竞争力？相对于专业知识的竞争力来说，在人际关系中，人际关系网上的优势就是人际关系竞争力。换言之，一个人际关系竞争力强的人，他拥有的人际关系资源会比其他人更广更深。在平时，人际关系资源可以让你比别人更快速地获取有用的信息，进而转换成工作升迁的机会或者财富；而在危急或关键时刻，人际关系资源也往往可以发挥转危为安，或临门一脚的作用。有人说："人际关系与人力技能才是真正的第一生产力。"可见，朋友决定着你的竞争力，无论你从事什么行业，只要拥有丰厚的朋友资源，就会在成功的道路上事半功倍。

第十三章

外部人际关系不可忽视

现实社会的人际关系网盘根错节，每一件事都明里暗里交织在错综复杂的关系网中。不会搞人际关系、不善于依靠人缘的人是不可能把一件事顺顺当当办成的。而那些善于依靠人缘的人办起事来则如鱼得水，非常顺利，所以一定要善于利用自己周围的关系，把这些关系发展到最大的限度，为自己办事成功助一臂之力。大家都知道诸葛亮草船借箭的故事，很多事情不是我们的力量可以解决的，因此，只有学会借用别人的力量才会取得成功。而现实中像诸葛亮一样神机妙算的智者实在是太少了，借用别人的力量，更多的要靠关系。

PART 1
理论篇

第一章
成事在天，"天"即人际关系

　　人际交往为人们提供了这样的可能，即让你结识他人，也让他人认识你，当彼此间的品行、才干、信息得以相互了解的时候，这种交往就可能结出两个甜美的果实，密切彼此的友谊和获得发展的机遇。交际活动是机遇的催产术。善于开发人际关系资源，捕捉机遇，成功的彼岸离我们就更近了！

事业成功从人际关系开始

日本管理学家大前研一说:"M型社会来了。"事实上,现在不只是个经济和消费上呈现M型趋势的时代,在人际交往上,也开始出现M型的极端差异。

现在是人际关系和资产成正比的时代,只有人际关系广泛的人,才愈有可能致富。那些人际关系难民,只能在资源有限、薪水有限、人力有限的职位上混日子,和致富无缘。

中国台湾第二大IC网络商,益登科技的总经理说:"二十到三十岁,一个人靠专业和体力赚钱;三十到四十岁,靠朋友和关系赚钱;四十到五十岁,靠钱赚钱。"如果不懂累积人际关系,到了四五十岁,你的专业和体力还能剩下多少?

现实中表现得"八面玲珑"的那些人,虽然表面上不与人为敌,却常会为了眼前小利而妥协。他们不能坚持主见,也无法理智判断,从现实角度来看,这种人反而没有多大的存在价值和竞争力。

中国台湾所罗门美邦(Salomon Smith Barney)财务顾问董事长杜英宗说,人际关系的最高境界是互利,而不是单方面的游说或附和。

"你可以提供什么价值?有什么不同观点?如果你只是应声虫,或只着眼于自己的利益,嘴巴一开,对方就知道你想要什么。"这种人偶有小利,但对成大事是无济于事的。

在M型社会里,只靠自己闷着头做是不够的,唯有广泛扩展人际关系,才有可能达到事半功倍的成效,快速成为M型富人。

然而成为M型富人机会和运气不是每个人都有的,那么,为什么一些人可以在逆境中披荆斩棘的走出来?而另一种人，却会在困难面前倒下去，从此一蹶不振，更有甚者，甚至会走向自暴自弃，或者走向死亡。这里差别就在:有的人有人际关系，有的人没有人际关系。有了人际关系，机会和运气就会经常光顾;而没有人际关系的，机会就不会光顾。

在东方哲学里，人际关系就是生产力。在西方，人际关系是最稀缺的商业资源。人际关系是一个很庞杂的概念，也是一个很复杂的社会现象。良好的人际关系能够为我们的事业成功插上翅膀，因此锻炼人际交往能力就显得格外重要。无论我们走到哪里，"人熟好办事"的潜规则都是适用的。即便是在强调个人奋斗的美国也是如此，甚至，美国人眼中的"拉关系"，全然没有汉语语境下的贬义，对他们而言，说某人拥有强大关系网是种褒奖。他们将关系视为资源和财富，因此，"拉关系"便是正常的社会活动，只要不违法，大可"八仙过海，各显神通"，根本用不着"犹抱琵琶半遮面"，还有人甚至以"拉关系"为生，专靠为人牵线搭桥赚取钱财。良好的人际关系资源对于标榜"见面三分熟"的中国人来说显得更为重要了，要想获得事业上的成功，必须拥有自己的人际关系网。如果你的人际关系中上有达官贵人，下有平民百姓，而且有人在你春风得意时为你鼓掌喝彩，在你有事需要帮忙时为你两肋插刀，这时候，你就会深刻体会到"人际关系"重要力量!

现代社会的发展趋势显示，人力资源在技术、资金、人才三要素中的重要性越来越凸显了，人们对人力资源重要性的认识也越来越深刻。人是生产力当中最为活跃的因素，离开了人，一切物质的东西都是死的东西，是不能发挥作用的废品。正是因为这样，美国某铁路公司的总裁史密斯说:"铁路的95%是人，5%是铁。"因此，在现代商业社会中，一个人要想聚财，就先要聚人;只有有了人气，才会有财气;一个人积累了人际关系资源，或许才有可能成功。

所以，人际关系是开展事业最重要的因素，是成功与否的关键。

埃尔默是一个人寿保险专家，同时，他也是一个善于建立人际关系的成功人士，"我并不推销人寿保险。"埃尔默说，"我的推销手段就是建立人际关系。之后，人们就来购买我的人寿保险了。"

埃尔默曾说:"我经常把人们聚集在一起吃饭，有政治界、商业界，以及社会各界人士。但不向他们推销保险，只是建立人际关系，然后就会有很多人从我这里购买人寿保险！要知道，推销东西给朋友是不需要技巧的。你想请朋友帮忙，只要开口就可以了。所以，你不需要更多的推销技巧，你只需尽可能地多认识一些朋友。71%向你买东西的人，之所以买是因为他们喜欢你、信任你、尊重你。"

埃尔默曾笑着说："我从来没有忘记我之所以在我的推销生涯中获得成功，是因为有很多信任我的客户朋友。我由衷地感激他们，因此除了给他们提供周到的服务之外，我还时常给他们赠送一些小礼品，以此表达我的心意。每一位客户每年都会收到我的感谢信、生日卡或者圣诞卡，你简直想象不到一张小小的而且费用低廉的生日卡能产生多大的作用。有一次，一个客户的孩子对我说：'当我年幼的时候，我父亲就给我买了保险，从那时候起您就每年给我寄贺卡，我一直把您当成我们家的成员之一。在我知道什么是保险之前，您就使我想成为您的客户。因此说，这就是建立人际关系的魅力所在。'"

一个人的人际关系资源越丰富，那么他赚钱的门路也就越多；你的人际关系档次越高，你的钱就来得越快、越多。这已经成了人们有目共睹的事实！

"人"是人、技术、资金这三大条件的核心。如果你有足够丰富的人际关系资源，那么资金和技术问题就能迎刃而解。因此，"人"才是担负起一个人事业成功的关键。

关于人际关系的说法有很多：人脉是金、人脉就是钱脉，人脉是一个人最重要的资产，人脉广泛铸造百万富翁。一个人有钱比不过"有人"，事业从"人脉"开始，人缘变财源。人际关系是个人成功的第一生产力，人脉是秘密武器，盘活"人脉"人生得以飞跃！人脉造就命运，人脉如命脉，人际关系是无形的存折等等。有人就有钱，有钱就有人，这两个命脉是相互依存着的，我们只有具备和掌握了这两个命脉，才会百战百胜。人际关系真可谓是神乎其神！

人际关系交情会让我们生命的转折很奇妙。卡耐基训练的负责人黑幼龙曾经说："完整的人际关系包括三个阶段，发掘人脉、经营交情、出现贵人。"其实说起来，等待"出现贵人"的阶段，除了人缘关系处理的技巧之外，最重要的还是要有实力。

所以你应经常地、有意识地维护运用和扩张你的人际关系。你可以利用别人的时间，别人的知识，别人的智慧，别人的人际关系，实现自己的目的。人际关系是你一生中最大的财富，有人际关系就有力量，有人际关系就有竞争力，人际关系即是你的财脉，你的成功就赢在人际关系中！

有人际关系就有机遇

人际交往为人们提供了这样的可能，即让你结识他人，也让他人认识你，当彼此间的品行、才干、信息得以相互了解的时候，这种交往就可能结出两个甜美的果实，密切彼此的友谊和获得发展的机遇。交际活动是机遇的催产术。善于开发人际关系资源，捕捉机遇，成功的彼岸离我们就更近了！

人际关系是在交际活动中产生的，所以有人际关系就会有机遇。在交际活动中，不熟悉的人能够彼此认识，当彼此间在长久的相处之下，对对方的品行、才干等得以了解之后，就会成为朋友。因此，交际活动是机遇的催产术。重点开发人际关系资源，捕捉机遇，成功的彼岸离我们就更近了！

张朋在坐火车时，和邻座的一个人聊了起来。这个人过去是销售部的经理，后来，辞职自己开办了一家公司，现在公司发展得非常好，他们聊得很投机。到目的地后，他们匆匆交换了名片，张朋顺便也要了那个人的家庭住址和电话。过了几个月后，张朋所在的单位倒闭，他也就失业了，找工作找了几个月仍无着落，他非常着急，有一天，他忽然想起了那位在火车上遇到的人，于是就给他打电话，说明了自己的情况，问那里有没有适合自己的岗位，那个人二话不说，就让他过来，并说："只要你过来，我就担保你有一份非常满意的工作。"他给张朋介绍了一家公司，让他去面试，就这样，张朋找到了新的工作。

由此可见，良好的人际关系会在困难的时候意想不到地帮上你的大忙。良好的人际关系，是成大事者的必备条件之一，因为人际关系越好，你认识的人越多，事情就越好办。

也许我们现在的状况处于学历、金钱、背景、机会之中。也许这一切你现在还没有，但是你可以打造一把叩开成功之门的金钥匙——人际关系。

曾有人对此做过调查，一个人事业的成功，80%归功于与别人相处，20%才是来自于自己。在美国，曾有人向2000多位雇主做过这样一个问卷调查："请查阅贵公司最近解雇的3名员工的资料，然后回答：解雇的理由是什么。"结果是无论什么地区、什么行业的雇主，2／3的答复都是："他们是因为不会与别人相处而被解雇的。"很多成功的商界人士都深深意识到人际关系资源对自己事业成功的重要性。

约翰·斯温森是冠群电脑(Compute Associates)现任总裁，他曾说过："他认为自己只要在大街上走走就可以结识其他公司的高层人士。"他在一天之内就学会了扫视与会者的姓名标识牌，然后再和任何有可能对他公司有帮助的人攀谈。

人际关系资源在我们中国是尤为重要的，若想获得成功，就要学会建立属于自己的人际关系资源网。人际关系资源就是在不断的成功中积累的，人际关系资源的多少决定了成功的程度。

人间到处都充满着机缘，每一个机缘都可能将自己推向另一个高峰，不要忽视你身边的任何一个人，也不要错过任何一个可以助人的机会。有了人际关系，机遇就会与你相遇。

对于人际关系的神奇效益，人们应该有所体会。在我们的现实生活中，所有的父母在儿女们去一个陌生地方前，永远不忘交代的一句话就是："到了那里，要和别人好好相处，不要过于好强，该吃亏的地方，就要吃点亏，不要和别人争。"这是人生最朴素而又最难做的一件事。

有人曾问某公司董事长打拼成功的经验，他故作神秘地问："你要听大话？还是实话？"那个人说，当然是后者。他不改幽默本色，故意夸张地把门关上，然后才说："就是靠朋友。朋友越多，机会也越多。很多机会当初自己根本没想过，更没看到。"出身贫寒的他，是从小业务员做起的，凭他的学历及出生背景，竟然成就了今天的大业，确实是谁也没想到的。但他最大的优点是性格豪爽，很容易交到朋友，事实上他也正是靠朋友的介绍、引荐、扶持，一步一个脚印才走到今天的。他有两本总是随身携带的"通讯录"，因为他的人际关系网络遍及各领域，上千、上万个，数都数不清。

也许你对此不屑一顾，你认为只有从事保险、营销、演艺、新闻等行业，才需要重视人际关系，事实则不然，几乎在所有的行业领域中，人际关系都是非常重要的。

现在，你不妨静下心来想想看，你曾经有多少次与机遇女神擦肩而过？

多与一个人沟通，就会为自己的人际关系网多织一条线，就会为自己的事业多铺一条路。

事实证明，人们的机遇的多少与其交际能力和交际活动范围的大小几乎是成正比的。因此，我们应把开展人际关系活动与捕捉机遇联系起来，充分发挥自己的交际能力，不断扩大自己的人际关系网，发现和抓住难得的发展机遇，进而拥抱成功！

我们总是习惯在一个人取得成功的时候说："那还不是他的机遇好！"是的，事实的确如此。但是我们为什么不问："为什么他的机遇比别人好？"难道是上苍不公平，偏心他不成？不，机遇对任何一个人都是公平的，不同的是人际关系，可以说机遇就是人际关系的潜台词，人际关系的优劣，直接影响到机遇的多少。

学历、金钱、背景、机会……也许这一切你现在还没有，但是你可以打造一把叩开成功之门的金钥匙——人际关系。在这个人际关系决定输赢的年代，你不要奢望自己像武侠小说中的高手，靠一身武功就能称霸天下，而应该把自己打造成站在巨人肩膀上的英雄。

人际关系与机遇成正比，丰富的人际关系才能为你带来更多成功的机遇。也许你会说你只不过是一名普通的公司职员，每天过着朝九晚五的生活，人际关系对自己有多大作用呢？那么你有没有这样的感慨呢？"如果我有足够多的关系，一定可以更加顺利地完成这件工作！""如果和哪位关键人物建立关系，做起事来就方便多了！"

由此可见，人们机遇的不同，并不是由运气决定的，而是由他们的交际能力和交际范围决定的。更准确地说，是和他们交际能力和交际范围的大小成正比的。在交际活动中，你认识了别人，别人也认识了你，而在你们友谊发展的过程中，你就有可能获得发展的机遇。

是的，无论你从事什么工作，或者将来是否准备创业，你都需要有意识地去开发人际关系，这将会对你未来的发展起到事半功倍的作用。

你在公司工作最大的收获不仅仅是你赚了多少钱，积累了多少经验，更重要的是你认识了多少人，结识了多少朋友，积累了多少人际关系资源。这种人际关系资源不仅对你在公司工作时有用，即使你以后离开了这个公司，它依然会发生作用，成为你事业发展的重大资产。

　　总之，机遇的潜台词就是人际关系，因为人际关系越丰富，机遇相对就越多。这几年在中国内地兴起的MBA热潮就是一个佐证，因此，我们应该把拓展人际关系与捕捉机遇联系起来，不断提高自己的交际能力，扩大自己的人际关系网，以增加获得发展机遇的机会。

积累人际关系，就是积累财富

从表面上看，人际关系虽不是直接的财富，但它是一种潜在的无形资产，一种潜在的财富。没有它，就很难聚敛财富。比如，你拥有很扎实的专业知识，而且是个彬彬有礼的君子，还具有雄辩的口才，但却不一定能够成功地促成一次商谈。但如果有一位关键人物协助你，为你开开金口，相信商谈成功不过是一件轻而易举的事情。

经过观察，我们不难发现，穷人与富人最大的区别就是穷人的朋友非常少，而富人的朋友却遍布天下。虽然古人说"穷在街头无人问，富在深山有远亲"，这固然有一定道理，但是从另一方面来讲，正是因为富人有了丰富的人际关系资源，所以才拥有了巨大的财富。

因此，如果你想从一个穷人变成富人，那么你就要倾力打造自己的人际关系网。

一些人之所以能从穷人转化成富人，是因为他们非常注重对人际关系资源的投资，而一些人之所以一辈子都跳不出穷人的怪圈，是因为他们从来不懂得积累人际关系。所以，如果你想脱离穷人变成一个富人，那么就要有意识地去编织自己的人际关系网，并不断地去丰富和发展它。

一个人的力量毕竟是有限的，如果能获得周围朋友的帮助，那么他的成功就会变得非常容易。在这个大鱼吃小鱼、快鱼吃慢鱼的时代，要想赢得财运，就应该从现在开始积累人际关系，因为只有丰厚的人际关系才会带来丰富的财运。

世界一流的销售大师汤姆·霍普金斯，被人们称为国际销售界的传奇人物，他是世界金氏房地产销售最高记录的保持者。他曾与美国前总统布什、英国首相撒切尔夫人等同台演讲。他出版的书籍被译成11种文字出版。

汤姆·霍普金斯经营人际关系的原则是：只有接触更多的人，才能赚更多钱；不断丰富自己的人际关系资源。否认前面说法的销售员只有少数，但是不会如此做的销售员占大多数，他们知道每天必须去会见一大堆新人才能成功，可是，他们更害怕的是被人拒绝。不过有这种观念的人一定要改变，其实就是每一次被拒绝，你实际上是赚到了钱，只有受到多次的被拒绝，赚到的钱才能更多。

乔·吉拉德所以被称为汽车销售大王，就是因为他总是设法让每一个光顾他生意的顾客感到他们似乎昨天刚见过面。

"哎呀，比尔，好久不见，你躲到哪里去了？"乔·吉拉德微笑着，热情地招呼一个走进展销区的顾客。

可以说，做生意就是做朋友，你只有不断地与客户建立牢固的友谊，才能有广泛的人际关系，那样你才会慢慢地靠近成功。

"嗯，你看，我现在才来买你的车。"比尔抱歉地说。

"难道你不买车，就不愿顺道进来看看，打声招呼？我还以为我们是朋友呢。"

"是啊，我一直把你当朋友，乔。"

"你每天上下班都经过我的展销区，比尔，从现在起，我邀请你每天都进来坐坐，哪怕是一小会儿也好。现在请你跟我到办公室去，告诉我你最近都在忙什么。"

当一位满身尘土、头戴安全帽的顾客走进来时，乔·吉拉德就会说："嗨，你一定是在建筑业工作吧。"很多人都喜欢谈论自己，于是乔·吉拉德尽量让他无拘无束地打开话匣子。

"您说得对。"他回答道。

"那您负责什么？钢材还是混凝土？"乔·吉拉德又提了一个问题想让他谈下去。

有一次，当乔·吉拉德问一位顾客做什么工作时，对方回答说："我在一家螺丝机械厂上班。"

"噢，那很棒，那你每天都在做什么？"

"造螺丝钉。"

"真的吗？我还从来没有见过如何造螺丝钉。方便的话我真想上你们那儿看看，欢迎吗？"

　　乔·吉拉德只想让对方知道自己对他的工作是多么重视。在这之前，也许从未有人怀着浓厚的兴趣问过他这些问题。相反，一个糟糕的汽车推销员可能会嘲弄他说："你在造螺丝钉？你大概把自己也拧坏了吧，瞧你那身皱巴巴的脏衣服。"

　　有一天，乔·吉拉德特意去工厂拜访他的时候，看得出他真是喜出望外。他把乔·吉拉德介绍给年轻的工友们，并且自豪地说："我就是从这位先生那儿买的车。"乔·吉拉德则趁此机会把名片送给每一个人，正是因为通过这种策略和方式，他才获得了更多的生意。

　　如果你想要开创自己的事业，就应当必备这几个条件：第一就是资金。而资金在银行里。技术呢？这也不用担心，因为有人以贩卖技术为生，所以你当然也能够买得到。即使找不到，和其他公司进行技术合作也是可行的。但是人际关系是不可缺少的，如果没有了人际关系，就等于小鸟没有了翅膀不能凌空飞翔。由此可见多交朋友的重要性。如果你有了很好的人际关系，成功的几率就会很高。人际关系非常成功的人应该与三教九流的人都能说得来，只有拥有丰富的人际关系资源，才能使人生收获更多。

　　"人际关系力量"是指和一些关键人物获取联系的有利条件。事实上，人际关系资源越宽广，做起事来也就越方便。所有的业务人士都希望那些有影响力的大人物能够助自己一臂之力，让他们在事业的发展道路上，能够少遇到一些障碍。

　　一个最好的支持系统，就是在你哭泣时，会有人默默地为你递上纸巾，在你没有停止流泪时，会有人问你缘故。一个最好的支持系统，是你们也许天各一方久不相见，一旦重逢，马上拾起上次分别时未谈完的话题，如潺潺流水般地倾诉下去。这不是因为记忆特别好，也不是刻意安排，只因为你在他人心中独立成档。只要一看到你，一切的杂事就会从脑中消失，所有的储存就会在瞬间复活。最好的支持系统，是在你得意忘形的时候，迎面泼下的冷水，虽然会锥心刺骨，但是猛一下也会激醒自己的本分。而这些都不可小看，这正是人们所需要的。

　　我们都需要开发自己的人际关系资源，在开发你的人际关系资源的过程中，人际关系的深度、广度和关联度我们都应该注意到。人际关系的深度，即人际关系纵向延伸的情况，达到了什么级别；人际关系的广度，即人脉关系横向延伸的情况，范围（区域与行业）有多广；人际关系的关联度指人际关系与个人所从事行业的相关性和人际关系资源直接的相关性。人际关系资源既要有广度和深度，又需要有关联度，利用朋友的朋友或他人的介绍等去拓展你的人际关系资源，我们要从长远去考虑，不能只从眼前的角度来考虑，许多时候，需要关注成长性和延伸性空间。只有这样的人际关系才会更有价值。

当你把自己推销给别人的时候，要学会抓住可以建立自己形象的机会。这些机会就是可以提升你人际关系竞争力的关键。

开发人际关系有许多途径，如参加一些学术活动、旅游团、朋友聚会等，都是把自己推销给别人的通道，也是每一个可以建立自己形象的机会。我们不要觉得这些机会微不足道，在这些场合里，这些机会往往可以让人们以最自然的方式与对方交往。

专门从事高薪人力中介的昱藤数字人力资源公司总经理曾毓芬，为了拓展人际关系，她参加人力资源协会。当时她只能担任会员服务组一个毫不起眼的组员，但她奉献时间，每个月举办研讨会，把握每一个认识别人的机会，逐渐的，她的知名度提高了，晋升为主委，人际关系竞争力也跟着提升，业务自然也跟着蓬勃发展，短短几年的时间，她的月薪从五万跳到二三十万元。

这就说明了，人类具有的内在驱动力，就是希望在社会中具有重要性。只有学会不断地提升自己的人际关系竞争力，才能在当今社会中迅速获取成长和发展。

忽视人际关系的代价

一个人能否成功，不仅在于他能力有多大，更在于他认识谁。

社会上有这么一种人：他们能力超群，见解深刻，才华横溢，但同时他们也恃才傲物，认为自己比别人优秀，是不可或缺的人，因此狂妄自大，不能很好地与周围的人处好人际关系。这种人虽然很优秀，却总是与成功擦肩而过。

然而，就在这种人自以为是、不可一世的时候，培养了无数成功人士的哈佛大学商学院的一个调查恐怕会让这些人大跌眼镜：在事业有成的人士中，26%靠工作能力，5%靠家庭背景，而人际关系则占69%。

可见，要想成为出类拔萃的顶尖人才，并不能仅仅靠提升才能，更重要的是拓展你的人际关系，提升你的人际关系竞争力。只有这样，你才会脱颖而出，取得事业的成功。

人际关系竞争力是指一个人在人际关系、人际关系网络上的优势，就是人际关系竞争力。哈佛大学为了了解人际能力对一个人成功所扮演的角色，曾经针对贝尔实验室顶尖研究员做过调查。他们发现，被大家认同的专业人才，专业能力往往不是重点，关键在于"顶尖人才会采取不同的人脉策略，这些人会多花时间与那些在关键时刻可能对自己有帮助的人培养良好人际关系，在面临问题或危机时便容易化险为夷"。他们还发现，当一名表现平平的实验员遇到棘手问题时，会去请教专家，但却往往因为没有解答而白白浪费时间；顶尖人才则很少碰到这种问题，因为他们在平时就建立了丰富的人际关系资源网，一旦前往请教，立刻便能得到答案。

在21世纪的今天，无论是保险、传媒、广告，还是金融、科技、证券等各个领域，人际关系都是一个日渐重要的课题。专业知识固然重要，但人际关系也同样重要。从某种意义上说，人际关系是一个人通往财富、荣誉、成功之路的门票，只有拥有了这张门票，你的专业知识才能发挥作用。

很多人意识到了人际关系的重要性，因此成为顶尖人才，成为成功人士；也同样有很多原本优秀的人却没有意识到这一点，他们表现出了优秀的工作能力，却不注意建立自己的人际关系，因此总是缺少外在的助力，做起事情来事倍功半。

碧妮大学毕业后进入一家公司工作，她执著地认为只要自己努力工作，展现出超人的工作能力，必然能够做出一番事业，获得重用并步步高升。可是一年过去了，碧妮虽然工作能力出色，但薪水并不比那些表现一般的同事高，职位也没有得到晋升。碧妮很不服气，于是工作起来更加努力。她认为只要自己足够优秀，总有一天上司会看到她的能力与才华，从而给她加薪晋职，把她当作公司的骨干。

但是，又一年过去了，碧妮还是在原职位停留。相反，与她同时进公司的同事已经是独当一面的主管了，薪水也比碧妮高出许多。碧妮终于忍不住，向公司里唯一与她要好的同事抱怨自己的怀才不遇。然而，没想到的是同事却很直接地告诉她一个令她感到震惊的原因。原来，虽然碧妮工作非常出色，但由于她恃才傲物，认为自己比别人都要优秀，因此没把同事放在眼里，平时也就缺少了对同事的尊重，与同事的关系没处好。上司虽然也知道碧妮工作很出色，但担心如果让她升为主管的话，同事们会不配合，这样会不利于公司工作的完成，所以一直迟迟未敢重用她。

就这样，工作细心、处事粗心的碧妮，怎么也没想到。自己竟然是因为忽略了人际关系，而一直未受到重视与提升。

成功建立人际关系网的关键是选择合适的人、建立稳固的关系。

所谓合适，首先就性质而言，要适合自己。与自己生活工作有关的领域，要建立人际关系，而没有这样的联系，也就不存在建立相应的人际关系。二是就数量而言的。我们强调人际关系的重要，并不是要人们漫无边际地建立无数的关系，关系网并不是越大越好，否则就会因为应付这数不清的关系而叫苦连天。第三是注重质量，质量的标准可以是多方面的，前面所述"适合"就是一个，此外如影响、作用等等。只有把握了这几个方面，建设起来的人际关系才是合适的、健康的。

人际关系网中的人，你应该列出哪些人是最重要的，哪些人是比较重要的，哪些人是次要的。这要根据自己的需要来定。这样，你自然会明白，哪些关系需要重点维护，哪些关系只需要保持一般联系，从而决定自己的交际策略。

你还应该对关系进行分类。生活中一时有难，需要求助于人的事情往往涉及许多方面，你需要各方面的帮助，只从某一方面获得帮助是不够的。

有专家指出，一般来说，良好、稳定的人际关系的核心必须由十个左右你所信赖的人组成。这首选的十人可以是你的朋友，或是事业上与你紧密联系的人。为什么将人数限定为十人呢？因为这种牢不可破的关系网需要你一个月至少维护一次，十人就足以用尽你所有的时间。否则穷于应付，会影响你自己做事的。

所谓稳固，就是要在适合的前提之下，尽可能地让关系网的结构少些动荡，网上的结点少些变化。因为编织关系网是要投入的，变化频繁不仅是对关系网络的破坏，也会增加投入。同时，相互关系维持得越持久，也才越牢固，越有价值。

那么，怎样保持稳固的人际关系呢？首先，保持联系是建立成功关系网络的一个重要条件。"关系"就像一把刀，常磨才不会生锈。若是半年以上不联系，你就可能失去这位朋友了。所以，不要与朋友失去联络，不要等到有麻烦时才想到别人。"用时是朋友"的实用主义做法，必然会伤害人际关系的健康。

其次，必要的"感情投资"也会使你的关系网更加牢固。记下与人际关系网中的人有关的一些至关重要的日子，比如生日或结婚纪念日，在这些特别的日子里，哪怕只给他们打个电话，他们也会高兴万分。当他们升迁的时候，向他们表示祝贺；当他们处于低谷时，向他们表示慰问，并主动提供帮助。当你的商务旅行地点与哪一个关系成员接近时，应尽可能去拜访他们……

此外，你还应该不断提升自我，增加个人魅力。素质高而有魅力的人容易得到别人的接纳，这是人之常情。在交往中，一定要注意礼仪。谦谦君子比一般人更容易获得对方的好感，窈窕淑女同样能给人留下良好的印象。除此之外，更要注重提高自己的专业素养，因为人都喜欢与优秀的人才交往，潜意识里都渴望与比自己优秀的人建立关系。

即使你确实是一位非常优秀的人，也不要以为自己拥有卓越的才能就能获得成功。学着去建立自己的人际关系网络吧。只有建立起了自己的人际关系网络，你才会享受到人际关系网带给你的好处，你才会深刻认识到：一般人才与顶尖人才的真正区别在于人际关系，而并非仅仅是才华和能力。

"人"字的结构就是相互支撑

追求成功事业和幸福快乐生活的过程中,存在一个类似于血脉的系统,它称为人脉。人的生理生命支持系统是血脉,人的社会生命支持系统就是人脉。人们常说的一句话"一个好汉三个帮,一个篱笆三个桩","一人成木,二人成林,三人成森林",意思就是说,如果要想事业做到成功,就需要有成大事的人际关系网络和人际关系支持系统。我们的祖先创造了"人"这个字,可以说是世界上最伟大的发明,是对人类最杰出的贡献。一撇一捺两个独立的个体,就是说人与人要相互支撑、相互依存、相互帮助,才能完全构成一个大写的"人",这个人字的形象构成完美地诠释了人的生命的意义。

曾经有这样的一个人,他要为儿子找一所拥有"人脉"的学校,他到处打听,不论多贵、多远,不管付出任何代价,因为他想给他的儿子存一张"黄金"人际关系存折。

现实社会中不管是谁都无法否认人际关系之重要,除非你想当鲁滨孙,就是鲁滨孙还有个星期五。人类是群居的社会动物,需要人际关系,所谓的"人际关系"就是需要人与人之间互相帮忙而赖以生存,人与人之间产生特殊的情感与利益关系。当今社会的潮流的确是人际关系如命脉,只有拥有了人际关系之后,你才能拥有其他的。但是我们一定要懂得维护来之不易的命脉,千万不可忽略了它,否则你离开了命脉就很难在社会上立足。

每个人都在一定的社会关系中生活,我们常常会发现这么一种现象:待人接物得当、与周边邻舍、亲戚朋友关系好的人往往能左右逢源，办起事来得心应手。在这里起作用的就是个人的人际关系，人际关系的好坏常常与办事能力的大小成正比。以某个人为核心，人与人之间的关系互相交织在一起形成的网络便构成人际关系网，人际关系网的大小与其办事能力成正比。复杂的社会里，每个人以及每件事都明里或暗里交织在错综复杂的关系网中。不善于利用关系的人是不可能顺顺当当把事情办好的。

要利用好人际关系，首先要学会做人。现代社会里，人们常把财富作为衡量一个人是否成功的标准。然而揭开金钱和财富的面纱，呈现在我们面前的，是更深层次的为人的道理和准则，也就是说对人际关系的利用水平。香港首位"千亿富豪"李嘉诚挂在嘴边的一句话是："未学经商先学为人。"他把自己致富的原因归功于他父亲留给他的为人资本。"为人"对一个人成功的重要作用是不容忽视的。试想如果一个人学会检点自己的言行，控制自己的情绪，学会宽容、慷慨、诚实、自信、精明、体谅、乐观，学会外圆内方，他又怎么会是一个不受人欢迎的人呢？因此，不应该相信什么"行高于人，众必非之"之类自欺欺人的鬼话，即便有嫉妒小人作祟，你也一定会"得道多助"的。治国必先齐家，齐家必先修身。修身也就是为人。正如书中所讲"能够思维的生命是人，依能够按照规范思维的生命是人上人"。

当然，修身并不意味着要成为有德无能的庸人，要利用好人际关系还需要一定的技巧。那些建功立业、发家致富的成功人士在掌握了如何做人的同时也学会了娴熟的办事技巧。"成功者与失败者的最大区别并不只在于他们做了没有，而在于他们是否知道应该怎样做。"生活中没有办不成的事，只有办不成事的人。只要你保持良好的心态，注意自身的形象，能说会道，诚实可靠，把握机遇，随机应变，善假于物，那么一切难题在你面前都会势如破竹，迎刃而解。总之，没有规矩难成方圆，没有技巧难以成功。处理关系的技巧有多高，办事的能力就有多强，你的事业也就有多顺利。人和人的区别，不只在金钱、名誉和地位，更在于心理、性格、境界和处理关系的能力，善于运用关系，提高办事能力，善待别人、把握机会，你就是一个成功并且受欢迎的人。

有好关系能办好事、好说话。现今社会办成一件事，都要动用明里暗中交织的错综复杂的关系网，不会拉关系，不善于拉关系的人是不容易把一件事顺顺当当地办成的，更不用提难办的事情了，现在的社会，英雄也难过熟人关了。有了熟人，有了人情，才好说话，也才能把难办的事顺利地办成。

现今社会要做好任何事都要讲人际关系。只要不违背法律和政策，人际关系好就好办事。俗话说："朋友多门路多，人际资源是财富，多个朋友多条路。"相对来说，通过朋友介绍找工作也容易得多。因此，多交朋友会为你以后的求职创造条件并且增加机会。

有研究证明：你和世界上任何一个人之间只隔着六个人，不管那个人身在何处，哪国家，哪类人种，何种肤色。不用惊奇，你和奥巴马或者潘基文之间也只有六个人，而且构成这个奇妙六人链中的第二个人，绝对就是你认识的人，也许是你的父母、你的大学同学、更可能是在办公室里每天帮你抹桌子做清洁的阿姨……仔细想来，通过做清洁阿姨的关系网竟可以让你联系到奥巴马，真的很奇妙！

关系网就好比是一条八脚章鱼，每一条八脚章鱼在每一天每一分钟里都在不停地集合、交错，只是我们自己常常不自知、不在意，因而常常和贵人擦身而过！不要只看着关系中的显贵，太看重显贵而忽视其他更多的普通人。在适当的时机，任何一个普通人都可以扭转乾坤，成为你的大贵人！但也要注意，毫无诚意的点头之交等于零，关系需长时间的积累和沉淀。机遇和贵人是在适当时候出现的适当的人、事、物的组合体。我们无法控制这种完美的巧合何时出现，但我们可以通过控制自己的关系给自己创造更多的可能。

到哪里找工作，这是现在所有工作者的共同疑问。履历表寄了上百封，却是石沉大海，毫无音信。面对就业市场的萎缩，寄履历表已经是无效的求职工具，很多人用亲身实践证明，找工作最重要的就是建立人际关系。长期累积人际关系资源也就是主动为自己创造机会。有调查表明，有34.57%的人认为人际关系能给自己增加职业机会。根据人力资源管理协会与《华尔街日报》共同针对人力资源主管与求职者进行的调查显示：95%的人力资源主管或求职者透过关系找到适合的人才或工作，而且61%的人力资源主管及78%的求职者认为这是最有效的方式。前程无忧进行的"最有效的求职途径"调查中，"熟人介绍"位居第二。

很多人认为只要努力工作、有不错的工作表现以及丰富的工作经历，自然可以找到工作。而透过关系找工作似乎不是正当的渠道。事实上，人际关系就像是你与工作之间的一道桥梁，如果没有了这道桥梁，即便你有再好的能力也于事无补。但是反过来说，如果没有优秀的工作能力，就算有再多的桥梁也会无功而返。

"建立人际关系是为了接触更多的人，创造更多的机会。"换句话说，我们不应是为了找工作而建立关系，我们的目的应是认识更多的人，获得更多的信息，增加工作选择的机会，而不仅仅是求一份工作。建立人际关系的重要目的可以归结为以下几个方面：

（1）增加自己的能见度．让更多的人认识你。

（2）随时掌握最新的趋势。

（3）了解相关产业的人事动态。

（4）找出职业生涯更上一层楼的机会。

（5）观察是否有机会转换新的生涯。

所以，有人提议：不要以为履历表才是求职的重点。"事实上，真正的关键点是建立人际关系。"尤其在目前就业市场属于买方市场的时候，你更应该主动出击，为自己创造更多的机会，而不是消极的寄履历表并且被动的等待回音。

另一方面，有许多企业的重要职务并不是采取公开征选的方式，而是透过关系求才。对于企业而言，与传统的履历表相比，关系是更可靠、更准确的求才方式，对于潜在的人选有较精确的判断以及深入的观察时成功的几率会比较大。

第二章
办事有人际关系，再难也容易

　　人际关系的第一层意义便是从人与人的交往中获得学习和提高，从关系中获得一种人生资源。在交往中，我们可以学到和得到的东西太多，甚至可以说，是关系决定了我们的一生。一个成功的人士，只有20%是由于他的专业知识和技能，另外80%要靠他的人际关系与处世技巧。在这个竞争的社会，如果只有专业，没有关系，很难成功。个人竞争力是一分耕耘，一分收获，但若加上良好的关系，则个人竞争力将是一分耕耘，数倍收获。无数事实也充分证明：人际关系是成功的一个因素。

挖掘你的人际关系资源

关系的第一层意义便是从人与人的交往中获得学习和提高，从关系中获得一种人生资源。在交往中，我们可以学到和得到的东西太多，甚至可以说，是关系决定了我们的一生。

一般人都以为自己最了解自己。事实上，我们对自己的所知极为有限，我们几乎无法具体地描述自己的个性、能力、长处和短处。当一个人以为"这就是真正的自己"时，他通常只看到"有意识的自我"和"行动的自我"，而这些都只是自我的一部分而已。要真正了解自己，唯一的办法只有拿自己与周围的人比较，或者从与人的交往中逐渐看清楚别人眼中的自己，有时候必须在多次受到长辈的斥责和朋友的规劝之后才能恍然大悟，认识到真实的自我。"以人为镜，可以明得失。"除非有"别人"这一镜子，否则你永远不会看清楚自己是谁。

所谓知己知彼，百战不殆，就是要想在商战中有所发展，必须掌握竞争对手的特点、动向，比如他们是否重视教育训练？是否鼓励员工进修以加强他们的技能？他们在同业中的名声如何？是否参加商展？有没有加入商业性组织？关系网就是了解这些信息的最佳渠道，而且大部分真实可靠。因为你的朋友只会帮你，而不会去帮你的竞争对手。越往高处走的人，越需要有人照应，当然了解竞争对手并做出比较后，重要的是取长补短：有优势要保持，有差距要追赶。

我们可以从生活中了解社会，别人的经验、书报杂志和传播媒介等都可以帮助我们了解社会。可是从生活体验中捕捉到的社会毕竟太狭窄了，就如"井蛙窥天"一样，使我们难以做出准确的判断。报纸和其他传播媒体所提供的也只不过是一张"地图"，光靠这张地图更难以掌握活生生的现实。像这样由个人经验塑造出来的世界观可能会随着关系资源的扩大而慢慢得到修正。我们一定都还记得刚从学校毕业时，父母师长对我们说的话。外面的世界和理想中的世界太不一样了。换句话说也就是，只有与人交往才可能掌握真正的现实社会，进而调整自己的世界观。

我们每个人的一生都无时不受着他人的影响，他们可能是父母亲友，也可能是自己的上司和同事。关系就是一面镜子，从他们身上，我们不仅可以看到自己，更能了解整个世界和社会，同时也因为他们的生活态度而认识到什么才是真正的人生，在生活中还可以从四周的人身上学到很多东西，对于启发灵感及增长智慧不无帮助，这样使我们的人生更加丰富多彩。

举个例子来说，如果你有这样一个朋友，他从事推广和销售绿色营养食品，他为这个行业服务了很多年时间，而且一直孜孜不倦，并以此为荣。多年的工作经验使他成为优秀的营养师和生活教练。因为你与他的相处，一定会听到他有关营养学和养生之道的高论，潜移默化当中，你也一定会学到许多营养平衡和维护身体健康方面的知识。试想，如果没有这位朋友，以你自己本身的专业和工作，一辈子也不可能知道这方面的知识或经验。

现在全球经济一体化，我们与世界的距离越来越近，只有拓展关系，充分了解世界，放眼全球，才可能在全球竞争中立于不败之地。如果你有几个要好的外国朋友，那么他们对于你了解他们的国家无疑起着重要的作用。因此，我们不妨作一番检查：在你的关系中，有多少人是外国朋友？也许你会有走出国门的机会，你一个人走在国外的土地上而没有一个人可以帮助你体验这个国家真正的文化，没有人邀请你到他们家，让你看看他们的实际生活是怎样的，真的是令人遗憾。

那么，如何才能拥有一个国际性的关系呢？以下三方面可供我们参考：

首先，参加国际性的旅行团队。假如你在旅行当中不知怎样去认识他，那么不妨就随便问一句："你经常旅行吗？"这时你就会发现大部分的人都喜欢谈他们的旅行经验，所以你们就很快开启一个全新而美丽的世界。

其次，可以从外文图书馆或者股票交易员那里获取，在这些地方你可以认识并了解到真诚的朋友。

再次，附近的大学。你完全可以找到与全世界最有联系的学校或者是系所。如果你正在求学的话，那么国际学生组织是最好的起始点。

在过去联络不便的情况下，要想多认识一个朋友是件困难的事，但自从有了网络、电子邮件、即时通信软件、网络电话等，人际交流变得简便快捷。即便你是一个非常内向的不善于社交的人，也不用害怕交不到朋友了。你可以借助这个平台，自由地结交很多朋友。

现在的世界，是一个网络的世界。当我们在现实当中找不到谈得来的朋友时，可以去网上寻找知己。而寻找知己的方法最有效的莫过于QQ、MSN这些网上聊天工具了。初涉网络的网友，也许感到最为亲切的就是网上聊天了，网络聊天使天南海北的朋友打破了时空限制，可以"面对面"交流。

QQ、MSN的出现，在某种意义上，让我们从现实的无尽压力和束缚下解脱出来，展示出了我们自己"真"的一面，让我们在网络里找到自己的知己，不管相隔多远，网络聊天让我们感受到了彼此的真心。

与网络聊天的流行一样，论坛也悄然兴起。"论坛"本来的意思是指一种高规格、有长期主办组织、多次召开的研讨会议。这里所说的论坛是指网络论坛，一般就是大家口中常提的BBS。

论坛里高人无数，藏龙卧虎。你可以在里面发现各方面的人才，在这些高手那里你可以学到很多东西。此外，论坛是个平台，给了五湖四海的朋友们沟通交往的机会，道同即相为谋，很多彼此欣赏的人最后发展成为现实中的朋友。虽然大多数人可能一辈子都见不了一面，但是在论坛里结下了友情，是不会退去的，这实在是上论坛最大的收获。

随着网络的应用和普及，人类的通讯方式也发生了翻天覆地的变化，用笔写信的方式逐渐被电子邮件取代，尤其在年轻人当中，电子邮件已经成了他们在生活和工作上的情感和信息表达方式。电子邮件又称电子信箱、电子邮政，它是一种用电子手段提供信息交换的通信方式。

现代人生活节奏逐渐加快，人们在工作的重压之下早已经没有了以前那种闲淡的心情，对友谊的忽视也达到了空前的地步。即使想和远方的朋友交流，也难得抽出时间来。以前人们还有足够的时间写信，也有足够的耐心来等待朋友的回信。但是现在，花上一个小时写信，然后再用一个星期，甚至半个月的时间来等朋友的回信，这是对人耐心的极大挑战，对快节奏的现代人来说，这太奢侈了。但是电子邮件的出现，无疑给现代濒临危机的友情打了一针强心剂。

在这个"地球村"中，只有那些居住在边远地带的和远离网络的人才会逃离这个互联网的世界。比如现在比较流行的网络交流模式——博客，我们通过建立自己的博客，就可以为自己汇聚大量"志同道合"的朋友，还可以容易地在全球找到和自己有共同志趣的人，发现商业机会，达到不同族群之间的理解和交流，等等。而且，随着博客应用的不断深入，通过博客汇聚朋友的这种物以类聚的生态形式，与现实产生互动，会越来越像真实生活中的人际圈。

经营人际关系，即经营成功

有人说，生命本身是一种不断修炼的过程。其实，人际关系又何尝不是从成功中积累经验，从失败中总结经验的过程呢？

在日常生活中，有很多人具有好人缘，他们总能汇集旺盛的人际关系资源。因为，他们知道：社会交往是人生的大事，好人缘就是人生成功的资本，经营人际关系即经营成功。

我们每个人身边总会有很多朋友。如果我们和这些朋友处好了，我们就不只是一个人，而是一个人际关系企业的企业家了，什么事应该找谁都很清楚，办事或者创业都容易多了。有些事情看起来很难，可是只要用心去做，也就不那么难了。成功也是如此。你有丰富的处世技巧，你有做人的风度和修养，你有真诚的友谊，你有良好的人缘，这一切都是属于你人生中最珍贵的财富和最有益于成功的资本。其实不只是商业上的成功需要人际关系，就连我们日常的工作甚至生活中都离不开他人的帮助！

要建立良好的"人际关系"，首先要认清目标，接着寻找有相同需求的人，最后与之联系，建立关系。也就是说：目的是有相同需求的人。有人单靠直觉建立"人际关系"，也有人要努力不懈才去发展一点点"人际关系"。前者往往难以预料结果，而后者比较知晓拉拢关系的"天时地利"。因此，"关系"通常要花一点工夫才能取得。举个例子来说吧，一家公司两个月内有大裁员或是破产的危机，有些员工急得像无头苍蝇一样不知如何是好，也有些员工则悄悄地打电话联络，寻找下一个工作机会。我们可以相信这些人一定比张慌失措的同事先找到工作，也会继续依靠"关系"而追求更卓越的生涯。事实上，"人际关系"就是事业的生命线，只有与外界保持某种程度的"关系"，消息才会灵通。如果问他们这些"关系"是怎么来的，恐怕他们自己也答不上来。这种事并非是鬼鬼祟祟、见不得人的勾当，而是一般人成功的秘诀。因为他们懂得"团结力量大"的道理，从而练成了在最不可能的地方得到情报的神功。

善于拓展"关系"的社交高手不管是在宴会、洽谈公事或是私人聚会上总是能掌握时机。对于这些"沟通大师"而言，人生就是一场历险记：会议室、酒吧、街角、餐厅，甚至在澡堂里，处处都可以"增长见闻"，因此他们随时竖起耳朵，收听精彩的内幕消息或是飞短流长。他们相信只要多走动必定会有收获。会拉关系的人不仅口吐莲花、左右逢源，而且任何蛛丝马迹都逃不过他们的法眼。他们就是天生的侦探或者是记者，颁给他们"社会学"荣誉博士一点也不过分。

总之，人们总是在心里想着身边的"人际关系"有无用处，以及怎样寻找有价值的人际关系，看看是否能从双方的需要上做些文章，以使彼此的关系套牢并得到自己想要的信息。这样才会有更大的发展和成功。

世界上最大的码头建筑公司有多少员工？出乎你的预料，只有7名员工，也许比你的公司还小，但是这7个人，人人都有庞大的人际关系网络，因此他们能建设世界上最大最好的码头。所以，那些成功人士们常常愿意花费巨额的学费去参加一些培训班，其目的并不全在该培训有多大价值，更主要的是想结交同样成功的朋友。

如果你问哈佛的MBA毕业生们在哈佛得到的最大的财富是什么？他们会告诉你，不是学到的知识多么了不得，而是在那里交到的朋友以及在哈佛校友录上积累的人际关系！

其实，机遇总在人际关系中，但是缺乏修养的人却无缘抓住；成功就在不远处，然而处世无道的人却很难得到。做个修炼智慧的人，只有这样，成功之门才会随时为你敞开，做个会经营人际关系的人，因为经营人际关系就是在经营成功。

人际关系就像是人们看电影需要买门票一样，有了门票才能看到电影，而人际关系就是个人取得财富、进入成功的门票。不过，千万不要因此而误解为，只要有了人际关系就能取得事业的成功。因为"人际关系"只是个人取得财富、进入成功经营事业的门票，重要的还在于是否能够运用已有的人际关系、以及能否用心经营人际关系，能否不断地开发新的且可以运用人际网络。譬如说，有些人认识许多政商名流，包括政府机关的高官、民意代表、商场元老或者是新一代的青年俊才，但是，却未能有效地运用，即使权贵再显赫、人际关系再广泛，也未必能有办法取得财富、获得成功。所以应该反过来说，事业是经营成功的伙伴，需要有充沛且良好的人际关系。

在现实社会中，专业与人际关系是一个相乘的关系，如果只有专业，没有人际关系，个人竞争力就是一分耕耘，一分收获。但若加上人际关系，个人竞争力将是"一分耕耘，双倍收获"。

尤其是在高科技产业快速发展的现今社会里，速度发展的越快，机会也越多，如果你永远只停留在现在，而不去尝试着打开另一扇门，不听听别的声音，那么不但无法晋升，更无从探知将技术、市场与行销各领域整合的乐趣，格局也将受到局限，甚至自己可能要面临"物竞天择，适者生存"的被淘汰境地。

在社会生活中，免不了要与别人交往、接触。每个人都必然要和别人发生联系。人生需要交往，人生的发展和事业的成功与人际关系的建立和健康发展是息息相关的。在这个世界上，一个人不可能单独生活一辈子，总要与别人交往，人的一生都是在与他人的交往中度过的。

美国纽约某银行的董事长兼总经理莫罗尔，他的年收入高达100万美元。但是他最初只不过是一个小法庭的书记员而已。后来让他的事业发生惊天动地变化的原因是什么呢？莫罗尔一生中最幸运，也是最重大的一件事就是他博得了一个大财团董事的青睐，从而一蹴而就，成为全国瞩目的商业巨子。据说这个大财团董事挑选莫罗尔担任这一要职时，因为他不但人格高尚，而且特别会与人相处。他常对人说，"良好的人际关系是事业成功的最重要的因素之一"，"没有人能准确的说出'关系'是什么，但如果一个人没有良好的人际关系，便是没有成功的希望。事业的成功80%靠的是人际关系。这是毋庸讳言的。"

一个人如果身处相互关心与爱护、亲密融洽的人际关系中，一定心情舒畅，精神饱满。良好的人际关系是人生事业成功的需要。人际关系对事业能否成功有着直接影响，在社会交往中，建立起来的人际关系越好，他的朋友就越多，就越能得到勇气，增加自己的智慧和力量，这也是事业成功最重要的因素。

把"人际关系"变成办事资本

聪明的人善于把"人际关系"变成办事的资本，他们凭借自己的本领，最大限度地打通各个环节，以便为自己办事营建人事关系。与他人建立"人际关系"，其目的就是相互帮助。别人有急事、难事的时候，你鼎力相助；你有难办的事的时候，朋友也才会两肋插刀。但一定要记住不要等到需要别人帮助的时候才想到别人，"人际关系"就像一把刀，常常磨才不会生锈。

《三国演义》中，个人能力最差的刘备之所以获得成功，与他的善于利用"人际关系"的本领密不可分，可以讲刘备正是凭借这一强大的本领而成就了一生的伟业，最终三国鼎立，平分天下。

刘备小时就是一个孩子王，邻里的小孩常常跟随他的左右。刘备身形瘦小，也无过人的本领，但是小孩们都非常乐意听从他，因为他常常把家里好吃的东西拿去跟大家分享，常和其他孩子在村里的大树下玩，从不仗着家里有钱而占人便宜，这样小孩们自然就聚集在他的周围。

15岁那年，他母亲让他出去读书，老师是曾当过九江太守的卢植，同学中有刘德然、公孙瓒等人。刘备到了新的地方，很快就和同学们打成一片，和他们交上了朋友，刘德然的父亲常给刘备以帮助。公孙瓒与刘备关系很好，刘备拜他为兄。通过与同学打好的关系，刘备认识了更多的朋友，也为他以后的事业奠定了一定的基础。

刘备不怎么喜欢读书，他所喜好的是犬马、音乐，他还喜欢好看的衣服。他对比他地位更低的人很和善，喜好结交豪侠之士，所以不少年轻人都愿意和他来往，刘备也就有了一定的人际关系圈，渐渐地有了一定的名气。

中山(今河北定州)的富商张世平和苏双是做贩马生意的，他们见了刘备，都感觉他气质不凡，于是给他很多金钱。这样，刘备有了一定的经济条件，可以用来广招徒众，形成自己的一个团体。从此以后，刘备开始步入历史舞台。

东汉王朝气息奄奄，社会危机日益加剧。汉灵帝中平元年(公元184年)，终于爆发了震动天下的黄巾军大起义。依靠老同学、老朋友公孙瓒(此时已经当了中郎将)的帮助，刘备做了平原(平原，郡名，治所在平原，即今山东平原县)相。仅凭借着同学关系，刘备就能官居要职，很显然，如果没有他在求学时所付出的努力所打造的良好关系，刘备也当不了官。可见，在古代要想出人头地，没有关系也是不能成事的。

谈到刘备，自然也就要说到曹操。曹操在三国里是个举足轻重的大人物，他对于刘备的成功也起着重要的作用。刘备充分认识到了这一点，因为曹操位高权重。因此刘备就刻意地去逢迎他，巴结他，与曹操建立良好的关系，以期得到曹操的提拔和重用。事实证明，刘备充分地利用了这种"关系"，并把这种"关系"发挥得淋漓尽致。

公元196年，曹操采取了一个有巨大影响的举措，他把无家可归的汉献帝迎封许都(今河南许昌)，"挟天子以令诸侯"，从此，曹操名为汉相，实为太上皇。这一年，曹操上表升刘备为镇东将军，封为宜城亭侯，刘备从此成为天下群雄中的一员。

刘备当时所占据的徐州在今山东南部、江苏北部一带，是战略要地，兵家必争，吕布、袁术等都向这里派兵，刘备受到了严重威胁。吕布是一员虎将，刘备被吕布打败后，就逃到曹操那里，曹操让他当了豫州牧(牧是州的最高长官)。曹操亲自出征，和刘备一起打败了吕布。消灭吕布后，刘备随曹操回到许都，仍然受到曹操的厚待。

建立好"人际关系"以后，还要牢记一点，利用"人际关系"要审时度势，切不可盲目跟从，以免适得其反。有的人常常以为"人际关系"建立好以后就可以随时为自己所用，却往往忽略了这种"关系"是以别人为中心的，你在使用关系时不能损害到他人的根本利益，一旦触及他人的根本利益，你的"人际关系"再好，再铁，别人也不会再买你的账了。

汉献帝处在曹操的控制之下，并不甘心，他的舅舅(实际上是汉灵帝的母亲董太后的侄儿，汉献帝称呼为舅)董承以他受了献帝藏在衣带中的密诏，要他设法杀掉曹操为由，暗中进行联络，刘备也知道此事，但他没有向曹操揭发。一天，曹操宴请刘备，对他说："天下英雄，就是你和我曹操两个，像袁本初（袁绍字本初）这种人，都是不足道的。"心中有鬼的刘备闻此大惊，以为曹操知道了什么，一时过于紧张，连手上的筷子都掉了，幸好当时打了一个响雷，刘备才借机掩饰过去。

这一来，刘备知道曹操并未小看自己，自己早晚会有危险，反倒更积极地参与了董承一伙的密谋，但当他们准备动手时，刘备正好到外地"出差"。结果，董承一伙未能成功，反倒被曹操发觉，曹操将他们一网打尽，只有刘备幸得不死。

建安五年（公元21年），曹操亲自出征，打败刘备，俘获了他的妻子，连刘备的猛将关羽也当了曹操的俘虏。刘备无奈，只好归附袁绍，袁绍亲自从邺城跑出20里地迎接他，他那些失散的部下也逐渐归集。这时，曹操与袁绍相持于官渡（在今河南中牟），关羽也乘机逃脱，回到了刘备身边。曹操打败袁绍，又进攻刘备，刘备招架不住，只好逃到荆州刘表那里。

好在刘备以前就与刘表的"人际关系"好，平时做好了人情，在关键的时候，刘表收留了他，并给了刘备一定的空间发展。倘若刘备平时没有建立与刘表的人际关系，恐怕他连立足之地都难以找到。

看看在你的周围，为什么有的人办事顺利，一帆风顺？为什么你办事就处处受卡，麻烦不断呢？从刘备的为人处世来看，一个人的交际力量与办事密切相关。这一点万不可忽视！如果在人际交往方面下工夫，就可以解决许多难题！

凡是能办事的人，都有这样一个特点：他们人缘好，受人欢迎，办什么事都有人帮忙。这实际上就是我们通常所说的有关系，有门路。不要把"人际关系"想象成庸俗的幕后交易，实际上"人际关系"是我们每一个人安身立命的支撑点。若想成为一个办事能手，就必须学聪明人练就一双巧手，织起自己的人际交往的关系网。

可以这样说，一个人事业的成功，20%基于他的专业技术能力，80%取决于他的人际关系，人际关系可以说一座让人终身受用的富矿，编织人际关系网，就像开发矿藏，开发得越多，你就越富有；又如播种，你撒下的种越多，收获也就越多。因此会办事的人，不仅重视和某个人建立关系，更重视和多数人搞好关系。只有搞好了人际关系，并善于利用人际关系，事情才能办成、办对。

有了人际关系，成功才成为可能

　　一个成功的人士，只有30%是由于他的专业知识和技能，另外70%要靠他的人际关系与处世技巧。在这个竞争的社会，如果只有专业，没有关系，个人竞争力就是一分耕耘，一分收获，但若加上良好的关系，则个人竞争力将是一分耕耘，数倍收获。无数事实也充分证明：人际关系是成功的一重要个因素。

　　我们都在从事着同样的一个行业——"人际关系行业"。为了事业的成功，每个人都需要学习人际关系学。如保险业、房地产业、直销业、电脑业等等。即使是一名家庭主妇，也是需要与某些人保持一定的良好关系，这其中包括你的孩子和家人。

　　在我们的事业发展生涯中，人际关系占很大的因素，只有人际关系好了，你的事业才会做得更好。在做生意的竞争过程中其实都是在进行人际关系的竞争。试想一下：如果有两个人卖给你一样的产品、又是同样的价格、同样的服务，同样的品质与品牌，那么你最后会买谁的呢？你肯定会说，当然是买与自己关系较好的那个人。所以要注重自己的人际关系的培养，这样才能更接近成功。

　　下面是一篇来自于华文报刊网所登载的关于美国总统里根怎样利用关系的一个案例。

　　美国演员里根的志向是总统。从22岁到54岁开始，罗纳德·里根从电台体育播音员到好莱坞电影明星，他的整个青年到中年的岁月。都是在文艺圈内度过的，对于从政这方面的知识是一点也不懂的，更没有什么丰富经验可谈。这一现实，几乎成为里根涉足政坛的拦路虎。然而机会还是降临了，共和党保守派和一批富豪们支持他竞选加州州长，里根正是在这些朋友的支持下，毅然决定放弃大半辈子赖以为生的影视职业，很坚决地开辟人生的新领域。

当然，朋友的支持是一种激励的精神力量，但是自己具有的条件也是很重要的，如果没有自身的条件，朋友关系也就失去了价值，难以变希望为现实。大凡想有所作为的人，都须脚踏实地从自己的脚下踏出一条路来。正如里根要改变自己的生活道路，并非突发奇想，而是与他的知识、能力、经历、胆识分不开的。而他的人际关系在他的这次选举中也起到了非常重要的作用。

当他在通用电气公司做电视节目主持人的时候。为办好这个遍布全美各地的大型联合企业的电视节目，通过电视宣传、改变普遍存在的生产情绪低落的状况，里根不得不用心良苦，用大量时间巡回在各个分厂，同工人和管理人员广泛接触。这使得他有大量机会认识社会各届人士，打通了他的关系，并全面了解社会的政治、经济情况。人们什么话都对他说，从工厂生产、职工收入、社会福利到政府与企业的关系、税收政策等等。里根把这些话题吸收消化后，通过节目主持人身份反映出来，立刻引起了强烈的共鸣。为此，该公司一位董事长曾意味深长地对里根说："认真总结一下这方面的经验的体会，为自己立下几条哲理，然后身体力行地去做，将来必有收获。"这番话无疑为里根产生弃影从政的信念埋下了种子。

他在加入共和党后，为帮助保守派头目竞选议员，募集资金，他利用演员身份在电视上发表了一篇题为"可供选择的时代"的演讲。因其出色的表演才能，大获成功，演说后立即募集了100万美元，以后又陆续收到不少捐款，总数达600万美元，《纽约时报》称之为美国竞选史上筹款最多的一篇演说。里根一夜之间成为共和党保守派心目中的代言人，引起了操纵政坛的幕后人物的注意。

这时候传来更令人振奋的消息，里根在好莱坞的好友乔治·墨菲，这个地道的电影明星，与担任过肯尼迪和约翰逊总统新闻秘书的老牌政治家塞林格竞选加州议员。在政治实力悬殊巨大的情况下，乔治·墨菲凭着38年的舞台银幕经验，唤起了早已熟悉他形象的老观众们的巨大热情，意外地大获全胜……原来，在当演员时建立起的人际关系，不但不是从政的障碍，而且他运用得当，还为争夺选票赢得民众发挥作用。里根发现了这一情况，便首先从塑造形象上下工夫，充分利用自己的优势——五官端正，轮廓分明的好莱坞"典型的美男子"的风度和魅力，还邀约了一批著名的大影星、歌星、画家等艺术名流出来助阵，使共和党竞选活动别开生面，大放异彩，吸引了众多观众。

然而这一切在里根的对手、多年来一直连任加州州长的老政治家布朗的眼中，却只不过是"二流戏子"的滑稽表演。他认为无论里根的外部形象怎样光辉，其政治形象毕竟还只是一个稚嫩的婴儿。于是他抓住这点，以毫无政治工作经验为由进行攻击。殊不知里根却顺水推舟，干脆扮演一个纯朴无华、诚实热心的"平民政治家"。里根固然没有从政的经历，但有从政经历的布朗恰恰才有更多的失误，给人留下把柄，让里根得以辉煌。二者形象对照是如此鲜明，里根再一次越过了障碍。帮助他越过障碍的正是障碍本身——没有政治资本就是一笔最大的资本。因而每个人一生的经历都是最宝贵的财富。不同的是，有的人只将经历视为实现未来目标的障碍，有的人则利用经历作为实现目标的法宝，里根无疑属于后者。

就在里根如愿以偿当上州长问鼎白宫之时，曾与竞争对手卡特举行过长达几十分钟的电视辩论。面对摄像机，里根发挥出淋漓尽致的表演效果，时而微笑，时而妙语连珠，在亿万选民面前完全凭着当演员的本领，占尽上风。相比之下，从政时间虽长，但缺少表演经历的卡特却显得相形见绌。

有人都说里根鸿运高照，其实，里根的鸿运通常都是他善用人际关系的一个结果。

事业成功 = 人际关系 + 知识

在人际交往中，事业成功人士中80%都是因为人际关系良好，只有20%才是来自于创新或偶然的发现。在这个世界上，人是群居动物，人的成功只能来自于他所处的人群及所在的社会，在这个社会群体中只有交往能力游刃有余的人，才可能为事业的成功开拓宽广的道路，否则不可避免地要四处碰壁。这就体现了一个不成定律的定律：人际关系就是成功的命脉！

以前，我国企业招聘人才时，首要的条件就是要有专业知识、工作能力，但是随着时代的变化，知识的更新，具有丰富人际关系资源并且懂得经营人际关系网络的人更受企业的欢迎。如许多大企业或跨国公司纷纷聘请退休的党政干部，充分利用其人际关系资源去拓展市场。在经营企业的过程中，要学会经营人际关系，人际关系与个人的知识是相辅相成的，只有善于整合内外部资源，才能使其效用达到最大化。

一个人在人际关系、人际关系网络上的优势就是我们定义的人际关系竞争力。人际关系竞争力强的人，可以比别人更快地取得有用的信息，进而转换成工作机会，或财富；而在危急或关键时刻，也往往可以发挥"柳暗花明又一村"的作用。

一个人有了人际关系资源，也就拥有了成功，从现在起你要学会积累你的"人际关系存折"。因为人际关系可以改变你的人生，人际关系具有非同一般的神奇作用。

要想提升人际关系资源的竞争力，需要长期的付出与关怀，因为人际关系的积累是长期的。

在清朝，无人不知、无人不晓的胡雪岩，之所以能从钱庄小伙计发展成为清朝的红顶商人，就是因为他善于经营人际关系、利用人际关系。现如今，审视古今中外成功人士的成长轨迹，都是因为拥有一本雄厚的"人际关系存折"。

人际关系的质量影响着一个人的事业和生活的方方面面。人际关系越和谐，你的工作成果和个人成就也会越突出，事业中的乐趣也就越多。你在事业之外的幸福和个人生活的质量也取决于你与他人交往的方式，取决于你能否轻松地建立并维持友好、诚挚和长久和谐的私人关系，一言以蔽之，即取决于你与他人突破关系的能力。

一名西方商人在中国经商 8 年后得出一个认识：在中国为人处世，特别要花心思，这是一个重人情胜过实效、不看僧面看佛面的国度。这种认识虽然有失偏颇，但也不是没有根据的。很多时候，做人确实比做事重要。人际关系好、有声誉的人，凡事都可以轻而易举地办成。反过来，不少恃才傲物的人往往到处碰壁，荒废满腹经纶，以致终生默默无闻。

外国成功学者普遍认为，喜欢别人，又能让别人喜欢的人，才是世界上最成功的人。

成功的人大多乐于交往并且善于与他人进行关系突破。他们能够广泛获得别人的帮助与关心，能够获得领导的赏识和提拔，获得下属的支持与爱戴，获得朋友的协助与喜欢，因此，他们能够拥有比别人多得多的资源来让自己的事业达到成功。

每一个伟大的成功者背后都有其他人的支持。没有人是自己一个人达到事业的顶峰的。假如你决心成为出类拔萃的人，千万不能忽视突破人际关系的能力的培养。不过，在现实生活中，有许多人对突破人际关系的重要性并没有深刻的认识，通常也不愿花时间在上面，只是到了关键时刻，才发觉自己的人际关系太少。其实，培养我们的突破关系的能力，经营我们的人际关系网，就是为我们日后的成功埋下伏笔。

人际关系的力量是巨大的。"大"在何处？任何一个人，不管他实力有多强，如果在他的人生道路上，没有周围人的帮助，要想办成一件事会比登天还难。

美国著名杂志《人际》在 2002 年发刊词中有这样一段话："如果不信，你可以回忆以往的一些经验，就会发现原本你以为是自己独立完成的事，事实上背后都有别人的帮助。因此，在社交场合你应该尽量表露真正的自我与自己真正的才华，它们将会给你许多有用的建议。绝不可低估人际关系的力量，否则将白白失去许多有利的帮助之力。

如果你希望自己在成功的路上快马扬鞭，就必须拥有良好的人际关系。实际上，所谓的"走运"多半是由畅通的人际关系展开的。一个能认同你的做法、想法与你的才华的人，一定会在将来的某一天为你带来好运。

究竟谁会对你伸出援助之手，哪里会有这种人呢?这个问题没有人能够回答。只能这么说:任何人都有可能成为对你施予援手的友人，他可能是你工作上的伙伴或上司，可能是学校里的同学，甚至有可能是一位从不曾相识的陌生人。但一般来说，人际关系的范围愈广，则开创成功未来的几率愈大。

就人际关系这方面来看，机会往往是从你意想不到的地方出现的，譬如你的顾客、同事，或朋友的朋友等等。

有一个关于维克多连锁店的故事。

维克多是从父亲的手中接过这家食品店的，这是一家古老的食品店，很早以前就在镇上很出名了。维克多希望它在自己的手中能够发展得更加壮大。

一天晚上，维克多在店里收拾货物清点账款，第二天他将和妻子一起去度假。他打算早早地关上店门，以便为外出度假做准备。突然，他看到店门外站着一个面黄肌瘦的年轻人，他衣服褴褛、双眼深陷，一看就知道是一个典型的流浪汉。

维克多是个热心肠的人。他走了出去，对那个年轻人说道:"小伙子，有什么需要帮忙的吗?"

年轻人略带腼腆地问道:"这里是维克多食品店吗?"他说话时带着浓重的墨西哥口音。"是的。"年轻人更加腼腆了，他低着头，小声地说道:"我是从墨西哥来找工作的，可是整整两个月了，我仍然没有找到一份合适的工作。我父亲年轻时也来过美国，他告诉我他在你的店里买过东西，喏，就是这顶帽子。"

维克多看见小伙子的头上果然戴着一顶十分破旧的帽子，那个被污渍弄得模模糊糊的"V"字形符号正是他店里的标记。"我现在没有钱回家了，也好久没有吃过一顿饱餐了。我想……"年轻人继续说道。

维克多知道了眼前站着的人只不过是多年前一个顾客的儿子，但是，他觉得自己应该帮助这个小伙子。于是，他把小伙子请进了店内，好好地让他饱餐了一顿，并且还给了他一笔路费，让他回国。

不久，维克多便将此事淡忘了。过了十几年，维克多的食品店越来越兴旺，在美国开了许多家分店，他于是决定向海外扩展，可是由于他在海外没有根基，要想从头发展也是很困难的。为此维克多一直犹豫不决。

正在这时，他突然收到一位陌生人从墨西哥寄来的一封信，原来写信人正是多年前他曾经帮助过的那个流浪青年。

此时那个年轻人已经成了墨西哥一家大公司的总经理，他在信中邀请维克多来墨西哥发展，与他共创事业。这对于维克多来说真是喜出望外，有了那位年轻人的帮助，维克多很快在墨西哥建立了他的连锁店，而且经营发展得异常迅速。

很多人把维克多的发迹简单地归功于"运气"好，这似乎也无可厚非。但我却更愿意将维克多连锁店的发展归功于"人际关系"——毕竟，他的运气是人给予的。

人生的路上，有些运气是拣来的——例如中福利彩票——但那是一种不值得提倡的博弈；有些运气是时势造就的——但这需要具有过人的眼光；而有些运气则是他人给的——这只需要你在日常生活中助人为乐，广结善缘！

人们都希望成功，而成功对于我们而言却有着不同的含义，但不管是什么含义，我们只知道成功离不开人际关系，成功与人际关系有着密切的关系。

随着社会的日益发展，人际关系已经越来越重要了，人们对人际关系的认识也愈来愈深刻。所以，抱有成功梦想的人们，从现在起努力地去经营自己的人际关系网，因为它可以为你创造财富，改变你的命运，帮你走向成功的高峰。

第三章
人际关系是成功的重要因素

　　人际关系是人不能忽视的潜在财富。没有丰富的人际关系，无论做什么事都将举步维艰。换句话说，你的人缘越好，朋友越多，你的力量也就越大。人际关系是你能力的延伸。

　　一个人的力量毕竟是有限的，如果能获得周围朋友们的帮助，那么他的成功就会变得非常容易。在这个竞争激烈的社会，要想赢得财富，就应该从现在开始积累人际关系，因为只有丰厚的人际关系才会带来丰富的财富。

人际关系重要的八大因素

一个人事业的成功，80%来自于与别人相处，20%来自于自己的心灵。

卡耐基曾经说过："一个人快乐与否，85%来自于与他人的相处。"人是群居动物，人的成功来自于他所处的人群，所在的社会。人脉对于每个人来说都是非常重要的。

当然，光是强调人际关系的重要性还是不够的，重要的是要知道人际关系为什么重要。以下是八大原因：

第一，人际关系可以让你优势互补。

世界上只有完美的团队，没有完美的个人。集体的智慧永远大于个人的智慧，集体的力量永远大于个人的力量。一个人再完美，也难免会有一些缺点，即所谓人性的弱点。在一个团队当中，每个成员都有自己的优势，彼此之间可以优势互补。

第二，别人就是你的一面镜子。

人际关系是一面镜子。它可以在你外出赴宴前告诉你，你的穿着应该如何；它可以告诉你，你写的"行销企划"、"广告文案"或一些推销技巧是否有效。它会发现一些你根本没想到的错误；它会告诉你什么是有趣的，什么是观察入微的，什么是有失礼节的。

近朱者赤，近墨者黑。你应该知道自己向谁学习，以便改正自己的缺点。

第三，透过人际关系了解你的竞争对手。

所谓知己知彼，百战不殆。你必须随时掌握竞争对手的特点、动向。比如他们是否重视教育训练？是否鼓励员工进修以加强他们的技能？他们在同业中的名声如何？是否参加商展?有没有加入商业性组织?

你绝不希望自己是最后一个知道这些消息的人。

同时,你也知道有一项永远不变的事实:人总爱道长论短。

你的人际关系网是了解这些信息的最佳渠道,而且大部分真实可靠。因为你的朋友只会帮你,而不会去帮你的竞争对手。

第四,人际关系可以让你了解这个世界,进而丰富你的人生。

检查一下,你的人际关系中,有多少人是外国朋友?如果没有,那么你该去发展发展了。

也许你有许多次走出国门的机会,也许你也有过这样的感觉,那就是没有什么比身在国外一个人也不认识的感觉更空虚、更无聊了。

当你独自一个人走在国外的土地上,没有一个人可以帮助你体验这个国家真正的文化,没有人邀请你到他们家,让你看看他们的实际生活情形,你会不会感觉很空虚、很无聊呢?

那么,如何才能拥有一个国际性的人际关系呢?

(1)参加国际性的旅行团队。在旅行中,如果你不知如何去认识别人,你不妨问一句:"你常旅行吗?"你会发现大多数人都喜欢谈他们的旅行经验,于是便能很快为你开启一个全新的世界。

(2)从外文图书馆或你的股票交易员那儿获得。在这些地方你可以认识到非常真诚的朋友。

(3)通过附近的大学获取。你可以找到与全世界最有联系的学校或系所。

(4)如果你正在求学,国际学生组织是最佳的起点。

第五,人际关系可以带给你全新的经验及知识。

随着时代的发展,信息呈几何级数地增长,我们能够直接从书本上获得的知识和信息总是有限的,这需要人们以更迅速的方法直接沟通获取信息。单个人的各种活动,虽然可能与外界有密切的关系,但不能称之为人际关系交往。如一位护士对一位慢性病人讲:"这个病您比我有经验,所以还得多听听您的意见。"病人听后会自然作出积极的反应。所以,人们在影响他人的同时,也接受着他人的影响。

当今社会是信息的社会,信息就是知识,信息就是财富,有人由于获得了某一信息，而成为百万富翁；而又由于信息的滞后使你落后，甚至企业倒闭。故此我们人类要加强互相间的交流，以促进新知识和经验的加速增长。

第六，人际关系有助于帮助他人。

人际关系的建立，不但对那些为自己工作的人十分有用，而且对那些为别人工作的人，同样也很有用。

许多学校积极聘请成功的学生回母校发表演讲，因为他们希望能够分享成功的经验，或提供就业辅导及建议。这样：一则可以光耀学校，扩大学校的知名度，所谓"今日我以母校为荣，明日母校以我为荣"；二则可以鼓舞士气，带动学生的学习兴趣。

第七，人际关系给你的生活提供保障。

有一个非常重要的观念，那就是无论你在哪里工作，为哪个公司服务，你自己在工作当中所形成的人际关系永远是你自己的人际关系，你可以随身携带。不管你在天涯海角，你都可以借助这个人际关系开创你自己的事业。

你的人际关系可以是正式的，也可以是非正式的，也就是说，你可以：

（1）在工作当中，与你的客户、同事建立一份亲密的合作关系。

（2）建立一个"铁哥们系统"，一个互相帮助的人际关系，彼此留意对双方有帮助的事情。

第八，人际关系可以使你有面子。

知道客户孩子叫什么名字的业务员绝对不会失业。你的关心永远不会白费。

你的人生品质和事业品质决定于你与什么样的人交往。如果你的人际关系上有达官贵人，下有平民百姓，而且，当你有喜乐尊荣时，有人为你摇旗呐喊，鼓掌喝彩；当你有事需要帮忙时，有人唯你马首是瞻，两肋插刀，你是不是脸上有光，觉得特有面子？

突破人际关系能获得事业的发展

突破人际关系，说到底就是一个人在与他人的交往过程中，超越与他人的一般关系，与他人建立起一种互信互利的良好人际关系。突破关系，就能拥有好的人际关系，办事就会同心同德，遇到困难，众人就会尽力帮助。总之，无论商场还是职场，突破与他人的关系，建立好人脉都会给你带来意想不到的收获。

著名青年企业家王英俊就是利用突破人际关系获得成功的一个例子。王英俊有很多外国朋友。这其中既有外国的企业家，也有外国的一些著名人物，如美国著名银行家坦姆斯·斯通和日本企业家竹下登。

英俊高科贸有限公司刚刚成立，王英俊马上就想到，应该利用坦姆斯·斯通的国际影响，推动英俊公司走向世界。于是，他便向斯通发出了邀请，斯通欣然应邀。当听到王英俊"凡有利于中美友好的，我都做；凡不利于中美友好的，我都不做"的许诺时，斯通也允诺："那么，今后你要我办事，我不要你的钱。"

以后，斯通多次访问英俊高科贸有限公司，为英俊高科贸有限公司快速地与世界各国建立广泛的联系起到了很重要的作用。

王英俊非常重视人际关系的建立和突破。他常常做出一些超越公务关系，表示私人友情的举动。一次有个日本客户对王英俊说，最近一个时期实在太紧张，突然脱发。记在心上的王英俊回国后，马上买了30瓶疗效较好的毛发再生精送给他。此外，他还送给客户一件中国瓷雕，在一只瓷盒上印了那位日本企业家的照片。

他说："这些礼品并不贵重，它只表示情意。"王英俊称之为"动脑筋的礼品"。王英俊不但重视与著名人物的交往，对普通客人也同样是有情有义。

一次，王英俊接待了一位德国客户。下飞机时恰逢大雨，那位客人浑身湿透了。王英俊一见，立刻派人把那位商人的衣服弄干，烫平，10分钟内送还。德国客人为此深受感动，不仅谈成了生意，而且还成了王英俊的好朋友。

王英俊曾经说过："买卖不成人情在。这是中国老工商业家的法宝之一。生意人要讲究商业渠道。但同时必须讲究人情渠道。有时人情渠道比商业渠道更重要。板起面孔，硬碰硬，一定做不好生意。俗话说商场如战场。但商场毕竟不是战场。商场要用心、用情。"

在许多人眼中，商场就是战场，充满了尔虞我诈，你死我活的斗争，根本没有什么人情好讲。其实不然，要想不在商场上的激烈竞争中垮掉，你就必须像王英俊一样懂得培养人际关系，善于突破人际关系。

突破人际关系能让你得到许多朋友和部门的真正支持，他们会对你的事业甘心付出，从而让你的事业得到很好的发展。

在日本的一些株式会社，老板对职员的关心，可以用体贴入微、无微不至来形容。职员生病了，老板亲自到医院去探望；职员家有什么红白喜事，老板亲自参加；职员家庭出现了困难，老板亲自登门问寒问暖。老板的"情"温暖了职员的心，也培养出了一批"工作狂"，那些领了老板的"情"的职员，为了报答老板的关心，而不辞辛劳，死心塌地，尽心尽职地为公司工作。

日本企业界这些老板付出的是"情"，得到的却是一批为他拼命工作的职员，以及由此给公司带来的丰厚效益。这种情智，远非那些板着面孔、冷若冰霜的管理规则可比拟，因此其正被越来越多公司采纳和推广。

胡雪岩对下属的管理，就颇有一些日本式管理的风格。他对下属施行的不仅仅是物质鼓励，更多的是感情投资。他深知突破关系的重要，对下属总是设身处地地关心照顾，帮助他们解决实际困难，祸福同当。他曾对手下的人说过："我请你们帮我的忙，自然把你们当一家人看，祸福同当，把生意做好了，大家都有好处。"

胡雪岩全心帮助郁四处理家务，细心筹划玉成古应春和七姑奶奶的婚事，他撮合阿珠姑娘与"小和尚"的姻缘，为漕帮解决困难……所有这些，都是在做感情投资来突破人际关系。而这些感情投资收回的"利润"，便是这一大批眼光手腕都相当不错的人全心全意地为他效力。

胡雪岩深深懂得，要得到真正的杰出之士，只凭借钱是不能成事的，关键在于"情、义"二字，要用情来打动他们。他就是用这样的手法，为朋友王有龄追揽了一名得力的助手嵇鹤龄。

胡雪岩收服嵇鹤龄做法有两个：第一，从感情上打动嵇鹤龄。嵇鹤龄丧妻不久，除不多的几个气味相投的知己朋友之外，还没有多少人来吊唁，胡雪岩对于他的亡妻的真诚祭奠，以及对于嵇鹤龄中年丧妻的不幸的同情，一下子就打动了他。第二，帮在实处。嵇鹤龄一直没有得到过实缺，落泊到靠着典当过活的地步。帮在实处，便见真情，使嵇鹤龄更没有理由不感动。而且，更绝的是，胡雪岩知道嵇鹤龄有一种读书人的清高，极要面子，是决不肯无端接受自己的馈赠的，因此，他为嵇鹤龄赎回典当的物品，不光用的是嵇鹤龄自己的名号，并且言明，赎款只是暂借，以后嵇鹤龄有钱归还时，他也接受。这样，不仅为嵇鹤龄解决了实际的困难，而且也为他保住了面子。有此两点，也就难怪嵇鹤龄这样一个十分傲气的读书人，会对胡雪岩这一介商人的行事作为刮目相看了。

胡雪岩的做法，其实也就是我们今天常常说到的做人的工作要以情感人的原则。动之以情，要让人相信你的情是真的，自然要示之以诚。事实上，胡雪岩如此相待嵇鹤龄，虽然也是为了说服他而"耍"出的手腕，但在胡雪岩的心里，也确实有真心佩服嵇鹤龄而诚心诚意地要结识他的愿望。胡雪岩虽是一介商人，但他却时常为自己读书不多而感到遗憾，因此也十分敬重真有学问的读书人。从这一角度看，胡雪岩对于嵇鹤龄的真诚，也是不容怀疑的。后来为了解决嵇鹤龄的困难，他还亲自做主，将王有龄夫人的贴身丫鬟嫁给了嵇鹤龄。他们两个人也结下了金兰之好。

像嵇鹤龄这样耿介清高的读书人，胡雪岩都能使之心悦诚服地为自己办事，这足以说明他在用人方面手段的高明。高明就高明在胡雪岩不是那种重利轻义的商人，他为人做事很讲究"情义"二字。这使每一位在他手下办事的人，都觉得胡雪岩不仅是老板，还是朋友。

中华古国素为礼仪之邦，不仅仅胡雪岩，更多的成功商人都是体恤下属，将其视若亲人的。

总之，要想使手下对你长久地忠诚，光有金钱是不够的，只有体恤下属、视若亲人，处处以情义来打动下属，下属才会将心比心，把你看做是唯一的尽忠对象。

成功的关键在于借助别人的强大力量

我们经常听到这样一句话，这个世界上到处都是有才华的穷人，那么为什么那些学历很高的人不能取得成功呢？因为他们总是信奉靠自己的力量就能取得成功，而不肯或者不屑于同别人合作。事实证明，这样的做法是不正确的。

一个能成大事的人，关键不在于他自身的能力有多强，而在于他借助别人的强大力量。

人是最大的资源，不管做什么事情，都要有人的因素。被称为"赚钱之神"的邱永汉说："失去财产，仍有从头再做生意的机会，失去朋友，就没有第二次机会了。"

世界潜能大师陈安之在《超级成功学》中阐述了 167 个超级成功的观点，其中第 19 条便是"成功靠别人而不是靠自己"。陈安之认为成功有三个因素：

（1）帮成功者工作；

（2）与成功者合作；

（3）请成功者为你工作。

假如你可以掌握这三项因素，一定会加速你成功的脚步。

这个观点乍听起来有点不可思议，但是仔细琢磨，其实是非常有道理的。很多人都认为，成功靠自己，事实上，靠一个人的力量能做多少事情呢？如今早已不是靠一个人单枪匹马闯天下的时代了，一个人再有能耐。其力量也是渺小的，如同一滴水之于大海。所以，只有善于借助别人的力量。才能最快到达目的地。

世界首富比尔·盖茨经常被问到，如何成为世界首富？他每一次的回答都是："因为我请了一群比我聪明的人来帮我工作。"所以说，一个人的成功并不取决于他自己的力量有多大，而是取决于他能够借助别人力量的能力有多强。

如今 E 时代我们将如何拓展人际关系并加以利用？

你也许有过这样的经历，在一次愉快的相识后，意犹未尽的你们决定继续交往，并留下彼此的联络方式。于是在你的地址簿上，除了电话，你还要记下对方的电子邮箱、QQ、MSN，当然，对方也是如此。是的，在资讯发达、节奏紧张的今天，人们越来越认识到，网络不仅仅是时尚的交际方式，更是快捷高效的工作和沟通手段。

迈克每天上班的第一件事，就是查看电子邮箱和网上的留言，并尽可能予以回复。通过这种方式，迈克与他的客户和朋友们保持着紧密的联系，随时获得他们的最新动态，即使彼此相隔天涯海角。

由于工作的缘故，迈克更多地关注那些和自己职业相关的网站和BBS，在论坛里和大家畅谈心得，交流经验，感觉获益良多。迈克说要特别向一位网名叫Winson的朋友表示感谢。

有一次，他在处理一单 Case 时面临一些法律问题，一时拿不定主意，又找不到专业人士咨询，就在常去的论坛里发文求助。很快，这位热心的Winson朋友就回帖，对迈克所提的问题给予了详尽的回答，并针对他描述的状况提出了几条建议。

据此，迈克心里有底，成功地处理了这单Case。

迈克很感谢Winson，当然，不会简单地放过他。通过以表示感谢的名义请他吃饭，迈克了解到Winson也是一位资深的销售人员，而且拥有良好的法律专业背景。而现在，Winson已经成为迈克公司的副总裁之一，他们有着良好的合作。

请注意这样一个事实:据不完全统计，全世界每天上网的人多达几亿，而中国网民在2005年已经达到1.3亿，位居世界第二。在一些著名的综合性BBS，如"水木清华"、"天涯"等论坛，每天都有上万人同时在线。除此以外，还有许多专业论坛，你都可能在那里找到感兴趣的资讯，结识不同的朋友。

网络在人际交往上的优势还不仅限于此，更重要的是相比于现实世界，网络提供了更大的交往空间，为你的人际关系拓展带来了极大的可能性和丰富性。所以，再也不要抱怨自己的生活圈子狭小，网络早就令我们"天涯若比邻"，你的"知己"，你的朋友，你的客户，你的人际关系，你的成功，就隐藏在你不经意间点击的某个网址背后。

以网络社交为主的UUMe网站，曾经在北京举办过一次网友KTV活动，由于参加的网友在UUMe网站上通过相熟的朋友已经有了较为熟悉的了解。所以活动非常成功。一位名为"影子"的网友说，通过网络他们已经组建了自己的篮球队、足球队，并且经常定期活动。而远足爱好者则通过网络聚集在一起，通过论坛发布消息，组织大家在合适的时间远足。可见这种交友方式确实扩展了大家的交际圈，真正丰富了大家的生活。

E时代给我们带来了很多的便利，但也要注意，网络交际，首先要慎重。注意自身安全；而敞开心扉，真诚交流，是拓展人际关系的不二法门。

我们在拓展丰富的人际关系资源的同时不要忘记让你的人际关系走向"国际化"。

如果你是一个希望在现代社会取得成功的人，请不要忘记多结交外国人，让自己的人际关系国际化。在全球化的今天，世界越来越小，跨国界的交往越来越多，做生意、旅游、求学甚至是日常的生活都会让我们有很多机会接触外国人。所以，有意识地做一些准备，培养自己的国际视野，是很有必要的。

一方面，外国人可能就是我们的生意客户或生意伙伴，跟他们建立联系，可以扩大自己的业务范围，拓展国际业务；另一方面，外国人与我们的文化不同，看问题的角度不同，做事方式也不同，在跟他们的交流中，我们可以感受到思维和观念上的冲突与交融。大家求同存异，取长补短，能够以更广阔的视野来看待和解决问题，实现双赢。

不过正因为存在文化背景的差异，结交外国人也存在很多现实困难，如果能够利用自己的一些小特长，也许就能克服这些困难。

王黎是一位职业经理人，在一家外企工作，喜欢中国的烹调技术。曾专门报培训班学习过。平日没事，他自己经常会琢磨一些新菜式。周末或者节假日，他经常会请那些外国同事到家里品尝自己做的佳肴。

不久，公司从欧洲总部派来一名法国人，担任公司的副总裁，主要负责他所在的部门。在副总与部门员工的见面会上，王黎提到自己的特长是做中国菜，结果他对此很感兴趣，说有机会一定要去品尝。

王黎记住了这句话，没过多久就宣布举办一次家庭宴会，称自己最近学了几样新菜请同事们去品尝，并且盛请了副总。

果然，副总被他的厨艺吸引住了，经常到他家做客，并且向他学习中国菜的做法。当然，他们建立了非常好的私人友谊，后来法国副总升任公司总裁，逐渐提拔了他，为他后来成为著名的职业经理人打下了坚实的基础。

由于文化差异的缘故，结交外国人时，在方式上要注意有所调整。中国人之间相互交往喜欢谦虚，对于自己的能力往往缩小。在与外国人交往时不需要这样的客套，能做到的就要说出来。否则反而会让对方误认为你的实力不够，或者对他有意隐瞒，显得不够诚意。

另外一点，要注意和对方交往的礼貌。因为不同国家、不同文化背景下，交往的礼仪往往不同，如果不留心就会造成误解。

东西方文化的巨大差异也是非常明显的，众所周知，西方人很反感被问及年龄、婚姻、收入等隐私性问题，而东方人则不喜欢在与对方交谈时显得针锋相对、咄咄逼人。注意了解交往对象习惯的礼仪，就能够更顺利地结交外国朋友，使自己的人际关系向更广阔的国际空间拓展。

博取金融人脉的信任

单独说金融人际关系或许很多人会犯迷糊,什么样的人际关系是金融人际关系呢? 金融人际关系要看你如何去理解,单纯从职业性质上来讲,那些金融界工作着的人都是金融人际关系,但是如果从实质意义上讲,那些可以为你投资的人,才是你的金融人际关系。

说得简单一点,如果你去一家银行排队办理业务,而前面的人很多。正在你焦虑的时候,你所认识的银行某领导正好出来办事,他看见你正焦急地等待,就把你领到负责人面前,说:"先给他办了!"你可能会想:哎呀,太好了,终于轮到我了!当然,这样的事情有点徇私的感觉,我们这里暂且不谈论这种现象是好是坏,我们只是想以此来说明这就是金融人际关系的力量。

托马斯·沃森是一个苏格兰移民的儿子,他依靠自己的聪明才智,一步一步地从不起眼的推销员成为企业家,并最终创建了著名的 IBM 公司。在他通向财富的道路上,就有着金融人际关系的帮助。他 40 岁才开始创业,或许很多人觉得 40 岁早已过了创业的年龄了,但是沃森不这么想,他对自己有信心,认为自己的潜力还远远没有发挥出来,潜意识里,他认为自己可以干出一番大事业。就是在这个时候,他遇到了 IBM 前身的奠基者弗林特,弗林特是华尔街最红火的金融家,人称"信托大王"。他对沃森的才干早有所闻,旋即聘任他为计算制表记录公司的经理。这是弗林特旗下的公司,主要生产天平、磅秤、计时钟和制表机等。由于前任经理在经营方面不得要领,公司成立不到三年已是负债累累、濒临破产。沃森之所以对这家公司感兴趣,主要是看中了它的产品。他认为计时钟、制表机等都是办公自动化的工具，具有广阔的商业前景。

最初，因为沃森曾经被定过罪，董事们只让他当一个小小的经理，但精明的沃森除了要得到一份体面的薪水外，还要求得到利润的一定比例作为奖励。那时董事们急于扭亏为盈，对沃森的要求一一答应，但是在心里是看不起他的。在公司里沃森是孤立的，只有弗林特一个人支持他。就这样，沃森忍辱负重地一直工作着，他发扬了当初死缠烂打当上推销员的精神，用自己的成绩消除了众人对他的歧视。

沃森上任后的第一件事便是向银行借贷 5 万美元，用于产品研发。当银行对公司的偿债能力提出质疑时。他解释说："负债只说明过去，而这笔贷款是为了未来。"他的贷款能得到顺利的审批，除了靠他的人际关系外，还归功于他用一生中最伟大的推销词打动了银行官员。

有这样一个故事：一名非常有能力的企业家，因决策失误，公司不得不宣布倒闭。在这种情况下，他向银行借的所有款项因公司的倒闭而终结。因为根据合同的规定，带有"有限"二字的公司，可以因公司的倒闭而不偿还银行的贷款。但是这位企业家还是用自己的钱还给了银行。银行的领导非常感动，说这是顶级信誉，以后需要钱，只要说一声，银行一定会办到！

我们不去讨论故事中的情节是否合理，这除了告诉我们金融人际关系的重要性之外，还告诉我们获取金融人际关系信任的重要性。对于经常和金融界打交道的人来讲，和金融人际关系紧密往往能给他们带来很多便利，单纯是贷款、股票等信息方面的帮助，就已经是非常可观的财富了！而普通的白领和职场人员也应有这种意识，虽然你接触的金融人士未必有权有势，未必能给你很大的援助。但是，你也不需要那些庞大的援助，你所需要的或许只是信用卡的额度提高一些，还款的周期适当延长一些。这些小的需求，其实还是可以很容易实现的。比如只要你按时还款就可以增加信誉，而信誉达到一定标准的时候，自然会有业务员主动找你，请你调整信用卡的额度！虽然你和金融界的人士没有直接见面，但是你们之间的关系已经开始建立了，你的金融人际关系正在发展。

而在和金融人际关系面对面打交道的过程中，一定要以真诚为本，注意进行心与心的交流。如果你的真诚如同一泓清水，那么，对方一定感觉你非常可靠。事实上，人与人之间的交往就是如此，你还可以适度地展示自己，因为这样做会给你创造释放能量的机会，创造别人接近乃至信任你的契机。

　　另一方面，我们和金融人士打交道往往都是因为公事，在这种场合下，一定要注意说话、办事、允诺、兑现等各个交往环节，注意"第一印象"的效应。说话要有头有脑，要实实在在，轻率与圆滑都难以使人信任。办事要守信、守时，遵守"一言既出，驷马难追"的原则，做出的许诺就应当兑现。

善于利用各种人际关系为成功做准备

众所周知，三国时期的刘备早期只不过是一个卖草鞋的没落皇家后裔，但是后来刘备却成为了三国鼎立之一的一方霸主。刘备之所以取得成功的主要原因就是他懂得利用各种关系。其一是利用宗族关系。当时刘备自称是汉皇后裔，因此，世人及宗族中多予以同情他，其中在荆州避难就充分说明了这个道理。其二是利用结盟关系。关羽、张飞为刘备赢得一方天下立了汗马功劳，他二人之所以能做到舍命促刘备，是因为"桃园三结义"的原故。其三是人情关系。三国局面的出现，诸葛亮可谓是功不可没，而诸葛亮之所以能做到"鞠躬尽瘁，死而后已"助刘备，无非是为了报答刘备的三顾茅庐之恩。因此，尽管刘备论文不及孔明，论武不如关羽、张飞，但由于刘备能充分利用各种关系，才使其建功立业。

由此可见，善于利用各种关系在你困难的时候帮你走出困境，利用这些关系帮你成就一生的事业，从此改变你的命运已不是黄粱一梦。

利用同学关系。同学关系对很多人来说也是非常珍贵的，因为学校生活是人生中一段美好的时光，不论小学，中学，还是大学，每一段都让我们回味无穷。尤其是对于高学历人来说。与同学关系的好坏对于我们未来的发展具有重大的影响。很多小公司就是由同学合伙开办的，例如雅虎的杨致远和斯坦福电机研究所博士班的同学大卫·费罗，微软的比尔·盖茨和童年玩伴保罗·艾伦，HP的戴维·帕卡德和他在斯坦福大学的同学比尔·利特等多家知名企业的创建多是先由同学关系，然后合伙创业的，像这样的例子比比皆是。

可以说，同学关系是一个人成就事业的好帮手。而从某种程度上看，同学关系又是仅次于血缘、姻缘关系的一种社会网络。或许很多毕业生都有这样一种感受，毕业之后在社会上所构建的人际关系(如同事关系)，多半都带有很强的功利性，从某种程度上甚至可以说是一种赤裸裸的利益交换的关系。但相比之下，同学关系作为在学校读书期间所构建起来的人际关系，就自然地显得单纯多了，这主要因为同学之间本来就没有什么真正的利害冲突。而这种单纯的同学关系有其淳朴性的一面，利用起来处理一些事情，自然的也就显得更加简捷便利了。正所谓一提到"老同学"，就意味着是一种期待，一种信任，一种实实在在的帮助。

由于现代社会中，人与人之间各方面的竞争越来越激烈，而社会网络更是一个人事业成功必不可少的社会资本或社会资源。同学之间所构建起来的"同学关系"作为人生一笔不可多得的"关系资源"，对于一个人的社会地位和事业发展的提高更是具有不可替代的"利用价值"。

在大千世界，茫茫人海中，能成为同学，实在是缘分不浅。虽相处时间都不是很长，但这中间的关系是值得珍惜，值得持续下去的。如果你与同学分开后，还能保持一种相互联系、愈久弥坚的关系，对你的一生，或者说对你将来所要达到的目标与理想是会有很大好处的，这其中有利的方面，也许是我们从未想到过的。

同学有时候会在很关键的时刻帮上你一个大忙。但是值得注意的是，平时一定要注意与同学培养并联络相互之间的感情。只有平时经常联络，同学之情才不至于越来越疏远，只有这样同学才会心甘情愿地帮助你。

有人说："同学之间的情谊也只不过短短几年而已，一旦缘尽则情也就尽了，没有什么值得留恋的。"其实这是一种很不正确的看法。

同学之间的关系无论是从实用意义，或从情感价值角度去看，同学之间的友谊都是值得我们保持和维系的。

刘备曾在读私塾时，由于讲义气、又聪明，因此成了同学中的老大。在几年中，他经常帮助其他同学，与他们的关系处得都非常的好。后来大家都长大了，也都知道自己各有各的道路要走，刘备也与昔日的好同学、好玩伴各奔东西了。

虽然说大家彼此都分开了，但是刘备却很注重经常与同学保持联系。其中有一位叫石全的人，是刘备读书时最要好的同学。石全在读完书后，由于老母亲健在，于是，便回家继续供奉老母亲，以尽儿子的孝道，石全为了维持母亲和他的生计不得不打柴和卖字画。而刘备不嫌昔日同窗的清贫，经常邀请石全到他家做客，共同探讨当时天下形势。像这样融洽的聚会一直保持了若干年，这也使刘备与石全的关系不断地加强，情同手足。

后来，刘备为了实现自己心中的宏伟目标，就带领一支队伍参加了东汉末年的农民起义。初时，刘备的军事实力相当的小，不得不依附其他人，在一次交战中，寡不敌众，刘备所带的军队被全部歼灭，他自己也受了重伤，后来被石全救助并把他藏了起来，才躲过敌人的追杀，由此逃过了一劫。

可见，同学关系有时在紧要的关头能帮上大忙，甚至冒着生命危险帮助你，为你排忧解难。但是，一定要记住一点是，这中间的益处是来自于平时你自己的努力，如果你在与同学分开之后并没有经常性的相聚，那么好的关系又从何谈起，从中受益则更是一纸空文而已。所以，只要你报有诚心，报有真情，用你的真诚来维持分开之后的同学关系，你的人际关系网会更加的广泛，路也会越走越宽。

利用亲戚关系。亲戚一般情况都是与自己有血缘关系和跟姻亲有关的成员；亲情就是基于这种直接或者间接的血缘关系而形成的一种情感。

亲情较友情、亲戚较朋友，这些都是有深远的渊源和历史，不论你是否承认，这种渊源和历史都是存在的，这种亲戚关系是你无法割断的，但正是由于这种关系而赋予我们与其他不同的权利和义务。亲戚之间的权利和义务也是平衡和相对应的。有相应的权利，就会有相应的义务；有相应的义务，同样也就会有相应的权利。亲戚义务也就是在我们来来往往的过程中履行的，享受着亲情的美好与温馨。当然，我们同时也是要付出代价的，就是要忍受亲情带给我们的痛苦和烦恼。但是，亲戚给我们带来的益处也是显而易见的，比如当我们遇到困难时，大概首先想到的就是找亲戚帮忙。俗话说的好："不是一家人，不进一家门。"既然双方是亲戚，对方大都会很热情地帮助你。

亲戚关系不同于其他关系，它是一种比较特殊而又十分复杂的人际关系，其主要体现在亲戚之间存在着多种差异。例如，经济、地域、地位、性格等等。这些差异既可以成为增进彼此之间感情的润滑剂，也可能成为产生矛盾的祸根。所以在运用这些关系的时候一定要多加注意。

其一，在涉及金钱方面的往来时，一定要清清楚楚，不要因为双方是亲戚而弄成一笔糊涂账。

其二，亲戚之间虽有辈分的不同，但是，也应该相互尊重，平等对待。更不能因为彼此之间有地位、职务的差异而不能一视同仁。

其三，对于来自亲戚的帮助更要注意给以回报，这既是加深彼此之间感情的需要，也是报答对方帮助的必要表示。如果忽视了这种回报，即使是亲戚，你们之间的来往也会变得冷淡。

总之，无论亲情、友情、爱情，一切真情的存在，其实都意味着爱的付出，而并非一味的索取，只有注意这些，正常而纯洁的亲戚关系还是美好的，这也是维系这个社会所必须的。

其实在过去曾有沾亲带故这一说法，实际上说白了也就是攀附亲戚，这是利用亲戚关系的一种好方法。多个亲戚多条路，路多了自然事儿就更易办了。

俗话说的好，人人都难脱一个"情"字。亲戚之间亦是如此，建立良好的亲戚关系是求亲戚办事成功的主要原因，但良好关系的建立并非是一朝一夕就能做到的，必须从一点一滴入手，依靠平日的积累。只有不断地构建和巩固，亲戚关系才会牢固。有了"铁"关系做垫底，何愁求助无门呢？因而亲戚之间经常往来进行感情投资还是很有必要的。

其实，亲戚对企业而言也是很重要的，特别是海外的品牌代理，充分发挥海外亲情关系优势，选择自己的亲人作为产品的海外代理商，实现无风险经营。海外代理商是自己的亲人，最大的好处就是放心。因为毕竟海外市场充满了许多不可预见的因素。

再一点就是选择亲人作为自己的合作伙伴，起码在沟通上很便利、快捷，不会存在问题，而且在适当的时候，公司还可以放心地委以重任。

譬如，温州某制衣有限公司是一家主要生产女式休闲服的企业，产品主要出口意大利。该公司董事长坐阵温州管理生产，其35岁的儿子则定居意大利，负责经销其产品。

另一位张先生也是温州的企业老板，他一年起码要来回意大利两趟，因为他的家人都在罗马。其儿子儿媳在从事服装买卖，而这些服装正是张先生在温州生产的。公司产品的海外代理商就是自己的亲人，这样的情形在浙江特别是温州的中小企业中有很多。代理商质量的优劣往往能决定你的产品在当地市场的命运和前途。对于选择自己的亲人作为产品的海外代理商，李董事的看法是儿子起码在意大利生活十几年了，当地的生活习惯、关系等都已比较熟悉甚至亲身经历，这样可以充分地利用当地的资源为己所用，以打开市场。同时，他觉得亲属还可以带其他的远亲属，大家的关系网就可以共享了。温州某光学有限公司最近打算在土耳其设厂，原因之一就是董事长的弟弟已经定居在那里。显然这种利用亲戚关系开展"走出去"的活动，是很明显有效的。

第四章
人际关系也是生产力

　　从某种意义上说，人际关系也是生产力。也许人际关系不会直接给你带来金钱、地位和晋升，但却可能润物于无声中，不知不觉提升你的能力和层次。如果你的人脉关系管理得好，那就会有许多人喜欢你，乐于与你共事；当你在工作中遇到困难时，他们也会帮助你走出困境；当手上有了升职加薪的机会时，他们自然也会想起你。如此一来，你就相当于发射出了无数条信息探察触角，可以比别人更好、更快地抓住机会完成任务。当你的人际关系积累到一定程度时，就能实现从量到质的转变，让你获得巨大的事业辉煌。

人际关系也是生产力

和谐融洽的人际关系，对职场成功非常重要。实践证明，人际关系融洽将使工作效率倍增。所以，我们应运用自我管理，想方设法搞好人际关系。

（1）和谐的人际关系可提高办事效率

合理巧妙地利用人际关系，可以造就自己、成就事业、改变人生。

如果你的人脉关系管理得好，那就会有许多人喜欢你，乐于与你共事；当你在工作中遇到困难时，他们也会帮助你走出困境；当手上有了升职加薪的机会时，他们自然也会想起你。如此一来，你就相当于发射出了无数条信息探察触角，可以比别人更好、更快地抓住机会完成任务。

要建立和谐的人际关系，就不能过于计较。只有宽容、大度，才能结交更多的朋友，让职业发展之路一片光明。

卡内基是美国的钢铁大王，可总有一个钢铁商人与他作对，处处说他的坏话，给卡内基的事业造成了不小的困扰。

有一次，这个钢铁商人又在宴会上大肆抨击卡内基，说了他许多的坏话。当卡内基走到他身后时，他还不知道，仍旧滔滔不绝地数落卡内基。大家都担心卡内基会暴跳如雷，可他只是平静地站着，脸上挂着微笑，仿佛被辱骂的不是他。等到那个抨击他的人发现他也站在那里时，非常难堪，满面通红溜了出去。可卡内基却像什么也没发生似的，依然微笑着上前和他热情地握手。

第二天，那个人亲自去卡内基家致歉，从此，他变成了卡内基的好朋友，再也不给他制造麻烦了，这自然让卡内基非常高兴，以后与他合作也顺畅多了。

和谐的人际关系可以提升我们的办事效率，因为它会帮助我们消除障碍，加速事业的进展。要想取得成功，我们就应花大力气，认真理顺这些关系，使之为我所用、助我成功。

（2）和谐的人际关系网增加成功的几率

我们不得不承认，这个世界的人际关系网络繁多复杂，几乎每个人之间都有一条线相连接。而这数不清的关系网，也可能给我们带来更多的信息和机会，促进我们更快地取得职场的成功。所以，我们更应该通过自我管理，建立和谐的人际关系网络。

无论自己处于何种境地，都不能忘记维护关系网，尤其要注意那些对我们工作有帮助的人。而且要尽可能地打通与我们工作有关的各种人脉网络，使之更好地服务于我们的工作。

原一平在日本被称为"推销之神"。他在1949～1963年，连续15年保持全日本寿险业绩第一，他最大的成功，就在于拥有一个庞大的客户关系网。

原一平建立这个网可不容易。在他最初当保险推销员的半年里，没有拉到一份保单，饿得去吃饭店里专供流浪者吃的剩饭；他没有房子住，就睡在公园的躺椅上；没有钱坐车，就每天步行去拜访客户。

他非常注重人脉的作用，每天从躺椅上醒来，总是微笑着和所有人打招呼。终于有一天，一个常去公园的大老板对这个小伙子的笑产生了兴趣，他提出请原一平吃顿早餐；尽管原一平饿得要死，但还是委婉地谢绝了，他请求这位大老板买一份保险，就这样，原一平有了自己的第一个客人。后来，这位大老板又把原一平介绍给他商场上的朋友。就这样，原一平凭借和大老板的关系，拉到了更多的保单，他的人脉关系就像雪球一样越滚越大，最终使他成为日本历史上签下保单金额最多的保险推销员。

任何事业都是人际关系的事业，成功之道不在于你知道什么，而在于你认识什么人。经营事业就是在经营人际关系，当你学会了利用人脉，你就具备了整合人际资源、创造价值的能力。

（3）和谐的人际关系可突破困境

职场中，有时我们遭遇失败，不是因为能力不够，而是自我关系管理不到位。如果与别人建立了良好的关系，那么在工作时就可能突破困境，"柳暗花明又一村"。

两年前，小孙初出校门，成为一名香皂推销员。

有一次，他到一家杂货店推销，老板客气但坚决地拒绝了他。小孙分析，这主要是他与自己不熟悉，从而不相信自己的缘故。

但小孙是个有心人，他没有放弃，而是决心通过与老板建立良好的关系，来说服他购买自己的香皂。

正当小李和老板聊天时，一个15岁左右的女孩从里屋匆匆走出去，小孙顺口问："这小姑娘是……"

老板说："是我的二女儿，她很厉害呢，准备参加明天市里的体操比赛。电视台会对这场比赛直播的。"

回家后，小孙马上查了一些有关体操的知识，并在比赛那天看了现场直播。

第三天上午，他又来到店里，一见到老板，就向他道贺，祝贺他女儿得了第二名，并把比赛情况很在行地评价了一番。老板的脸上绽放出得意的笑容，拉着小孙聊了许多其他的事情。

在小孙要离开时，老板突然开口道："请你给我先送两箱香皂来吧。如果销售情况好的话，以后再多送一点儿。"

就这样，小孙突破了营销工作的困境，做成了第一笔单子。而胜利的关键，就是他利用老板女儿这个突破口，与老板建立了良好的关系。

从某种意义上说，人际关系就是生产力。也许它不会直接给你带来金钱、地位和晋升，但却可能润物于无声中，不知不觉提升你的能力和层次，当你的人脉积累到一定程度时，就能实现从量到质的转变，让你获得巨大的职业辉煌。

建立和谐的人际关系，需通过自我管理做到以下几点：

（1）换位思考，善解人意。要想建立和谐的人际关系，一定要改变从自我出发的单向思维，多从对方的角度理解对方。

（2）平等待人，不苛责别人。"己所不欲，勿施于人"，不要恃强凌弱，也不要自视甚高，瞧不起别人。

（3）学会分享，推己及人。多与别人分享快乐，多与别人分享点子，善意待人，力所能及地给予他人关爱，这是处理人际关系最正确的态度。

（4）欣赏他人，鼓励他人。欣赏他人是一种善意，也是一种成熟人格的表现，每个人都希望被欣赏和鼓励。

（5）乐于付出，有舍才有得。不要只想着索取，而应该慷慨地对别人多付出一点，在你困难或需要帮助时，才会得到真诚的回报。

（6）待人以诚，诚信为本。诚信是建立和谐人际关系的首要原则。诚信待人，诚信做事，可以让别人更加信任我们、尊重我们。

（7）宽容待人，乐观豁达。不要对别人太苛刻，要学会谅解别人的小错误，宽容别人的小缺点，这样你的朋友才会越来越多。

（8）持之以恒，长期培养。在建立人际关系时，不能急功近利，追求短期效应，这是拙劣、虚伪的表现。真正和谐的人际关系应该长期维护，持之以恒地培养，这样才能收获成功。

（9）乐于帮助别人。助人为乐的人永远受欢迎。当别人需要帮助时，你要尽力去帮助。因为对帮助过自己的人，每个人都会心存感激。一旦你需要帮助时，他们也一定会全力帮助你。这样的人脉对我们才是最重要的。

聪明的人一定会做好自我人脉管理，因为它能让你得到更多的回报，让你越来越强大，越来越相信自己的能力，越来越得心应手地管理自己，掌控自己的事业发展轨迹。

专业与人际关系并用是成功的最佳途径

美国摩根大通集团台湾地区负责人郭明鉴有一次在接受记者采访时，记者曾这样问他："专业与人际关系到底哪一个比较重要?"他沉思了许久回答：

"没有专业，你的人际关系都是空的"。

要想在现代竞争激烈的社会中，出人头地，走向成功，专业知识是成功不可缺少的利刃，而人际关系则是成功的秘密武器。能否以轻松有利的方式去经营自己的人际关系，是一个人取得事业成功的关键。

斯坦福研究中心曾经发表过一份调查报告。报告指出，一个人赚的钱，12.5%来自知识、87.5%来自关系；另一则报道称，对于个人，20~30岁时，靠专业、脑力、体力赚钱；30~40岁时，靠朋友、关系赚钱；40~50岁时，则靠钱赚钱。

由此可见，在一个人的成败中，人际关系竞争力扮演着多么重要的角色。有大智慧的人通常认为人际关系是个人通往成功的门票，尤其是在当前的知识经济时代，人际关系已经成为一种支持体系。人际关系竞争力体现在：对内，众人可以心服口服；对外，客户会更加信任。专业知识是一定要不断提高的，但人际关系更是不可缺少的，人际关系是一个人通往成功的门票，这是千古不变的真理。在当今的时代，有了人际关系资源、有了知识，就可以立足于社会。现代社会是个信息高速膨胀的社会，人人都知道，只有学好知识才有立足社会最基本的资格。知识是人类社会里不可或缺的。它像一盏航灯，指引我们方向；它是一本史册，再现人类的发展足迹；它更是思维的老师，决定我们所走的成功之路。

因此，对于个人来说，专业是利刃，人际关系便是秘密武器。如果你是一个刚踏入职场的人，你必须要先积累自己的专业知识和经验。因为它是你的立身之本。刚进入社会的年轻人，千万不要急着经营人际关系，因为缺少专业知识，就好像开了许多水沟，水沟里却没有水一样，事业发展必将受到阻碍。

人际关系可以给我们提供像大海一样无穷无尽的东西，因此不要以为成功是有一定数量限制的，在任何时候，我们不要只看眼前，要学会把眼光放长远些，社会不断发展，成功的机会也会不断出现。

因此，你要想成功，就一定要营造一个适于成功的人际关系，包括家庭关系和工作关系。在我们中国有一句老话，叫做"家和万事兴"。我们和同事、上司及雇员的关系与我们的事业成败息息相关。倘若一个人没有良好的人际关系，即便是他再有知识，再有技能，也得不到广阔的发展空间。美国商界曾对管理状况做过调查，据调查结果显示：管理人员的很多时间花在处理人际关系上；大部分公司的最大开支用在了人力资源上；管理层所制订的计划能否执行与执行失败，关键在于人。

1970年，25岁的美国小伙子特普曼来到丹佛市，在第2大道的一套小公寓里，开始了他的创业生涯。

刚到丹佛，特普曼就徒步走遍了这个城市的每一个角落，了解、评估每一块好的房地产的价值，计划想在这个城市发展他的房地产事业。为此，他常常去看一些土地和楼盘，就像是这些土地的主人。

初来乍到时，人们不认识特普曼。因此他必需计划好为自己的房地产事业铺平道路的每一个步骤。他要做的第一件事就是尽快加入该市的"快乐俱乐部"，去结识那些出入该俱乐部的社会名流和百万富翁。对特普曼这样一个无名小辈来说，要想进这样高档的俱乐部，实在不很容易，但特普曼还是决心去大胆尝试一番。

特普曼第一次打电话给"快乐俱乐部"，刚说完自己的姓名，电话随着一声斥责就被对方挂了。特普曼仍不死心，又打了两次，结果仍遭到对方的嘲弄和拒绝。

"这样坚持下去，将会毫无结果。"特普曼望着电话机喃喃自语，突然，他心生一计，又拿起了电话。这次他声称将有东西给俱乐部董事长。对方以为他来头不小，连忙将董事长的电话号码和姓名告诉他。

特普曼得意地笑了，他立即打电话给"快乐俱乐部"董事长，告诉他想加入俱乐部的要求。董事长没说同意也没说不同意，却让特普曼来陪他喝酒聊天。特普曼自然满口答应了。

通过喝酒聊天，特普曼逐渐与这位董事长建立了良好的关系。几个月后，在董事长的特殊关照下，他如愿以偿，成为了"快乐俱乐部"中的一员。

在俱乐部中，特普曼结识了许多富商巨贾，建立了良好的关系网。

1972年，丹佛市的房地产产业陷入萧条时，大量的坏消息使这座城市的房地产开发商们严重受挫，丹佛人都在为这个城市的命运担心。然而在特普曼看来，丹佛城的困境对他来说无疑是天赐良机，从前那些对他来说是可望而不可即的好地皮，现在可以以较低的价格任意挑选收购了。

就在这时，特普曼从朋友处得到一个消息：丹佛市中央铁路公司委托维克多·米尔莉出售西岸河滨50号、40号废弃的铁路站场。

特普曼凭着自己敏锐的眼光和经验判断出：房地产萧条是暂时性的，赚大钱的好机会终于降临了。为此，他把自己所拥有的几个小公司合并起来，改称为"特普曼集团"，使他更具实力。

第二天一早，特普曼便打电话给米尔莉，表示愿意买下这些铁路站场，并约定了在米尔莉的办公室商谈这笔买卖。

风度翩翩、年轻精干的特普曼给米尔莉留下极好的印象。他们很快便达成协议："特普曼集团"以200万美元的价格购买了西岸河滨的那两块地皮。不久，房地产升温，特普曼手中的两块地皮涨到了700万美元。他见价格可观，便将地皮脱手了。

经过许多人的帮助以及自己的努力，特普曼终于挖到了来到丹佛市的第一桶金——500万美元。这是他闯荡丹佛的第一笔大买卖，也是他第一次独立做成的房地产生意。此后，他开始了在美国辉煌的经商生涯。

经营好你的人际关系网，然后，你就可以像"稳坐中军帐"的蜘蛛，自然会有猎物送上门来——你只需要迅速出击就可以稳操胜券了。

在与"背运"的名流结识时，当你们相互还不十分熟悉时，千万不要谈及他的近况，而是把话题集中在他过去显赫的成绩上，既能把他带到过去的辉煌时光从而受到鼓舞，又避免揭伤疤。当你们已十分熟悉后，再聊他现在的日子也不迟。

由此可以看出，企业最重要的财富是人。人际关系资源在我国更加重要，假如你想获得事业的成功，那就要尽早建立、开发你的人际关系资源。

人际关系是无形资产

我们都曾经从人与人的交往中学到一些东西，现在每一个人的生活形态，其实也就是那些与我们交往的人在有形无形中潜移默化地对我们影响的结果。"人际关系"的第一层意义，便是从人与人的交往中学习，从人际关系资源中获得一种"人生资源"。

从与人的交往中，我们至少可以学到以下三种东西：

第一，了解自己。

一般人都爱犯一个毛病，就是自以为最了解自己。事实上，我们对自己的所知极为有限，几乎无法具体地描述自己的个性、能力、优点和缺点。当你以为"这就是真正的自己"时，通常只看到"有意识的自我，和行动的自我"，而这些都只是自我的一部分而已。

我们很难掌握自己，唯一的办法只有拿自己与周围的人比较，或者从与人的交往中逐渐看清楚别人眼中的自己，有时候必须在多次受到长辈的斥责和朋友的规劝之后，才能恍然大悟，掌握到真实的自我。大胆一点的说法是，除非有别人作为镜子，否则你永远不会知道自己是什么德性。

第二，了解社会。

我们习惯于从日常生活中了解这个社会，别人的生活经验、书报杂志和传播媒介也可以帮助我们了解这个社会。可是从生活体验中捕捉到的社会毕竟太狭窄了，就如"井蛙窥天"一样，使我们不能做出准确的判断。报纸和其他传播媒介所提供的也只不过是一张"地图"，光靠这张地图，当然更掌握不到活生生的现实。像这样经由偏狭的个人经验塑造出来的世界观，都可能随着人际关系的扩大，才慢慢得到修正。我们都记得从学校刚毕业时，老师训勉我们："外面的世界很现实的。"的确，外面的世界和我们理想中的世界是太不一样了。简单地说，只有与人交往才有可能掌握真正的现实社会，进而扩大自己的世界观。

第三，了解人生。

我们的一生中会受到许多人的影响，这些人可能是父母亲友，也可能是自己的上司和同事。从他们身上，我们可以看到自己，掌握整个社会，同时也因为他们的生活态度而了解到不一样的人生。

所谓"跟别人学习"，并不只是了解自己、了解社会和了解人生而已。日常生活里，我们还可以从四周的人身上学到很多东西，对于启发灵感及增长智慧不无帮助。

商场上称人际信息为"情报"。一个生意人怎样获得工作上必需的情报呢?最有效的方法是：

（1）经常看报。

（2）与人建立良好的关系。

（3）养成读书的习惯。

换句话说，生意人最重要的情报来源是"人"，对他们来说，"人的情报"无疑比"铅字情报"重要得多。

越是一流的经营人才，越重视这种"人的情报"。日本三洋电机的总裁龟山太一郎被同行誉为"情报人"。对于情报的汇集他别有心计，最有趣的是他自创的"情报槽"理论。他说:"一般汇集情报，有从人身上，从事物身上两个来源。我主张从人身上加以汇集。如此一来，资料建档之后随时可以活用，对方也随时会有反应，就好像把活鱼放回鱼槽中一样。把情报养在情报槽，它才能随时吸收到足够的营养。"把人的情报比喻成鱼非常有趣。一位有名的评论家也说:"我每一次访问都像烧一条鱼一样，什么样的鱼可以在什么市场买到，应该怎么烹调最好，我得先弄清楚。"对于生意人来说，如何从人身上得到情报并及时处理情报，其实是和编辑人一样。许多记者都知道，在没有新闻时，设法找个话题和人聊聊。生意人也是这样。也许没有办法随时外出，那就利用电话来跟朋友们讨教吧！

日本前外相宫泽喜一有个闻名的"电话智囊团"。宫泽在碰到记者穷问不舍时，往往要求记者给予一个小时的时间考虑。如果碰巧在夜里，则只要一通电话就可以得到满意的答复，这些答复就来自他的 10 名智囊团成员。

这也就是我们所谓的"人的情报"。一个人思考的时代已经过去了，建立品质优良的情报网，成了决定工作成败的关键。或许你会说"我已经有很多朋友了"，我们这儿所指的"朋友"并非是年幼时的朋友、同学或同事，彼此间的交情也不是建立在快乐和利害关系上。严格一点说，我们所指的朋友应该是人生旅途中可以一起奋斗的朋友或工作伙伴。

环绕我们四周的多半是共同寻乐和有利害关系的朋友，和他们交往虽然愉快，关系却不能长久。我们很容易分析得出结交朋友的过程，总不外乎因为某种缘分与别人邂逅，对对方产生好感，然后有交往，于是进入"熟识"阶段。对朋友觉得有趣或愉快，通常都在这个阶段。

熟识之后，开始有一种共患难的意识，彼此间产生友谊，认为朋友会对我们有帮助。这个阶段的友谊，联系性强，彼此间也容易产生超过利害关系的亲密感，说得更具体一点，交往的本质其实也就是"互相启发"和互相学习。彼此从不断摸索中逐渐改变逐渐成长，建立起稳固而深厚的情谊。

在我们的工作和生活中，有三类朋友可以作为我们的智囊朋友：

第一类提供我们有关工作情报和意见的，称为"情报提供者"。这种人大多从事记者、杂志和书籍的编辑、广告和公关工作，即使你不频频相扰，对方也会经常提供宝贵的意见，像刚才所说的"电话智囊"就是这一类。

第二类提供我们有关工作方式和生活态度的意见，称为"顾问"。这种人多半是专家，甚至是本行内的第一人，我们可以把他们视为前辈或师长。

第三类则与工作无直接关系，称为"游伴"。原则上不是同行，通常是我们在参加研讨会、同乡会和各种社团认识的，有些也是"酒友"，他们不但可以是"后援者"，有时甚至是我们的"监护人"。

这些人自然不是在特别情形之下，愿意贡献他们的脑力，我们也不是为了借助他们的头脑而设法接近的，他们中大多数是因为某些因素结的缘，而后经长期地交往，不知不觉间成为"后援者"，也许他们根本不知道自己正扮演着智囊的角色，如果你不预备付顾问费，那就不要声张，他们通常具备一些共同点，如：教给我们一些闻所未闻的事，提供我们各种不同的看法，每次见面时总会给我们新的刺激。

也许你会怀疑像这样单向的获得，岂不是有欺骗朋友之嫌?至少在"智慧借贷表"上彼此是处于不平等状态的。事实上，从认识到发展为至交，彼此间必然有一些共同的生活信仰，也可以从对方身上学到一些东西。这些人的共同点是：

（1）在本行内是大家。

（2）人际关系良好。

（3）好奇心重。

（4）凡事都有兴趣。

（5）感受敏锐。

（6）想象力丰富。

（7）有向上意志。

社会上有这样的说法："好的人际关系有助于改造彼此的个性。"这种说法真是颇有见地。拥有一些好的朋友，确实是人生旅途上最大的财富。

漫长的人生旅途中难免会有受挫的情形，不是感到有志难酬，就是长期坐冷板凳，甚至被降职，这时候支持我们继续奋斗的就只有家庭和朋友了。有一两个以诚相待的朋友，那么即使碰到再大的挫折，都可以鼓起勇气再接再厉。"朋友"的定义很广，有的是因工作上的接触认识的，也有同事、长辈和因各种机缘结交的，如果能摒除利害关系，得几个诚心相待的朋友，也算不枉此生了。

人脉的积累成就财富

生活中，我们经常听到这样的声音：现在都是有钱的人才能赚到钱，我们这些没有钱的人，总是不能成就理想中的财富！想做一番自己的事业，却总也找不到合适的方向，缺乏最基本的资金，也没有人愿意帮助我们……

事实上，这些人忽略了一个最重要的力量，那就是人际关系！人际关系对于我们每个人来讲，都是非常庞大的资源。这种资源就在我们的身边，只要懂得把握和打理，懂得培植自己的人际关系，就能聚集庞大的人气，进而铸造威望，有了这样的威望，资金、技术、渠道还不是唾手可得，何愁大事不成？

许飞，普尼科投资顾问有限公司总经理，目前其个人财富大约有500万元。其财富的积累就是靠着广大的人际关系网络，他有众多的媒体朋友，有世界500强的公司如联合利华、三菱电机、通用磨坊等客户。

从许飞的个人经历来看，他的每一步都是靠人际关系发展起来的！

他是一个很有故事的人。早年的他怀揣着梦想来到北京，从一家公司的小职员做起，到后来成为《经济观察报》培训部门的负责人，再到后来自己创业开办金融传媒教育公司，几乎每一次成功的飞跃都让人难以置信，却又真实地存在。

早年的许飞还只是一个20多岁的年轻人，板寸头、黝黑的皮肤，一年多以前认识许飞的时候我以为他还是个学生。你也许很难想象，这样一个大男生已经能自如地穿梭于银行家与企业家之间，游走于经济体系的顶端，同时又掌控着高端金融和管理培训项目。许飞说，一路走来，他必须感谢几位给予他巨大帮助的人，没有他们的带领和提携，他的人生就不会如此多姿多彩。

花旗集团投资银行的中国区副总裁董功文也许是给他最直接帮助的人。在许飞打算创业的时候，正是董功文为他筹集了创业的大笔资金，这使许飞的金融传媒教育公司一开始就拥有很高的起点。也同样是董功文为许飞提供了大量有价值的建议，令他受益无穷。而许飞和董功文之所以能认识，仅仅是因为徐飞在北京租的房子是董功文的，而董功文的太太又正好是许飞的老乡，一来二去，他们也就熟识了。两个人都很健谈。话题从人生到事业，常常一聊就是几个小时。许飞偶尔也会诉说自己对于未来事业的期许和打算，这使董功文认定他是一个很有想法的年轻人，这也是后来董功文愿意帮助他的原因之一。

许飞入行后，随之而来的人际关系也就越发广阔了。

或许你会觉得许飞过于幸运，事实上，即使你没有如此的幸运，但只要懂得盘活自己的人际关系，那也是非常了不得的事情！这些人际关系总有一天将盘活你的财富！

那么，我们该如何进行日常的人际关系积累呢？

（1）充分掌握人际关系信息

美国大亨洛克菲勒在其全盛时期曾感慨地说："与人相处的能力如果能像糖和咖啡一样可以买得到的话，我会为这种能力多付一些钱。"

这句话实际上是在告诉我们：朋友多则赚钱的机会多。

卡耐基训练大中华区负责人黑幼龙认为："完整的人际关系包含三个阶段，发掘人际关系、经营交情、出现贵人。"

事实上，在人际关系的建立上，如果你只是倾向于等待而不主动寻找人际关系信息的话，那么你将是被动的，而且机会很少。因此，你需要不断地寻找信息，从而找到自己需要的人际关系。

比如，你可以通过朋友介绍，可以通过交换名片，也可以通过网络获得人际关系。这些人际关系对于你来讲，都是非常有用的。或许他们不能直接地帮助你去做什么，但是至少他们可以给你介绍更多的客户，帮你出出主意，甚至于他们的一两句话，或许就能改变你的窘态，使你获得新生！

（2）学会肯定对方

掌握人脉信息固然重要，但关键还在于如何与他们相处。很多时候，人际关系都是在不断的交往中得到提升的!

《孟子·齐桓晋文之事》里有一句话:"他人有心,予忖度之。"这句话道破了让朋友欣赏你的不二法门,那就是学会肯定对方。关于这一点,美国哈佛大学人际学教授约翰·杜威曾说:"人类本质中最殷切的需求是渴望被肯定。"

当然肯定对方,并不是随便地敷衍对方,而是要学会"放低姿态,放下身段",学会仔细倾听别人的话,更要学习"忖度他人之心",理解朋友这样说的原因和立场,尽量体谅他们。这样既能学习他们的优点,也能让朋友感到自己被尊重、被理解。

肯定对方是一种精神上的社交方式,在肯定对方的时候需要真诚和勇敢,同时也要有一定的原则,使对方感到你并不是为了讨好他才这么说的。

(3)不要势利

我们这里所讲的人际关系及增长人际关系的方式,并不是告诉你要势利。势利的人往往看到对自己有用的人喜形于色,一副小人嘴脸伺候着,看到自己用不着的人则忽视、轻视、鄙视之。这样的人是不招人喜欢的,也不会有好的人际关系。

人际关系的经营需要的是长期的战略眼光,一定不要怀着过于势利的短浅眼光经营人际关系,这样只能让你的路越走越窄。

历史小说家高阳笔下的"红顶商人"胡雪岩,其高超的交际手腕让读者大为叹服。对胡雪岩有深入研究的学者曾仕强分析,胡雪岩的过人之处是"对事情看得透,眼光够远,从不会轻视小人物"。

比如书中所写的浙江巡抚王有龄对胡雪岩的发迹有着很大的影响,当初王有龄不过是一介穷书生,而胡雪岩却对他全力相助,等同于投资了一笔交情生意。

如果生活中的你也有如此的气魄和胸怀,你的人际关系也会越来越广的!

冲动是吃掉人脉和财富的猛虎

生活中，或许你会遇到这样的事情：你和一群好朋友在一起吃饭，你不小心将汤弄翻了，洒在了旁边一个朋友的身上。你连忙向朋友道歉，朋友没等你说完，就非常紧张和关心地问："有没有烫到你啊？"

这个时候，你的心里一定热乎乎的，一方面为自己的鲁莽而感到不好意思，另一方面为朋友的忍让和关心而感动。

试想，如果那个身上被洒了汤的朋友当时冲动起来，说："你怎么这么不小心啊？我刚买的新衣服就被你弄成这样子，真是的！"

你本来想道歉的，是不是这个时候也没有道歉的心情了呢？或许你们还会大吵一架呢！

再或者，朋友只是淡淡地说了一句："没有关系。"你的心里还是会觉得挺不好意思的。但是会说"没有关系"的朋友比冲动的朋友要好很多，最起码懂得忍让。

反过来想，如果你将汤洒在了朋友的身上，而你只是皱了下眉头，没有任何的表示，朋友就会觉得你不懂礼貌，或许就会冲动起来！

如果你的朋友对你有误会，而你一直没有机会向他解释，即使这个朋友口不择言地说你的坏话，或许你也能原谅他，只要你找到机会向对方解释，对方肯定会为自己的行为而后悔的。

这会让你懂得什么道理呢？与人相处，贵在忍让，不能冲动！

记得在一本书中读过这样一则故事：法国小城里有一名警察，一天晚上，他穿着便装走到市中心的一家烟草店买了一包烟。这个时候，一名喝了很多酒的流浪汉向警察要他刚买的烟，警察不同意。于是两人发生了口角，随着互相谩骂和嘲讽的升级，两人的情绪越来越激动。警察掏出了警官证和手铐，说："如果你不放老实点，我就给你一点颜色看看。"流浪汉反唇相讥："你这个混蛋警察，能把我怎么样？"在言语的刺激下，二人扭打成一团。旁边的人赶紧将两人分开，劝他们不要为一支香烟而发那么大火。

被拉开后的流浪汉骂骂咧咧地向附近一条小路走去，他边走边喊："臭警察，有本事你来抓我呀！"失去理智、愤怒不已的警察拔出枪，冲了过去，朝流浪汉连开四枪，流浪汉倒在了血泊中……

法庭以"故意杀人罪"对警察作出判决，他将服刑30年。

一个人死了，一个人坐了牢，起因是一支香烟，罪魁祸首是失控的激动情绪。

在生活和工作中，我们常常为了一些小事不能克制自己，从而引发争吵、打架，甚至流血冲突。有时仅仅是因为你踩了我的脚，或一句话说得不当。在地铁里争抢座位、在公交车上挨了一下挤，都可能成为引爆一场口舌大战或拳脚相加的导火索。在社会治安案件中，有相当多的案件都是由于当事人不能冷静地处理事情——许多本是小事一桩——而发生的。

要知道，生活本身并不全然是理性的，其中也充斥着很多的无奈。譬如，某些人的性格带有攻击性，这就意味着另一些人往往会无端地遭到挑衅。如果我们对所有的"攻击"都施以"反击"的话，那我们生活的环境将充满火药味，我们的人脉也无法得到提升。

社交中最怕的就是冲动，很多时候，双方的关系本来一直很好，但偶尔的一次冲动可能使你失去重要的人际关系资源，同时还会造成难以弥补的重大损失！这就是冲动的害处。凡是有所成就的企业家都不会轻易冲动的，他们拿得起，放得下，他们稳中有升，总能平静地解决很多常人难以解决的事情。平静而温和的态度能平缓他们内心的冲动，还能避免很多不理智的做法。这种心态，使他们的人际关系日益广泛，生意越做越大，财富越积越多。

所谓冲动，指的是由外界刺激引起、爆发突然、缺乏理智而带有盲目性、对后果缺乏清醒认识的行为缺陷。这是一种靠激情推动的行为，带有强烈的情绪色彩。容易冲动的人，往往缺乏意识调节作用，因而常感情用事、鲁莽行事，既不对行为的目的做清醒的思考，也不对行为实施的可能性做实事求是的分析，更不对行为的不良后果做理性的评估，而是一厢情愿、忘乎所以，结果往往铸成大错、遗憾终身。

冲动是一种不成熟的表现，例如受到侮辱后把人骂得狗血喷头、争执时遭人推搡而把人打伤等；儿童的冲动则往往表现为踢人、咬人。冲动也会在怨恨和愤懑长期郁积于胸，无法排遣而外界出现微不足道的刺激的情况下发生，此时外界的刺激只是根导火索。例如某种需要因人为因素长期得不到满足、始终得不到公正待遇、与某人的隔阂难以消除等，这时就会因一件小事而大发雷霆、大动干戈，以释放日积月累的内在紧张；儿童则会表现为无理哭闹、大声叫喊、扔东西、头撞墙。冲动还会在我行我素惯了，容不得半点冒犯而偏偏遇到冒犯的情况下发生，

在这种情况下，稍受抵触便走极端，或硬上蛮干，谁也休想阻挡；或绝情寡义，顾不得友谊亲情，结果常常弄得自己尴尬万分、狼狈不堪。

在社交及生活中，我们应学会克服冲动。当意识到自己快冲动的时候，应做好以下几点：

（1）深呼吸

有人说做事冲动是很多年轻人容易犯的毛病，等年龄大了自然就好了。事实上，克服冲动应尽早做起。当感觉到自己即将冲动的时候，应深呼吸，然后再做出相应的决定。

（2）默想世界的美好

年轻人爱冲动的原因是因为他们没有因冲动吃过什么苦头，而吃过冲动的苦头后，很多人才懂得控制自己的情绪。控制自己的情绪除了深呼吸之外，还可以在快要冲动的时候，在心里默想："世界如此美好，我却如此暴躁，这样不好，不好。"时间长了，自然就能很好地控制冲动了。

（3）心中要有目标

对于一个心中有目标的人来讲，他们总能看到更长远的目标，因此也更容易保持冷静。要知道，人是非常脆弱的，特别是心里没有目标的人，常常因为脆弱而冲动。心里有目标的人则不一样，他们考虑的是全局，他们会控制自己，当问题来临的时候，他们会暂停10秒钟，然后想想自己的目标，继续向目标冲刺。

（4）不和冲动的人混在一起

和冲动的人在一起，你很容易和他一样冲动。这是因为你会被他感染，即使你觉得你可以控制自己，也不一定真的就能控制。试想你的朋友向你发火，一次两次可以，次数多了，你是否还能从容应对呢？

避免使自己陷入容易冲动的处境，应懂得什么是导致你冲动的因素，所谓"近朱者赤，近墨者黑"，远离容易冲动的人，对你是有好处的。

能力源于人际关系

虽然关系不是金钱，但它却是一种无形的资产，更是一笔潜在的财富。如何借助人际关系网来办事，是一门人生的学问。

对于商人来说，构筑一项事业，既需要有形资产，也需要无形资产，而这种无形资产，财富英雄总将其归结为他们的人际关系网络，尤其在中国，关系意味着资源。IT行业曾经疯狂追捧的一个概念，CRM，客户关系管理，就是教我们如何描述、沉淀和开发商业关系而用的。关系要防止寄托在某一个人身上，要防止流失到竞争对手手中，关系要为企业增值，带来收入。在一份营销测试试卷中，有这样一个题目：在与商场的交往中你是如何开展工作并取得主动，请写出5条以上。有人除回答要具有相关知识、判断力、说服力、敬业精神外，还提出要具有一定的交际能力。并阐述道：人际关系就是生产力，勤于拜访客户，能激起采购的兴致，发现采购真正需求和目的，找到突破口，完成预定计划。

天津大学管理学院院长齐二石教授关于EMBA教育问题的专访时常会说：如果把MBA简单地理解为知识的充电，那么EMBA则是在充电的同时又为你提供更高的知识哲学思维能力。早就有人说过，"人际关系就是生产力"，尤其在中国，关系意味着资源。而充电不仅是一种技能培训与知识更新的必要手段，同时更是编织关系网的一个大好时机。

例如报读EMBA的条件必须至少符合以下几条：一是必须有8年的工作经验，其中还得有5年以上管理工作经验，这是最基本的条件了。二是大公司中层以上职位人员。这就意味着，在一个学院的EMBA同学中，云集了商界精英，这帮人的能量和发展前景如何，就不必赘言了。同时，学院方面提供的与外界交流的机会，到大公司实习交流的机会……这一切，无疑是给参加这些学习与培训的人提供了职业生涯的良机。有的EMBA学员则非常赞同"人际关系"之说。他们认为，花巨资就是为了改变自己的"社会交往结构"。有句话说，过去流行在酒桌上拉关系，现在流行在MBA或EMBA班上建立同学关系。EMBA的开放式教育方式促进了同学之间的交往，在"人际关系就是生产力"的当今时代，关系意味着资源，在EMBA班这里汇集的都是一些中国管理的精英，今天能在这里收获的同学资源很可能就是明日的财富。人际关系就是财富，而且还是财富的源头。

在人生道路上，存在着许许多多的机缘。有许多时候，天助也是人助。要么是主动出击，要么是被动的选择，常常是人生的分水岭。曾持有哈尔滨市0001号个体私营工商执照，被人称为"邓钣金"、"邓百万"的哈市汽车修配行业第一位个体户邓振发，在生意日益萧条而无奈废业。退出了老本行后这位饱经沧桑的老人接受记者采访时说："我这辈子一波三折，是可以写本小说了。尤其是最近二十几年，大红大紫过，上过中央电视台和《人民日报》。1979年、1985年那会儿最好，顾客得排队，全拿支票结账，没有讨价还价的，真是一锤子能砸出个金块来。1990年以后就差了，'人际关系就是财富'，这是我从电视剧里学来的，有道理，我没搞好社会关系，没有单位指定司机到我的修车铺修车，所以顾客越来越少，大概是到2000年的时候，基本就没人了，一锤子连个花生米都砸不出来了。这三年房子也租了出去，基本也都不干什么活了。"

毛主席曾经有一句话："挫折和失败教育了我们，使我们变得聪明起来。"积极主动地处理好各方关系，要树立人际关系就是生产力的观念，对内要处理好与上级、同级、下级之间的关系，要努力建立起家庭式的温暖环境，让同志们心情舒畅、心无旁骛地去工作；对外所要做的是处理好与党委政府、与部门、与纳税人的良好关系，争取得到他们的理解关心和支持，营造一个良好的外部环境，为自己的财源开拓一条宽广的大路。

有位从中国香港来的朋友，谈起在国内"关系学"的重要性。"关系学"乃第一生产力，无论政治、经济、社会、文化等诸多领域，若没有"关系学"的内容在里面，则无法真正促进生产力的发展。他说他虽然是从深圳来的，但偏偏喜欢称自己是从香港来的，主要是突出深圳与香港之间所发生的密切"关系"。如果没有这种特殊关系的话，很可能就不会显示出深圳的存在。

在任何一个单位里面，"关系"都是生存之道，有"关系"则办事比较顺利，反之则要费尽周折，也未必成事。这一现象足以说明"关系"的重要，以及人们对"关系"的信赖和依附，把"关系"推在很高的层次上。有了"关系"就可以得到真正的权力和好处，没有"关系"，充其量只是一种形式上的棋子，还可以说是一种名义上的摆设罢了。

无论在任何一个地方，像这样的例子多之甚多。就拿明朝嘉靖年间那个时候的徐阶来说吧，当时他担任类似首相职务的首辅，前首辅严嵩的日子就不好过了，因为严嵩之前的首辅、提拔徐阶的夏言遭受过严嵩的残酷政治报复，以污蔑皇帝等罪名进行迫害，以首辅之职被处极刑。严嵩因为不属于夏言的关系圈子，所以他们之间的斗争就很激烈。后来，随着斗争推进，严嵩事发，削职为民，当时夏言提拔的人徐阶就占了一个很不错的上风，为了报复严嵩对夏言的迫害，狠狠制裁了严嵩，严嵩儿子被处死，财产被充公，自己也饿死在寄食的地方。在这件事过后，到了万历年间，又翻开了新的一页。徐阶提拔的张居正走上台前，他利用计谋将赶走徐阶接任新首辅的高拱赶下台，甚至还设计阴谋要把高拱全家处死。冤冤相报，其实这都是他们为了维持各自关系和整体利益的需要。虽然徐阶声称"以威福还主上，政务还诸司，以用舍刑还公论"，其实这应该是一种宣传，是根本做不到的一件事情。而张居正也宣称"仁、义、礼、智、信"，可是在残酷的政治斗争中，在两派政治利益的争夺过程中，每一个人都不择手段维持自己的关系，打击自己的政敌，权力欲望和政治野心使他们成为残酷无情的政客。

电视剧《流星花园》中的女主角杉菜的父母，在她们家境贫寒的情况下也要让女儿读那种收费昂贵的贵族学校，其目的就是为了让女儿钓到一个金龟婿，他们采用这种方法的目的就是让女儿通过校园打进一个新的社交领域里去；还有，交昂贵的学费去读MBA，是一条能迅速认识各路精英的绝佳途径。他们都是来自各地不同的行业，有不同的身份，其中就蕴藏着许许多多每个人都需要的信息与机会。所以读MBA的目的不仅为了进修获得知识，其实更主要的还是为了那份含金量极高的同学录。现代的父母都愿意出钱让孩子上重点学校，除了看重学校的教学质量以外，同时有一个长远的也是重要的目标那就是在许多年之后，在教学质量较高的学校里面，孩子们的同学中可能会有许多出类拔萃的人物。这就是作为家长的目的，从这方面我们也能看出人际关系的重要性。其实人际就是未来，就是钱财，就是达到我们目地的一个重要的起源。

第五章

人际关系在职场中的重要性

　　成功的事业，是以和谐的人际关系来做根基的。在职场上人际关系对个人的发展同样起着至关重要的作用。良好的人际关系能让你在职场中保持持久的动力。要相信，时代改变了，不论你在什么地方做什么，一定记得打电话给同学、同事、朋友们，互相交流意见、想法，甚至认识一下彼此的朋友，这样都是很切合实际的做法。

职场关系好事业步步高

成功的事业，是以和谐的人际关系来做根基的。在职场上人际关系对个人的发展同样起着至关重要的作用。良好的人际关系能让你在职场中保持持久的动力。

职场里的人际关系很重要。有一位小姐在一家跨国公司里做销售员，收入颇丰，她的丈夫也是一位出色的职业经理人。事业家庭都很成功的她理应是春风得意、无忧无虑，然而她却向朱博士提出了她的苦恼：没有朋友。用她自己的话描述，就是朋友交一个丢一个，和人打交道时，会不经意地压抑自己，聚会的时候冷场以及尴尬的局面时常会发生，因此怎么也找不到一个推心置腹的朋友。在她眼里，没有朋友、缺乏人际关系的生活，就像是被关在狭小的牢笼中，死水一潭。长期的忧虑影响到了她的自信，也逐渐干扰着她正常的工作。她也一直不太明白自己到底在哪个环节上出了问题，她会时常想自己还是一个优秀的销售员呀！怎么会这样呢？

这位小姐能很好地与客户沟通以及交谈，很容易就拿下了订单。然而一旦她和说话的对象变成了"朋友"，就开始手足无措了。据朱博士所说，她没有朋友最重要一点就是她没有和那些朋友好好的接触过，她没有好好的把握好自己的那份人际关系。经过几次和朋友的谈心后她才发现，关键问题在于对形象、言词过度关注。她总是怀疑自身措辞不够完美，审视穿着是否得体，敏感地关注对方的反应，甚至为任何失误感到焦虑。当然，她也会那么严格地要求别人。所谓"一鼓作气、再而衰、三而竭"，屡次失败让她的自信心大打折扣。找到了原因，接下来的工作便容易多了。经过几周的面谈咨询和实践，这位小姐终于能克服原先苛刻的眼光，转变了谨慎的态度，以放松的心情，愉快地和朋友们谈天说地了。

人际关系对职业生涯的有着重要作用。在这社会上没有多少人有着特别背景，自身能力也很一般，整天过着看老板脸色的日子，有时不免做做梦，盼望一朝得到贵人提携，从此飞黄腾达。其实只要你留意建立好人际关系，你会发现，生活中从来不缺贵人，他们可能就是你的朋友、同事，甚至是萍水相逢的人。在前程无忧近日所做的一次"职场处处皆贵人"的调查中显示，良好的人际关系对职业生涯发展有着很大的影响力。

在调查中有17.35%的人认为人际关系对职业生涯最重要。就像上面所提到的30岁以前靠专业赚钱，而30岁以后靠人际关系来赚钱，可见人际关系的重要。在关于哪类因素对职业生涯影响最大的调查问题中，"个人能力"被公认为第一要素；其次是"机遇"，有30.77%的受访者认为"机遇"起决定性作用；人际关系的因素被排在第三位，有17.35%的受访者感受到人际关系的重要性。

在调查的过程中还发现了一个问题，社会中的男性要比女性更关注人际关系对职场生涯的影响，同时随着工作时间的增加，人们对于人际关系在职场中的作用也越来越看重，特别是国企职员对人际关系的关注度要比其他的企业更高。

还有，那些不同学历的人对于自己的"关系"、"机遇"以及"个人能力"的重视程度也不相同。本科学历者对于三要素的关注度为：28.92%、17.46%、36.89%，博士学历者对于三要素的关注度为：18.42%、13.16%、63.16%，显然，"个人能力"在博士人群中受到一定优势肯定，但此时的"机遇"与"人际关系"相对而言却被他们给弱化了。

四成人没注重与他人结缘。这是来自www.Javajia.blogchina.corn网站的作者JavaJia的一篇报道。在调查中所显示，现在只有48.36%的人是主动建立起自己的人际关系的，有34.22%的人是通过朋友介绍增长人际关系，只有一小部分9.82%是被动等待别人找上门。在外企工作的人主动结识朋友的意识比较强烈，占了50.8%；在国企工作者，朋友介绍和主动认识的得票率十分接近，它们的百分比分别为40.49%和43.67%。

尽管大多数人认同"人际关系"的重要性，但仍有45.56%的人仅仅局限于职场中，认为除了8小时工作以外就不必太在意了。另外54.44%的人则表示，寻找贵人与人交往并不能清楚地把界线划分在职场内，只有做个有心人，更多机会展示自己的优势，才更有可能得到贵人的赏识与帮助。

调查发现，男性比女性更注重在职场之外的人缘修行，有61.70%的男性受访者认为职场之外仍是结识贵人的好时机，而持相同观点的女性受访者仅占49.39%。同时受访者中随着工作经验的增长，对职场之外的人际交往也越来越重视。

前程无忧的那些专家们认为，人际关系的积累是需要长年累月的不断与人交往而得来的，是一种在工作和生活中养成的习惯，并不是一件要刻意定时完成的项目。不管是所谓的一条人际关系，或是由人际关系伸展出去的关系，它们都需要长期的付出以及关怀，这样才能在看似不经意间逐步建立起自己的人际关系网。

65.62%的人乐于"君子之交"。调查发现，65.62%的受访者认为，与人交往应保持"君子之交淡如水"的心态，保持朋友间的距离，同时尊重个人相对的空间；有14.08%的人是无事不登三宝殿型；有11.16%的人选择了"亲密无间型"；9.13%的人是"心血来潮"型，完全依性格行事。

朋友与朋友之间的关系同样是需要彼此的维护与经营，在平常的时候要多与朋友们进行勾通和联系，同时适当拜访，这样可以培养感情。交朋友有功利目的，但并不是朋友间的每一次来往都以利益来加价。累积出来的友谊是彼此培养出来的，像这样的人际关系不仅能够持久稳固，而且还会更加光亮。

近四成的人认为良好的人际关系能增加职业机会。良好的人际关系到底对个人会有什么样的帮助呢?在这次的调查中显示，34.57%的人认为人际关系能给自己增加职业机会，名列第一。根据人力资源管理协会与《华尔街日报》共同针对人力资源主管与求职者所进行的一项调查显示：95%的人力资源主管或求职者透过关系找到适合的人才或工作，而且61%的人力资源主管及78%的求职者认为，这是最有效的方式。《前程无忧》栏目也曾经做过"最有效的求职途径"调查，"熟人介绍"被列为职业里第二大有效的方法，如果你在职业里有一定的人际关系，那么对你在办事的时候会起着一定的作用的。

另外还有，对于人际关系的作用，27.8%的人认为对业务发展起着一定的作用，15.89%的人认为对个人职业指导起重大作用，6.94%的人认为人际关系有助于专业技术上的交流和沟通，可以让彼此在技术上有所提高。

在职场里不同阶段的人，人际关系对于他们的作用是不一样的。

对于那些毕业生他们更倾向于人际关系对个人职业指导的作用，但随着工作经验的丰富，人们也看到了人际关系对于工作业务发展以及跳槽晋升等机会的影响；刚毕业的学生在"个人职业导师"这个选项的得票率有21.35%；对于已工作3年的受访者来讲，此选项的得票率下降为16.99%；工作了8年的受访者，在此选项的认同率仅有9.17%。

与其相反，人际关系对个人的"职业机会比如说跳槽或晋升"作用却是随着年龄的不断增长而慢慢变大。有42.08%的8年工作经验者认为人际关系对"职业机会(跳槽、晋升)"作用最大，有3年的工作经验者选择此项的有38.58%，刚面临工作的毕业生们在此选项的得票率是29.72%。

谁才是你职场里的贵人呢?是师长、上司，还是那些擦肩而过的陌生人们呢?调查结果显示，有33.61%的人认为，周围处处皆贵人。另外，认为是朋友的有19.13%，认为是上司的有17.63%，认为是工作上的合作伙伴的有11.95%。

此外，虽然大多数的人们认同在职场里面是处处皆贵人的理念，但是，有许多男性认为朋友中存在贵人的可能性比较大，而在调查中大部分女性朋友把上司作为潜在的贵人，她们的希望就是将来有一天能得到上司的认同，从而升官发财。

从地域上看，北京市的人似乎更倾向于在朋友中得到贵人缘，而上海人认为贵人缘的机遇在上司中更容易找到，在南方的深圳以及广州一带更把上司和朋友都一网打尽，两者的得票率很接近。

从学历方面看，大专本科毕业的受访者认为朋友与上司中的贵人缘几率是相等的，但对于具有硕士和博士学历的人们却更看重自己与老板之间的关系，他们认为老板更有可能在未来对自己的职业发展有一定的帮助。

曾经或许在什么时候，你在生活中或者工作的环境里出现了异乡人的身影，从陌生人到熟悉人，那些异地求职者他们的优势是有目共睹的。

对职场人际关系有影响的九种行为

大家有时同在一个单位，有时就在同一个办公室里工作，搞好同事之间的关系是很重要的。关系融洽，心情就舒畅，这不但利于做好工作，也有利于自己的身心健康。倘若关系不和，甚至有点紧张，那就没滋没味了。导致同事关系不够融洽的原因，除了重大问题上的矛盾和直接的利害冲突外，在平时不注意自己的言行举动也是一个最基本的原因。

那么，哪些言行举动会影响到同事之间的关系呢？有以下几点：

第一点，要做到有好事儿的时候互相通报一下。单位里有时发物品或奖金等，你先知道了，或者已经领了，一声不响地坐在那里，像没事似的，从不向大家通报一下，有些东西可以代领的，也从不帮人领一下。这样几次下来，别人自然会有想法，觉得你太不合群，缺乏共同意识和协作精神。以后他们有事先知道了，或有东西先领了，也就有可能不告诉你。这样下去的话，同事之间的关系也就会慢慢的分裂。这一点是要大家切记的。

第二点，要做到如果你明知的事情不要推说不知道。如果同事出差去了，或者是临时出去一会儿，这时正好有人来找他，或者正好来电话找他，如果同事走时没告诉你，但你知道，你不妨告诉他们；如果你确实不知，那不妨问问别人，然后再告诉对方，以显示自己的热情。明明知道，而你却直通通地说不知道，一旦被人知晓，那彼此的关系就势必会受到影响。外人找同事，不管情况怎样，你都要真诚和热情，这样一来，即使没有起实际作用，外人也会觉得你们的同事关系是很不错的。

第三点，要做到互相告知。有时候你可能会有事需要外出一会儿，或者有事需请假不上班，虽然批准请假的是领导，但你最好要同办公室里的同事说一声。即使你临时出去半个小时，也要与同事打个招呼。这样，倘若领导或熟人来找，也可以让同事有个交待。如果你什么也不愿说，进进出出神秘兮兮的，有时正好有要紧的事，人家就没法说了，有时也会懒得说，受到影响的恐怕还是你自己。互相告知，这一点不仅是共同工作上的需要，而且还是联络感情的需要，它说明了双方都有尊重以及信任的心态。

第四点，要做到千万不要说那些不可以说的私事。有些私事是千万不能够说的，即使有一些私事说说也没有什么坏处。比如你的男朋友或女朋友的工作单位、学历、年龄及性格脾气等；如果你结了婚，有了孩子，也就有了关于爱人和孩子方面的话题。在工作之余，都可以顺便聊聊，它可以增进了解，加深感情。倘若这些内容都保密，从来不肯与别人说，这怎么能算同事呢？无话不说，通常表明感情之深；有话不说，自然表明人际距离的疏远。你主动跟别人说些私事，别人也会向你说，有时还可以互相帮帮忙。如果在一个公司里面你什么事也不说，什么事也不肯让人知道，那么你要人家如何信任你？信任就是建立在彼此相互了解的基础之上的。

第五点，有事向同事求助的时候要讲分寸。在公司里轻易不求人，这是正确的。因为求人总会给别人带来麻烦。但任何事物都是辩证的，有时求助别人反而能表明你对别人的信赖，能融洽关系，加深感情。比如你身体不好，你同事的爱人是医生，你不认识，但你可以通过同事的介绍去找。倘若你偏不肯求助，同事知道了，反而会觉得你不信任人家。你不愿求人家，人家也就不好意思求你：你怕人家麻烦，人家就以为你也很怕麻烦。良好的人际关系是以互相帮助为前提的。因此，求助他人，在一般的情况下还是可以的。当然，在求助他人的时候要讲究分寸，尽量做到不使人家感到为难。

第六点，不要老是拒绝同事的"小吃"。有的时候同事会把水果、瓜子和糖之类的零食带到办公室里来，休息的时候就吃点，你就不要推，不要以为难为情而一概拒绝。有时，同事中有人获了奖或评上了职称什么的，大家高兴，要他买点东西请客，这也是很正常的。对此，你可以积极参与，你不要冷冷坐在旁边一声不吭，更不要人家给你，你却一口回绝，表现出一副不屑为伍或不稀罕的神态。人家热情分送，你却每次都是冷冷的拒绝，这样时间一长，人家会说你这个人太过于清高和傲慢，觉得你是个难以相处的人。

第七点，就是不要常和一人"咬耳朵"。在一个办公室里面有好几个人，在此时你对每一个人都要尽可能的保持一定的平衡，尽量处于不即不离的状态，也就是说，不要对其中某一个特别亲近或特别疏远。在平时，不要老是和同一个人说悄悄话，进进出出也不要总是和一个人作伴。否则，你们两个也许亲近了，但疏远的可能更多。有些人还以为你们在搞小团体。如果你经常在和同一个人说一些悄悄话的时候，而不去和别人说话了，那么别的同事就会产生你们在说别人的坏话的这种想法。

第八点，不要热衷于探听别人的家事。能说的别人自然就会告诉大家，不能说的就不要苦苦的去挖它，每个人都有自己的秘密。有时，人家不留意把心中的秘密说漏了嘴，对此，你不要去探听不要想问个究竟。有些人热衷于探听，事事都想了解的明明白白，根根梢梢都想弄清楚，这种人是要被别人看轻的。你喜欢探听，即使什么目的也没有，人家也会忌你三分。从某种意义上来说，喜欢探听别人私事的这种行为，是不道德的。

第九点，不要喜欢在嘴巴上占别人的便宜。在同事相处的过程之中，有些人总是想在嘴巴上占别人的便宜。有些人喜欢说别人的笑柄，讨人家的便宜，虽是玩笑，也绝不肯以自己吃亏而告终；有些人喜欢争辩，有理要争理，没理也要争三分；有些人不论国家大事，还是日常生活小事，一见对方有破绽，就死死抓住不放，非要让对方败下阵来不可；有些人对本来就争不清的问题，也想要争个水落石出；还有一些人常常会主动出击，别人不说他，他总是有意无意地去先说别人。

白领丽人职场人际关系的十大智慧

职业女性有优雅干练职业形象的丽人们，也有工作技能出色的那些白领佳丽，不过这些职业丽人要想在职场中游刃有余，仅靠自己个人形象的好坏以及个人工作成绩的优劣，是完全不够的！在注重个人内外兼修的同时，职业丽人们还应该善于经营人际关系，注意为人的口碑，确保自己在与同事交往中能够游刃有余。职场友谊，一个容易被人忽略的因素，在关键时候，可以给职业丽人一个成功的支点！下面几点就是一些稳固"支点"的要诀，只要能做到这些要诀就能使你的人际关系经营得更加成功。

第一，能融入到同事的爱好之中去。

俗话说的好"趣味相投"，只有那些有共同的爱好以及兴趣的人才能走到一起，处到一块。小红所在单位大部分同事都是男性，中午吃饭时的短暂休息时间，同事们往往会聚集在一起谈天说地，可惜小红总感觉到插不上嘴，起初的一段日子只能在旁边远听。男同事们喜欢谈论的话题无非集中在体育、股票上面，不过他们即使不懂时装的流行趋势，也不妨碍他们与女同事的交流。要想和这些男同事搞好同事关系，首先得强迫自己去接受他们的一些兴趣和爱好。于是小红每天开始都"有意识"地关注体育方面的消息和新闻，遇到合适机会甚至还和男同事们一起去看球。

第二，不随意泄露个人隐私。

同事们之间的个人秘密，当然带着一些不可告人的或者不愿意让别人知道的隐情；要是同事能将自己的隐私信息告诉你，那只能说明同事对你是足够的信任，你们之间的友谊肯定要超出别人一截，否则她不会将自己的私密全盘向你托出。要是同事在别人嘴中听到了自己的私密被公开曝光，不要说，她肯定认为是你出卖了她。被出卖的同事肯定会在心里不止千遍地骂你，并为以前付出的友谊和信任感到后悔。因此，不随意泄露个人隐私是巩固职业友情的基本要求，如果你连这一点都做不好的话，恐怕再也没有哪个同事愿意和你推心置腹。

第三，不要让你的爱情"挡"道。

刘女士和王女士是一对无话不谈的好姐妹，两个人自从工作以来，一直住在同一宿舍里，每天一起上班、一起下班，几乎到了形影不离的地步！一次偶然的机会，两人接触到一个各方面条件优越、长得非常帅气的男人，她们几乎在同一时间，对这个男人产生了好感！为了能和帅气男人走得更近，刘女士和王女士突然像变了个人似的，她们不再像以前那样亲密，也不像以前那样总是难舍难分，而是单独行动；后来，两人为了此事，弄得反目成仇，多年的感情就此烟消云散。显然，爱情"挡住"了两人的友情，从她们同时喜欢上那个帅气男人开始，其实就宣布了她们多年的情谊开始走向决裂。因此，作为职业女人，最好独自去处理自己情感生活，在爱情还没有成熟前，即使是你最亲密的朋友，千万不要拖着一起去约会。

第四，在闲聊的时候应保持一定的距离。

同事之间在一起相互闲聊是一件再正常不过的事情了。而许多人，特别是男同事在闲聊时，多半是为了在同事面前炫耀自己的知识面广，同时向其他同事传递这样一个信息，那就是：你们熟悉的，我也熟悉；你们不熟悉的，我也熟悉！其实这些自诩什么都知道的人知道的也不过是皮毛而已，大家只是互相心照不宣罢了。而作为女性的你，要是想满足自己的好奇愿望，来打破砂锅地向对方发问的话，对方马上就会露馅了，这样闲聊的时间自然不能太长。这不但会扫了大家的兴趣，也会让喜欢神"侃"的同事难堪；相信以后再闲聊的时候，同事们都会有意无意地避开你。因此，上班的各位女性朋友，在任何一个场合下闲聊的时候，不求事事都明白，问话要适可而止，只有这样你的同事才会乐意接受你，和你成为朋友。

第五，不要搬弄是非。

"为什么刘某总是爱和我作对呢？这家伙可真让我烦他！""为什么刘某总是和我抬杠，不知道我哪里得罪他了！"办公室里常常会飘出这样的飞短流言；要知道这些飞短流言是职场中的"软刀子"，是一种杀伤性和破坏性很强的武器，这种伤害可以直接作用于人的心灵，它会让受到伤害的人感到非常厌倦不堪。要是你非常热衷于传播一些挑拨离间的流言，至少你不要指望其他同事能热衷于倾听。经常性地搬弄是非，会让单位上的其他同事对你产生一种避之唯恐不及的感觉。要是到了这种地步，相信此时的你在这个单位的日子也不会太好过吧，因为那个时候已经没有同事把你当回事了，人们眼里已忽视你的存在。

第六，切记要低调处理内部的纠纷。

在长期工作过程中，和同事发生一些小矛盾是很正常的事；不过你在处理这些矛盾的时候，要注意方法，尽量避免让你们之间的矛盾公开和激化。办公场所也是公共场所，千万要理性处理摩擦事件。不要表现出盛气凌人的样子，非要和同事做个了断、分个胜负。退一步讲，就算你有理，要是你得理不饶人的话，同事也会对你敬而远之，觉得你是个不给同事留余地、不给他人面子的人，以后也会在心中时刻提防你，这样你可能会失去一大批同事的支持。此外，那些被你攻击的同事，他们会对你怀恨在心，那么在你的职业生涯中又会多上一个"敌人"。

第七，千万不要随意伸手向他人借钱。

同在一个公司的同事对吴静的看法是：一个大大咧咧的人物，无论与同事的关系好，还是坏，她都能随便开口向他们借钱。有时同事的确身边没带钱，吴静就会当面埋怨同事不够交情，觉得都是同事一场，借点钱都这么困难，原来同事关系都只是表面功夫；而被借钱的同事觉得友谊出现了杂质，甚至担心自己的钱借给她会不会有去无回。特别是有一次，吴静没有如期将钱还给同事，同事立即对她产生了反感，认为吴静作为同事，竟然和她玩这一招，简直太过分了！而吴静认为自己不能按时还钱，不是她的本意，同事之间遇到点困难，难道不应该伸手相援吗？就是由于随意借钱，而不及时还钱的毛病，让吴静很快在同事中间失去了人缘。所以说，在万不得已的情况下，千万要记住不要随意向别人伸手借钱，即使真的没有办法借了钱，也一定要及时归还。

第八，那些牢骚怨言要远离嘴边。

有很多的人无论在什么样的工作环境中，总是怒气冲天、牢骚满腹，总是喜欢见一个人就大倒苦水，而再见一个人就苦苦讲述自己的不幸，尽管偶尔有一些推心置腹的诉苦可以构筑出一点点办公室友情的假象，不过像祥林嫂般地唠叨不停会让周围的同事苦不堪言。也许你自己把发牢骚、倒苦水看作是与同事真心交流的一种方式，不过过度的牢骚怨言，会让其他的同事感到既然你对这个工作有如此不满的态度，那么为何还不跳槽，去寻找一个自己满意的工作呢?

第九，在得意的时候千万不要张扬。

在社会中几乎每个人在自己工作有成绩受到上司表扬或是升职的时候，往往会在上司没有宣布的情况下，就在办公室中飘飘然去四下招摇，或者故作神秘地对关系密切的同事细诉，一旦消息传开来后，这些人肯定会招同事嫉妒，从而引来不必要的麻烦;当然，除了在得意之时不要张扬外;在失意的时候，也不能在公开场合向其他人诉说上司的种种不对，更不能牵连其他同事，否则不但上司会厌烦你，同事们也会对你恼怒，你以后在单位的日子肯定不好过。所以，无论你是在得意或是失意的时候，都不要太过分的去张扬它，不然的话会给工作友谊带来一定的障碍。

第十，不要私下向上司争宠。

在公司里如果有人喜好巴结上司，喜欢向上司争宠的话，那么这个人肯定会引起其他同事看不惯而影响同事之间的感情。要是真需要巴结上司的话，应尽量邀多人相约一起去巴结上司。而不要在私下做一些见不得人的小动作，让同事怀疑你对友情的忠诚，甚至他们会担心平常对上司的抱怨会被你出卖，借着献情报而爬上领导岗位。一旦你被发现出卖了同事的话，那么你们之间的友情就宣告完蛋，连想和你交朋友的人都不敢靠近你了。因此，不在私下去向上司争宠，这一点也是能够确保同事之间友谊长久的一种方法。

良好人际关系增加升职的机会

在职业生涯中，人际关系是一个十分重要的课题，那些刚走出学校大门、自我意识较强的大学生们，来到社会错综复杂的大环境里，理应在人际关系上调整好自己的坐标。而对于在公司企业的职业人士来说，良好的人际关系更是舒心工作的必要条件。对上司先尊重后磨合，任何一个上司能干到领导职位上，都有其过人之处。他们的丰富工作经验以及待人处世方略，都是值得那些大学生们学习和借鉴的，刚入企业的新手们应该尊重他们，要以他们为学习的榜样。

但是可不是每一位上司都是完美的。所以在工作中，不必要的时候不要向上司提一些不该提的问题，应记住，给上司提意见只是本职工作中的一小部分，尽一步完善自己，向新的台阶迈步才是你最终的目的。

如果想要让上司接纳你的观点，对待上司应该在尊重的氛围里，有理有节更要有分寸地磨合。不过，在提出你的意见之前，一定要拿出你详细的具有足以说服力的方案，要让上司对你心服口服。

要对同事多理解，在同一办公室里上班，大家经常会在一块，与同事相处得久了，彼此都有了一定了解。作为同事，没有理由苛求人家为自己尽忠效力。在发生误解和争执的时候，一定要换个角度，站在对方的立场上想想，要多为对方考虑一些他的处境，千万不要搞情绪化，而把别人的隐私抖搂出来，这样的话对自己的将来有一定的损害，事后人们会认为你是个不可靠的人而不再与你相处。

任何在背后议论和指责别人的那些人，最终的结果都会在贬低别人的同时也破坏了自己的大度形象，而受到别人的抵触。同时，对工作要热情，对同事要慎重地支持。支持意味着接纳，而一味地支持只会导致盲从，这样也会产生拉帮结派的现象，直接影响到公司决策层对你的信任。

在公司中要做到向竞争对手露齿一笑的态度。因为在我们的工作生活中，时时处处都有竞争对手。许多人对竞争者四处设防，更有甚者，还会在背后冷不妨地"插上一刀、踩上一脚"。这种极端，只会增加彼此之间的隔阂，对工作是有百害无一利的。

其实，在一个公司或一个集体里，无论你是哪个级别的人，你所做的一切对公司发展都是很重要的。当你超越对手时，没必要蔑视对手；当对手在你之上时，也不必存心找茬。无论对手如何使你难堪，千万别跟他较劲，轻轻地露齿微笑，静下心来干好你的工作吧！说不定他在怨怒你的时候，你已做出超出他人的业绩，定下心来做事情是对自己业绩的最大帮助。

也许有时候你的一笑，既有大度开明的宽容风范，也有一个豁达的好心情，还担心败北吗？说不定此时的对手早就在心里投降你了。

在一个单位里面作为领导的你要对自己的下属多帮助，聆听他们在工作以及生活方面的问题，只有职位上的差异，人格上却都是平等的。在员工及下属面前，作为上司要切记自己只是一个领头带班的而已，没有什么荣耀和了不起的地方。

帮助自己的下属，其实也就是在帮助自己，原因就是员工们的积极性发挥得越好，工作就会完成得越出色，同时也让你自己获得了更多的尊重，树立了开明的形象。而聆听更能体会到下属的心境和了解工作中的情况，这为准确反馈信息以及调整管理方式提供了详实的依据。

年初的时候，公司需要提升一个部门的主管，林详在这个公司里辛辛苦苦干了好几年，他的能力和贡献大家有目共睹，总觉得这个位置必定是自己的，可是谁知道，最后老板却提升了杨冰。

杨冰在公司里面是个一点也不起眼的人。大专毕业生，虽是学国际贸易的，但是却从来没有听过他说英文，最擅长的就是学着老板的样子耸耸肩膀说一声 OK。中午空下来就打电话，电话里尽找些听起来可有可无的事情同人家聊。平时做事似乎还显得很卖力，但到底能力很有限，经常会犯一点小错误。比方让他去邮局取邮包，他回来之后才发现居然有两张单子，他只取回一张单子上的东西。那时候，他朝你老老实实地一笑，说不要紧，我再去一次好了。正因为他的那份羞愧和有错必纠的积极态度，就让你不忍心责怪他。

让他帮助工程师去翻译一份英文资料，这份资料是英语过了六级的人就能译出来的，而他翻译出来的东西云里雾里，不要说客户就是对本项技术有研究的工程师也不知道他在说些什么。可是他态度好呀，你问他那句话到底什么意思，他吱唔了半天，还卖力地去把字典搬来，一脸憨厚的微笑令你都不好意思对他发脾气。并且，工程师后来发现，他还是做了一些前期工作的，虽然语句给肢解得断断续续的不太连惯，但是经过认真仔细的琢磨后，还是与真相有那么一点点接近。

杨冰就以这样的态度在公司熬了好几年，没有什么可以让人称赞的成绩，可是他那温和朴实的态度赢得了大家一致的好评。事实上，这样一个人，大家不忍心也懒得去对他做评判。有一个阶段，公司经常招人。老板为了省钱，常常随口问大家，有没有合适做出纳的小姑娘？有没有懂点通信的可以做销售的人才？大家都当老板在开玩笑。只有杨冰很当真，真的拿来一份份的简历，结果，出纳是他的中学同学，财务是他朋友的表姐。他有个朋友同原来公司的老板闹僵，要跳槽，正好打电话向杨冰在诉苦，杨冰于是将他介绍到了公司。不知不觉的这样过了好些日子，老实的杨冰手下也渐渐的有了一帮自己的人。

这次的提升，老板搞了一番民意考察，杨冰介绍过来的那一帮同事都投了杨冰的票。安定团结的局面当然是最重要的，培养了一大群自己人的杨冰就这样稳固了自己的地位。想靠自己奋斗而获得最终胜利的林详经过这件事后就看不起杨冰，后来连公司也看不起了，在熬了几个月以后，到底还是走人了。

杨冰现在还是同以前一样没有什么长进，脸上依然是亲和力十足的老实相。但公司有时候也会需要各种各样的门客，关键时刻，谁知道他们会不会出来立下奇功呢？所以，就靠着这种态度的杨冰，慢慢的也成了一个部门的主管。

像杨冰这样的人是芸芸众生了，他的能力虽然不算太强，但是却有勇气和耐力，龟兔赛跑的故事谁会没有听过？没有能力做兔子的话，能好好向乌龟取取经也行呀。当今社会里，有时候安心地做一片绿叶也是社会中的一种需要。

　　人际关系对你在职场里的发展起着重要的作用。学历也许可以为你敲开职场的大门，但是若要谋求发展，则需要更多的东西，比如一张多重的人际网。你需要强有力的支持。你需要的远不止一个人。在漫长的征途中，你需要在与人的交流中保持持久的动力。无论是在工作或是在休息的时候，也要寻找与某些事情的关联，让自己在事业圈里凭借着自己的人际关系让其长薪升职。

PART 2

提升篇

第六章
人际关系互动形成网络

孔子曾说："三人行，必有我师。"在这个世界上，没有一无是处的人，任何一个人身上，一定会有你所不具有的东西。与更多的人交往，才更有助于优势互补，共同提高进步。而对于想要赚大钱的人，则更应如此，只有和自己的众多朋友建立起优势互补的合作关系，才能路路畅通，广纳四海之财。在当今活动很频繁的社会里，你若能在各种场合中把握住每一次交往的机会，那么你的人际关系会非常宽广，那么就可能会遇到改变你命运的贵人。多认识一些带"圈"的朋友，多认识一些朋友多的人。每个人的人际关系网都是不一样的，朋友的朋友也有可能成为你的朋友。

建立人际关系网，相互提携

世界首富保罗·盖蒂曾经说过，一个人要想完成一件事情，永远不要靠自己一个人花100%的力量，而要靠100个人花每个人1%的力量。也就是说，借助人际关系的力量，永远是最好的选择。

不要期望自己是超人，也不要期望他人付出100%的能力去帮助你。你要善于结交更多的朋友，只要他们在关键时刻付出1%的能力去帮助你，就足够了。比如，你在做生意的时候，需要100万元的资金，你有一个很好的朋友，但他全部的资金只有10万，他就是竭尽所能也只能借给你10万，距离你100万的目标还远着呢! 而如果你有100个朋友，只要他们各自借给你1万元，你的资金就凑够了。

我们经常会注意到大雁以V字形飞行，而且V字形的一边比另一边长些(V字形的一边比另一边长的理由是因为有较多的雁)。这些雁定期变换领导者，因为为首的雁在前头开路，能帮助它左右两边的雁造成局部的不同气压。科学家曾在试验中发现，成群的雁以V字形飞行比一只雁单独飞行能多飞百分之十二的距离。人与人之间的关系也是这样，学会借助别人的帮助，共同合作、发挥大家的力量，才能在人际竞争的道路上走得更远。

田阳因为工作调动，举家搬到上海生活。初到上海，人生地不熟，田阳一家遇到了很多麻烦。好在这些年来因为工作关系，田阳在上海认识了一些朋友，正是在这些朋友的帮助下，田阳才顺利地在上海这座大都市落地生根。

　　来到上海的第一件难事是房子。人人都知道上海是一个寸土寸金的城市，在上海事业才刚刚起步的田阳不仅没有钱买房，连租房都是个问题。好在这时候，田阳一个在上海土生土长的朋友向他伸出了援手。这位朋友因为结婚住上了新楼，于是把家里的老房子以非常便宜的价格租给了田阳。房子虽然旧，但是地理位置很好、交通也方便，解决了田阳的大问题。田阳对这位朋友真是感激不尽。

　　安家之后，孩子的入学问题又困扰着田阳夫妇。现在的家长普遍重视孩子的教育，田阳夫妇也不例外。但孩子没有上海户口，很多学校都不收，私立学校学费又太贵，肯收的学校田阳又担心教学质量差。正当田阳为难之际，田阳在上海的另一个朋友又一次及时地解决了他的问题。这位朋友和当地一所升学率很高的小学的副校长是同学，他只是去说明了一下情况，该校就同意接收田阳的孩子去读书了，而且择校费减半。

　　这之后，田阳的几个朋友又帮助他的爱人在当地找到了工作，而且待遇很好。田阳为了感谢这些朋友请大家吃饭，酒桌上田阳感激的话还没出口，朋友们却抢先说：这点小忙你不要放在心上，我们也只是尽了自己十分之一的力而已。

　　的确，一个人的100%不如100个人的1%，有的人要依靠每天辛勤工作赚取微薄的工资谋生，但只要他能够学会与他人友好合作，他的生活多少就可以过得容易一点。其实，人生的生活哲学就应该是朋友之间的互相帮助，任何事我们都要学会借用别人的智慧，而不能靠单打独斗。尤其是在这样一个信息社会，如果你不肯与人合作、分享，那么你赚取人生财富的机会简直就是微乎其微。

　　现实中不乏这样的人，相貌堂堂，胸怀大志，才华满腹，既有学历，又有超人的工作能力。然而，他们却始终郁郁不得志，甚至是别人眼中的失败者和负面教材。于是烫金的文凭、丰富的经历可能成了累赘——没有这一切也不过如此嘛！当然不是，千里马还需要伯乐呢。不光千里马需要伯乐，劣马也需要伯乐。也许你觉得某人论水平、论人品各个方面都和自己不相上下，甚至有的地方还不如自己，为什么他可以有那样的机会而自己没有呢？为什么？因为有人赏识他！为什么赏识的偏偏是他呢？因为他比你有人际关系资源。

　　2002年中国百富榜上30位左右的企业家最看重的十大财富品质中，"机遇"排在第二位，而在MBA学员眼中"机遇"则是十大财富品质的首选。"机遇"的潜台词是

"关系"。因为人际关系资源越好，机遇相对就越多。中国内地兴起的MBA热潮就是一个佐证，读书不仅为了"充电"，更为了搭建高品质的人际关系资源并从中寻找商机。即使是哈佛商学院的毕业生，在总结读书的收获时，也把"建立朋友网络"放在第一位。

人际关系在MBA学习中已提到一个相当重要的高度。哈佛商学院的一位教授总结说，哈佛为其毕业生提供了两大工具：首先是对全局的综合分析判断能力；其次是哈佛强大的、遍布全球的、4万多人的校友网络，在各国、各行业都能提供宝贵的商业信息和优待。哈佛校友影响之大，实非言语能形容，全校有一种超越科学界限的特殊集体精神。哈佛商学院建院90多年来，有超过6万名校友，这些校友多半已是各行业的精英，在团结精神凝聚下，织成了一张牢固的人际关系网络。在中国创业的哈佛MBA体会最深，他们在没有其他背景的情况下，靠的就是哈佛MBA这块金色敲门砖。在华尔街，在几大风险投资基金中，对哈佛MBA来说，找到校友，就是找到了信任。

加入这些组织，使得在开始事业的第一步获得专业的支持和帮助，并且成为人际关系圈。有创业计划的人，应该尽可能加入这些比较成熟的人际关系圈，节省的将是大量的精力和资金，获得的是瞬间即逝的商机。

著名的恒指公司管理高层大换血，其意也在于编织强势人际关系网。吴光正于2002年4月重掌家族生意，再次担任九龙仓和会德丰两家恒指公司主席。岭南大学校长陈坤耀、卸任的香港特区行政会议成员钱果丰、香港总商会前主席郑明训、恒生银行前副董事长欧肇基、东方海外主席董建成、地铁主席苏泽光等分别担任独立董事。除了商界名流，恒指管理层目前还拥有2名全国工商联副主席和12名全国政协委员，具有省市政协委员头衔的独立董事，建立起同社会对接的平台。借助恒指公司这个载体，形成了一个利益相关的群体，组合起一个强大的商业网络。通过招揽一批享有国际声誉的前政界、商界专业人士加盟，在增加公司知名度和商机的同时，还创造出新的人际关系。恒指公司目前已经组合起跨行业、跨地域的管理网络，除了在香港经济生活和社会生活中发挥能量，同时也将更深地介入内地经济活动的决策层面。这次管理班子的重组，对人才的网罗将更加突出。网罗人才的实质就是网罗人际关系资源。具有强势的人际关系就等于拥有强势的企业发展资源。

　　如果问及每年成千上万个来北京上学的学生：为什么要到北京上大学?每个人可能给你不同的回答，良好的学习氛围，优势的教育资源，在这里学习还能够及时获得影响到个人事业发展的信息。其实还有非常重要的是有众多来自祖国各地的同学，为自己将来的发展奠定人际关系基础。

　　人际关系意味着信息。人际关系就是信任的基础。人际关系就是商机。人际关系在成功的发展道路上至关重要，相信所有人对这一点都有深刻的体会。

多认识一些带 "圈" 的朋友

多认识一些带 "圈" 的朋友，多认识一些朋友多的人。每个人的人际关系网都是不一样的，朋友的朋友也有可能成为你的朋友。这就如同数学的乘方，以这样的方式来建立人际关系，速度是惊人的！

假如你认识一个人，他从来不跟你介绍他的朋友，但另外一个人说："下星期我们有个聚会，你来参加我们的聚会吧。" 你到了那儿聚会，发现这些人都是五湖四海的。带圈子来的人和不带圈子来的人的附加价值是不一样的。我们知道在人际关系网中，朋友的介绍相当于信用担保，朋友要把你介绍给其他人，就意味着朋友是为他做担保。基于这一点，你可以请你的朋友多介绍他的朋友给你认识。就像我们做客户服务一样，如果你的新客户是一个很强有力的老客户介绍的，这位新客户一下子就会接受你或你的服务。

你会发现这样积累人际关系资源的成本是最低的，你不需要花更多的时间去做介绍，你不需要花更多的时间去请客吃饭，这些都省了。

我们思考问题通常只站在自己的角度，人其实都有自私的一面，这是因为单个人总是有缺陷。所以，认识一些带圈的朋友很重要，可以弥补我们个人在社会关系中的不足。

要认识一些带圈的朋友，首先必须假定一个前提，我们所拥有的人际关系资源如同做生意，也是一种社会交换。我们跟朋友之间之所以可以维持互动关系，是因为我们各自有可交换的东西，而且这种交换是不同价值的交换，是不同价值透过交换弥补各自需要的，而且对双方都是有意义的。

曾有人总结出一条人际关系资源的黄金法则，那就是"你希望别人怎样对你，你就以怎样的方式对别人"。要获得朋友圈里的资源，你就要舍得奉献自己圈里的资源。

选择利己的人做朋友。朋友之间是需要"利益"互换的，你帮助我，我扶持你。帮助朋友其实是为己播种，对于友情，"广种薄收"与"重点培养"是两条基本的策略。

交朋友是一门学问。如何结识朋友、选择朋友、维护和保持你与朋友之间的友谊，做好场面上的应酬，把握好适度的感情投资等问题都需要你仔细琢磨和思量一番。人分三六九等、好坏忠奸，不是任何人都能进入你的私人圈子。你要擦亮眼睛，学会观察与判断，区别对待不同的人，只有亲贤友远奸佞，才能使你的事业不偏离轨道、稳步前进，还能避免投入多余的精力和时间。选择对自己有益的人，并与这些人建立稳固的关系，是成功的不变法则。

首先，你要打造自己人际关系的核心力量。不要漫无边际地建立无数的关系点，关系网并非越大越好，否则你会因为应对数不清的各种关系而劳心劳力、叫苦不迭。交往对象主要侧重于自己生活和工作相关的领域，如果对方在现在或未来对你的生活和工作影响不大，那么你也就没有必要与其建立相应的人际关系。

其次，你要将所有的朋友分等级。列出哪些人对你而言是最为重要的，哪些人是比较重要的，哪些人是次要的。最重要的朋友也许是你最要好的发小、知己、同学或者哥们儿，也许是对自己的事业发展起到关键作用的人，前一类是你的精神生活不可缺少的一部分，后者是助你走向成功的重要筹码，他们将作为你圈子的核心力量，一般不超过10个人。只有明确这些原则，你所建立的圈子才是人员构成正确、和谐而积极的。

第三，选择好正确的人"入圈"后，你就要与其保持稳固而紧密的关系。

有人说"朋友就是用来被利用的"，这句话并非是贬义，重要的是你要理解"利用"这个词的含义。我们这里所说的"利用"其实是中性的，在字典里它的意义也很明确和简单，即"让你身边的人或事发挥效能为自己服务"。从前的人都是带着一种先入为主的错误观点来看待这个词，我们所提倡的利用，是指用正当的利己手段，发挥圈子的最大效用，充分利用你的人际关系资源，以实现事业的最大发展。那种损人利己、害人害己的利用方式，是我们不提倡并且坚决摒弃的，因为从长远的角度看，这只会损害你的社交圈，对你事业的长久成功有百害而无一利。只有与你的朋友保持稳固而紧密的关系，到了真正有一天要利用到他们的时候，人家才会把你的事放在心上，并且很乐意地替你办事。

如何与你的朋友保持稳固而紧密的关系，是需要你用心去经营的。稳固是指尽可能让你的圈子少一些动荡，人员更迭少一些变化。维护人际关系是需要你情感上和物质上的投入的，频繁的变化不仅会损害彼此之间的人际关系，也会造成你人际投入上的浪费。因此，朋友之间的关系维持得越久，才会越牢固，也会越有价值。紧密主要是针对那些最重要的朋友，与这些人的关系一定要保持时间上的频繁性、联系上的经常性和关系上的亲和性，这样一来，你的圈子才会更具竞争力和完整性。人与人之间的关系就像是一张网，常用才能结实，如果半年不联系，你们的关系肯定会疏远，甚至你还可能失去这个朋友。所以，不要与圈子里的任何朋友轻易失去联络，而且不要等到有了麻烦、事到临头才想到朋友。朋友关系也是一种资源，需要学会未雨绸缪地去维护和保持朋友之间那种基本的热乎劲。"用时是朋友"的想法和做法，注定会伤害到朋友的感情。

第四，除了平日经常联络外，特殊日子里的感情投资是必不可少的。

比如朋友的生日、过年或者各种重大节日，在这些特殊的日子里，打个电话或者发条短信，都会增强你们的友谊。久未联络的朋友，也会因为你在特殊日子的问候而感到高兴，并且认为你一直在惦记着自己。另外，如果知道朋友恰逢喜事时（比如升迁、结婚、生子等），你最好亲自登门表示祝贺，如果不能到场也要打电话表示情感上的问候，对于最重要的朋友一定要送去一份大礼；当朋友遭遇不幸时（比如出事故、失业、亲人病故等），如若知晓一定要表示慰问，并且主动提供力所能及的帮助。在别人需要帮助时，只要力所能及，你就要不遗余力地帮忙。即使帮不上忙，也要尽可能让你的朋友帮忙。这样，当你需要帮助时，人家便会尽全力去帮你，即使他们帮不上忙，也会找他们的朋友来助你一臂之力。

人缘规划中，只要是与你有关系的人，都可以是你的朋友，不要用苛刻的标准要求你的朋友，尤其是工作关系结识的朋友。多个朋友多条路，现代社会一旦你缺少朋友，能否踏上成功之路都很难说，即使有幸成功，你也难免要经受更多更大的挫折和困难。朋友之间是需要利益互换的，你帮助我，我扶持你。帮助朋友其实是为自己播种，对于友情，"广种薄收"与"重点培养"是两条基本的策略。

最后，需要强调的是，制定一张属于自己的"朋友档案"是很有必要的。常言道：书到用时方恨少，作用在关系网上就应该再添上一条"人到用时也恨少"。不知道你是否有过这样的经历：当你遇到棘手问题、努力想辙的时候，突然脑海一闪，发现有一个认识的朋友或许能够帮得上你的忙，但是查遍通讯录和手机，却找不到这个人的电话号码和联络方式。或者，你找到了对方的联系方式，却又不好意思开口——因为你已经很久没与他联络了，突然打电话求人办事，岂不是非常唐突？

如果你真的遭遇过类似的窘境，现在就应该立即"亡羊补牢"；如果你还没有过那样无奈的经历，现在开始"未雨绸缪"正是时机。人的一生都会交往许多朋友，这些朋友有的会成为你的知己，有的会与你经常保持联络，有的则会只停留在"一面之缘"的交情上。交朋友没有必要强求自己非要与谁交往，但是也不妨采取一种弹性的交友方式，即便是自己"看不顺眼"或者"并不投缘"的朋友也没有必要"绝交"。

你的朋友有多少、你的人际关系管理得如何，直接决定你事业的走势。对于在业内从事某个职位较长时间、具有一定影响力的职场人士来说，就更应该用心交往、经营好自己的人际关系，为未来更好的发展搭建阶梯。在平时的工作中，要广泛接触业内高层人士，采取灵活机动的方式保持联系，让人缘变成加快自己发展的助推器。即使你的确是一位综合能力非常优秀的人，也不要觉得拥有卓越的才能就注定会获得成功。学会怎样建立自己的人际关系，管理好自己的人缘网络，你才能机会不断、好事多多，也许到那时你才会深刻地认识到：一般人才与顶尖人才的真正区别在于利用人缘，而并非仅仅是才学和能力。

吸引行业人际关系需要细致

所谓行业人际关系就是指同一个圈子里的人，大家都在一个领域里做事，从事着类似的工作，很容易有共同语言，但是也很容易出现分歧和矛盾。亚力山卓·福特是一名非常有成就的企业家，他最关注的人际关系就是行业人际关系，他认为，把事情做细致是吸引行业人际关系的关键。

亚力山卓·福特刚开始创业的时候只有12位客户，他知道这12位客户带来的资源毕竟是有限的，不能创造辉煌的事业。这样下去的结果只有一个——自己的事业将寸步难行。他想："我有12位客户，每一个客户都有12个朋友，假如这12位客户都愿意为我介绍的话，那么我就会有144位客户。服务好这144位客户之后，假如这些客户也愿意为我介绍的话，那我就有了1728位客户……"

人与人是互相吸引的，亚力山卓·福特认为百万富翁一般与百万富翁在一起，亿万富翁一般与亿万富翁在一起。朋友之间的差距都是不大的，这其实也是行业人脉容易接近的关键所在！那么，亚力山卓·福特是如何利用自己的行业人际关系，又如何让客户把自己的行业人际关系介绍给他的呢？

亚力山卓·福特的做法是请顾客吃饭，但他在饭局上从不谈客户的事情，只谈自己的事业，比如他会说自己在事业上的付出很多，讲自己的创业体会，使对方对他产生敬佩的感觉，同时知道创业的不容易，想帮他一把。在和对方混熟之后，亚力山卓·福特会向对方提出一些要求，比如他会问："你有没有朋友需要我们的产品？我们的信誉你都了解，那么你能不能帮助你的朋友也认识认识我们的产品呢？"在行业人际关系中，大家都比较熟悉亚力山卓·福特一句经典的话，那就是："我发现不断地开发客户很重要，对我们公司的促进性也很大！"

成功的销售人员在相同的时间内往往比同事做出了更多的成绩，而他们的秘诀就在于很会和行业中的人进行交往，他们会对和自己有业务关系的客户说："请介绍5位与你一样成功、财富等值的客户给我。"这样的语言往往给对方好感，因为话中除了有想做好自己工作的意思，还在肯定和赞扬别人！一般来说，对方都很乐意把自己圈子里的人际关系介绍给他们。

生活中，你经常会发现同行之间的联盟。比如通过一个客户来发展同盟，比如可以跟会计师、律师结盟，因为会计师、律师身旁有许多非常有价值的潜在客户。

查尔斯在一家银行工作，但是他却有一个爱好，那就是收集邮票。他认识一个同行，其老婆总能弄到好多邮票。查尔斯经常请同行的老婆帮忙弄一些罕见的邮票。后来，同行的老婆以儿子也开始收集邮票为理由拒绝了查尔斯，查尔斯为此很苦恼。

有一天，查尔斯奉命写一份某公司的报告，从这份报告中他得到了很重要的资料，而且他知道，他的同行比自己更需要这份资料，因为同行的爸爸是一家公司的董事长。于是，查尔斯直接找到同行，同行一见查尔斯来了，立刻说："我和老婆都在为儿子收集邮票。"查尔斯笑了笑，并没有提和邮票相关的任何事情，只是将资料递给他，并说："我感觉你父亲能用得上！"

果真，这份资料为同行的爸爸带来了非常丰厚的利润，同行和他老婆自然非常高兴。第二天，查尔斯又带去了一些自己收集的邮票，对同行说："我觉得你儿子一定需要这些。"这下，查尔斯彻底征服了这家人，后来出了新的邮票，查尔斯总能第一个得到消息。再后来，同行还多次托查尔斯为他爸爸办理行业贷款等事项，他们的关系越来越好，事业也越做越好了！

你是否注意，不管是创业还是做企业家，如果没有专业技术人员的帮助，你将很难成功。或许对于企业家来讲，可以聘请高端技术人员为自己工作，而创业者呢？一没有资金，二没有实力，谁会心甘情愿地为你付出呢？而如果你拥有自己的技术人脉那就不一样了，或许技术人脉的一句良言就能扭转一个企业的命运！

安德烈·雪铁龙是法国雪铁龙汽车公司的创始人，他的公司在1934年生产出法国第一辆前轮驱动汽车。这家公司早在1934年就采用流水线生产，成立仅6年，年产量即突破100万辆，1928年即达到日产汽车400辆，占法国汽车产量的1／3，现在是欧洲第二大汽车制造公司。

安德烈·雪铁龙之所以能创造出这么多的财富，除了个人的能力和有效的管理外，还因为他重视技术人脉。安德烈·雪铁龙有一位朋友是学机械的，刚开始创业的时候，技术上只要有不明白的，他就会去询问这位技术朋友，同时他自己还招聘了一些懂技术的人员。随着公司的逐渐壮大，早期的技术人员的能力得到不断的增强，他依然非常重视技术人员的培养，他培养出来的技术人员，逐渐成为他庞大的技术人际关系资源。安德烈·雪铁龙提出，一定要为自己的发明申请专利，一定要将自己的产品成功推销出去，而他自己卖的和推销的都不仅仅是汽车，更是技术！

随着科技的进步和人们素质的提高，越来越多的企业家开始懂得技术之战，他们一方面扩大品牌知名度，另一方面提高技术含量。

对于企业来讲，可以通过多种方式结识技术人际关系，最常见的就是招聘的形式，企业采取招聘的形式，以高薪或高待遇来吸引技术人际关系资源。另一种方式是通过业余时间的交往，比如有些企业对技术人员的需求不是长期的，有时一项先进的技术就能使企业发展很多年，比如某项专利发明所带来的新的产品研制，可能会为企业带来勃勃的生机，并延续很长时间。这种情况是很多企业都喜欢的，而这样的技术人才却很难找到。作为企业的管理层人员，可以多方面地去了解和发现这些人际关系，比如通过报纸、电视等媒体的报道，因为技术人才往往通过很多年的研制才做出了一项发明，而他们在成功后往往会申请专利，然后寻找合适的企业来合作，这个时候你的出现其实也是技术人脉的期待，只要条件能谈好，合作往往是一拍即合的事情。

不管发展什么样人际关系的关键在于经常的联络和细致的呵护，比如你可以每过一段时间就寻找一个适当的时机，大部分是周末，邀请你事业中最重要的15位客户聚在一起，让每个客户说出自己的要求和需要帮助的地方。这种交流会类似于说明会、讲师会。被邀请的客户都愿意参加，因为每个人都能从交流会中得到一些额外的收获和帮助，可以寻找到自己需要的人际关系，获得更多的事业机会。

对于想创业的人来讲，人际关系资源显得尤其重要！因为圈子就这么大，你平时的为人处世，都会影响你的人际关系。而良好的人际关系总会为你奠定一个无形的创业基础。因此，一定不要为了追求一时的利润得罪了你的人际关系，这种影响将成为长远的危害！

事业成功可用人际关系网

要想创业成功。不是引"无源之水"，栽"无本之木"。因为每一个人要想创业，都必须要有一定的条件、拥有一定的资源。

创业者所必需的资源，可分为外部资源和内部资源两部分。内部资源主要是创业者个人的能力，是指他所占有的生产资料和知识技能，即有形资产、无形资产，只不过这种有形资产和无形资产属于个人罢了。创业者的家族资源也可以看作创业者内部资源的一个部分。拥有一个良好的内部资源，这无疑对那些创业者来说是很重要的，内部资源是自然存在的，对创业者的成功并没有起到决定性的作用。

影响创业者成功的是外部资源的创立。外部资源最重要的一点是人际关系资源的创立，也就是指创业者构建他的人际网络和社会网络的一个能力。创业者如果不能在最短时间之内建立自己最广泛的人际网络，那么他的创业一定会非常的艰难，即使他能够在最初的时候依靠自己的领先技术或者是自身的素质，比如吃苦耐劳或精打细算来获得某种程度上的成功，我们可以由此断言他的事业是不会做大的。

要想事业取得成功，可以利用的人际资源按其重要的程度可分三大资源：

（1）同学资源

现在社会上同学会很盛行，仅北京大学，各种各样的同学会就不下几十个。在中国最好的工商管理学院之一的上海中欧工商管理学院，除了在上海本部有一个学友俱乐部之外，北京还有一个学友俱乐部的分部。人大、北大、清华等名牌大学在北京、上海、广州、深圳等地都有同学会或校友会分会，在这些地方，形形色色的同学都多的很。

当走在北大、清华、人大等名牌高校中的时候，其中有许多人是花了大价钱从全国各地来进修的。学知识是他们一方面的原因，但是，交朋友才是最为重要的一个原因。对于那些"成年人班"，像企业家班、金融家班、国际MBA班等班级的学生，交朋友要比学知识更重要，有些人唯一的目的就是交朋友。一些学校也是看到了这一点，在他们招生简章上也会明白无误地告诉对方：拥有某某学校的同学资源，在这里将为你开创一生中最宝贵的财富。

赫赫有名的《福布斯》中国富豪南存辉和胡成中就是小学和中学时的同学，他们一个是班长，一个是体育委员，到后来他们两个人合伙进行创业，在企业做大了以后才分了家，分别成立正泰集团和德力西集团。一位创业者在《参考文献》中说，在他到中关村创立公司以前，曾经花了半年时间到北大企业家特训班进行学习、交流。在开始的十几单生意中，都是由这些同学之间做成的，有的还是通过同学帮忙做成的。所以，有这样的同学帮助，他的事业在起步的阶段才有了很大的成绩。

现今，带着商业或功利的目的走进学堂，已经是一种趋势，并没有什么不妥当的地方。同学彼此之间接触较密切，对双方较了解，同时因为少年人不存在利害冲突，成年人则大多数从五湖四海走到一起，彼此也甚少存在利害冲突，建立的友谊都较可靠，纯洁度也是很高的。对于创业者来说，同学关系是值得珍惜的一个最重要和有利的外部资源。

（2）战友关系、同乡关系

和同学关系比较相似的，是战友关系；可以和同学和战友相提并论的便是同乡关系。共同的人文地理背景，使老乡有一种天然的亲近之感。曾国藩在用兵的时候，只喜欢用湖南人，中国在历史上最成功的两大商帮，徽商和晋商他们不管走到哪里，都是老乡拉帮结派，成群结伙的。也正是因为他们同乡之间互为犄角，互为支援，才使晋商和徽商在历史上那么的辉煌。在很长一段时间里，中国只要有商业繁盛之地，就有它们惹眼、气派的建筑徽商会馆或晋商会馆。这些会馆，就是他们老乡交游约会的地方。现在，就像一个人要外出创业，比如一个湖南人要到深圳去创业，或者一个福建人要到纽约创业，老乡众多仍然是一个最有利条件。这也是近些年来各地同乡会风起云涌的一个很大的原因。同乡和同学资源一样是助你事业成功的最重要的两大外部资源。

（3）职业人际资源

对于创业者，他们的成功作用最明显的是职业人际资源。充分地利用职业人际资源，首先要从职业资源入手，要做到创业活动"不熟不做"的教条。在你熟悉的职业中进行创业，才能更好的取得成功。

昆明的"云南汽车配件之王"何新源，在创办他的汽配公司之前，就在省供销社从事相同工作；还有一个有名的宝供物流，他的创始人刘武原来也是汕头供销社的一名"社员"，被单位派到广州火车站从事货物转运工作，到后来他就承包转运站，再后来利用工作中建立的各种人际关系，创立了他现在的事业——宝供，他还通过各种关系和宝洁公司做起了生意，自从为宝洁做了物流配送商后，便一举成为国内物流业的名人。

前中学数学教师、"好孩子"创始人、《福布斯》中国富豪宋郑，他就是通过一位学生的家长，得到了第一批童车的订货，这才使他知道世界上原来还有童车这么赚钱的生意。宋郑做童车的第一笔资金也是通过一位在银行做主任的学生家长而获得的。如果当时没有学生家长的帮助，宋郑还可能会一事无成。

万通的冯仑和王功权他们两个创业的时候原来只是同事关系，两人曾经一起在南德工作过，后来两人离开了南德，一同携手，在海南打天下，才有了现在的兴旺发达。他们两个在事业上是一对很好的搭档，一个弹，一个唱，配合得很好，把事业发展得很好。根据有关的调查表示，在我国有很多的离职下海创业取得成功的人员，其中有90%以上的人都是利用了原先在工作中积累的那些人际关系资源。

事业成功第三个资源是朋友资源。作为一个成功的创业者，三教九流的朋友也要能交得来，谈得来，交得上，就好像十八般兵器一样，说不准到时候就能够用上了哪般。朋友就好像是资本金，对事业的成功者来说是多多益善的。

时尚蜡烛领头羊山东金王集团创始人陈索斌的成功，就是来自于一次在朋友家中的闲谈。昆明赫赫有名的"云南王老板"何新源有两大爱好，至今还保持着和朋友在茶楼酒馆喝茶谈天的一个爱好。他称这种方法为"头脑风暴"。这样的头脑风暴使他不断的扩展人际关系，使他能够不断地有新思路、新点子，生意越做越大，越做越好。我们都知道广东人是很会做生意的，其实，仔细地看一看，广东人里面有几个是不好泡茶楼的?泡茶楼，喝茶这是一个方面，其实交朋友谈生意则是更重要的一个方面。以前北京人是不太爱喝茶的，而现在北京的茶馆却很多，这与近几年北京的商业气味越来越浓是有很大的关系的，而这其中在茶馆里面交谈的人，十有八九都是交朋友谈生意的。

见钱眼开，不如说眼开见钱，眼界开阔才能看见更多的钱，赚到更多的钱。有空一定要到处去走一走，多和朋友谈一谈。要知道"机遇只垂青有准备的头脑"，让自己广交朋友，这样才能使自己眼界开阔，这也是为你的成功做最好的准备。

与政府紧密地联系在一起

很多企业家在执行计划的时候，总会发现很多尴尬之处。比如已经进行了某个项目的投资，结果第二天国家政策下来了，恰好有相关的条目对自己刚投资的项目进行了规定，而规定的内容恰好对自己不利，从而造成了直接的经济损失。这种情况是最让人郁闷的，因为之前谁也想不到会是这样。但是，事情就这样发生了，而且事前没有任何迹象。或许你会觉得你对这种现象无能为力，但是事实上，如果你有政府方面的人脉，投资之前你向他了解一下情况，或许他就能给你一定的指导和建议。

具有远见的企业家总会使自己的计划和政府紧密相连，比如随着奥运会的到来，越来越多的企业懂得将自己的产品和奥运相结合。比如联想出的那款价值2万多元的奥运纪念笔记本。这就是商机，是政府的相关决定带来的重大商机。这种商机是最独特的！

"拳王"阿里在退出拳坛后不仅保留名人的身份，而且随着时间的推移越来越受到大家的欢迎，拍了很多广告片，赚足了广告费。和很多退出圈子后默默无闻的人相比，他显得那么突出和与众不同！事实上，并不是人们对他有多么留恋，而是他懂得将自己紧密地与政府联系在一起。比如当克林顿总统再度被提名的夜晚，"拳王"阿里就坐在总统及其家人旁边。他还喜欢利用慈善机构，做一些慈善事业。

比如1975年12月2日，哥伦比亚广播公司播出一则新闻，报道为老年残障者设立的社会服务机构因缺乏资金即将关闭。第二天，阿里便带着一张5万美元的支票以及一张5万美元的保证金过去了。在此之前，他和这个机构是没有任何关联的。记者采访他为何这样做，他说："我对老年人就是心软，尤其是残障者，因为有一天我也可能会残废。"和政府关系密切，或许会被人们觉得太世故。但是，阿里在做好和政府紧密相连的同时，对热爱他的人们也是有信必回的。他每天花许多时间回复大量拳迷的信件，在照片、书及拳击手套上签名，用来帮助世界各地的慈善机构募款。这些东西在拍卖时的价钱甚至高达5000美元。

对于白领及创业阶层的人们来讲，做到和政府关系密切或许有些困难。我们不可能有机会和政要接触，也不可能有很多资金进行慈善事业。然而，我们却可以坚持每天看看新闻，以便对政府部门多一些了解。同时，我们没有机会认识政要，但是我们可以结交一些政府部门的普通人员，这对我们是有好处的。和政府部门接触需要非常的注意，从外在形象到内在的修养，都是非常讲究的。

如果有机会参加政府部门的会议或宴会，需要长时间暴露在别人注视之下，身上任何细枝末节的优点或缺点，都会被他人察觉，我们更应该处处留意，事事细心。

首先，形象上要注意整体美。整体美必须从头到脚、由内及外，一丝一毫都不能马虎。拿参加政府部门正式宴会来说，发型、化妆、服装、饰品的使用与搭配固然重要，皮包、皮鞋、袜子、香水，乃至于手表和肢体语言，也同样重要，否则就有美中不足之感。女士们如此，男士们也是一样，穿着一套几万元的西装、一双七八千元的皮鞋参加宴会，如果指甲没修剪干净，或手表与戒指搭配得土里土气，在真正有品味的人们面前，仍然只是一只"打了领带的猴子"。

如果政府部门的朋友拉你一起去参加政府部门的会议或宴会，并请你帮助他们。那么，在送客的时候，尤其要注意，客人告辞时，你要等客人起身后再站起来相送，切忌没等客人起身，自己就起立相送，这是很不礼貌的。若客人提出告辞，你不能仍端坐在办公桌前，嘴里说再见，而手中却还忙着自己的事，甚至连眼睛也没有转到客人身上，这更是不礼貌的行为。

不管你和对方的关系多么亲密，在正规的场合里，也一定要做到"出迎三步，身送七步"的迎送宾客的基本礼仪。如果客人带有较多或较重的物品，送客时应帮客人提重物。与客人在门口、电梯口或汽车旁告别时，要与客人握手，目送客人上车或离开，要以恭敬真诚的态度，笑容可掬地送客，不要急于返回，应挥手致意，待客人离开你的视线后，才可结束告别。

第七章

经营人际关系，也是经营事业

　　每个人的嗜好、想法都不一样，所以我们经常遇到的人际关系网中的人也各不相同。与人交往时，倘若能够明白对方属于何种类型，应对起来就比较容易了。人人都在追求完美人际关系。做人做事都希望达到完美的境界，但是完美又是那样的可遇而不可求。完美只是人们的一种希望，事事都达到完美是不可能，但话又说回来，如果一个人没有追求完美的心态，那么这个人成功的希望就很渺茫。

把握人际关系网络，财运不够人缘凑

一个人的力量毕竟是有限的，如果能获得周围朋友们的帮助，那么他的成功就会变得非常容易。在这个竞争激烈的社会，要想赢得财富，就应该从现在开始积累人际关系，因为只有丰厚的人际关系才会带来丰富的财富。

在当今竞争激烈的社会里，商场如战场，想要获得成功，就需要营造人际关系。一位刚毕业想施展身手的MBA，3天内就从班上找到了创业伙伴；同学一场拿下上亿元订单。这都是事实。由此可以看出，我们要到达成功的彼岸，建立一个良好有效的人际关系资源是唯一的法门，同样，这也是一笔无形资产！

比尔·盖茨成为世界首富的真正原因，就是因为他看出了世界发展的大趋势，以及他的聪明才智和对事业的执著追求。当然，比尔·盖茨的成功不仅只有这些原因，其中还有一个最重要的因素就是他拥有相当丰富的人际关系。

比尔·盖茨在创立微软公司的时候，他还只是一个微不足道的无名小卒，但是在他20岁的时候，签到了第一份大单。如果说拿营销比喻钓鱼的话，是钓足够你吃一年的大鲸鱼好呢，还是天天去钓小鱼比较好呢？大多数人的回答肯定是大鲸鱼。因为钓一条大鲸鱼可以吃一年，但是钓小鱼的话需要天天去钓。比尔·盖茨在25年前创业的时候，他就首先想到了这一点。他一开始就钓了一条大鲸鱼。

当时，他还是一位在大学读书的学生，没有太多的人际关系资源。他怎么能钓到这么大的"鲸鱼"呢？可能大多数人不知道。原来，比尔·盖茨之所以可以签到这份合约，全靠比尔·盖茨的母亲。比尔·盖茨的母亲是IBM董事会的董事，她介绍儿子认识了董事长，这不是很合情合理的事情吗?假如当初比尔·盖茨没有签到 IBM 这个订单，今天他也许不可能拥有几百亿美元的个人资产。

比尔·盖茨曾这样说过:"在我的事业中，我不得不说我最好的经营决策是必须挑选人才，拥有一个完全信任的人，一个可以委以重任的人，一个为你分担忧愁的人。"

"人缘"是看不见摸不着的东西，也不能像珠宝店里的珍珠一样有明码标价。但纵然是再贵的珍宝，也不能和"良好的人际关系"的含金量相提并论。所以，如果你苦于自己没有发财致富的运气，就不妨广结善缘，让好人缘来帮你凑足财运，这不失为上上之策。

从表面上看，人缘不是直接的财富，但它是潜在的无形资产，是潜在的财富。经过观察我们可以发现，缺少财运的人与财运亨通的人最大的区别就是，前者的朋友非常少，而后者却朋友遍天下。古语"穷在街头无人问，富在深山有远亲"固然有一定的道理，但是从另一方面来讲，也正是因为后者有了丰富的人际资源，所以才拥有了巨大的财富。

没有丰富的人际资源，就很难聚积财富。比如，你拥有很扎实的专业知识，而且是个彬彬有礼的君子，还具有雄辩的口才，却不一定能够成功地促成一次商谈。但如果有一位关键人物协助你，为你开开金口，相信商谈成功便成为轻而易举的事情。

所以，如果你想扭转财运，那么就要倾力打造自己的人际关系。

李扬帆的生意如今已经做到国外，固定资产过千万。而十几年前，他还只是一个来自河南乡下的穷小子。那么他凭什么赢得了如此多的财富?用他自己的话就是:"我能有今天，靠的都是朋友的帮助。"的确，是人际关系造就了他这个千万富翁。

李扬帆非常善于积累人际关系，为了随时认识更多的朋友，他随身都带着自己的名片。他说:"哪天要是出去没有带名片，我会浑身不自在，就像自己没有带钱出去一样。"

不要抱怨自己财运不好，事实上不是因为你财运不好，而是你的人缘不够好。聪明的生意人都非常善于储备人际关系资源。

孙耀唐先生在三十岁的时候，就成为一家电子公司的老总，可以说，孙耀唐先生是一位成功的生意人。孙耀唐先生平生最信奉"得关系者得天下"这一准则。在他的眼里，有关系的高手就像是左右逢源的人，他们四通八达，没有到不了的地方，也没有谈不成的生意；而一旦没有了宝贵的关系，则会如履薄冰，寸步难行，那种投门无路、四面楚歌的焦虑和窝火简直就像被武林高手点了死穴，既动弹不得，又奈何不了。所以，见多识广的张总天天忙着的就是广积"人际关系"。

有朋友帮助是事业成功的很重要保障，只有人际关系丰富的人，才能取得丰富的财富资源。我们经常听到的一句话是，这个世界上到处是有才华的穷人，为什么那些学历很高的人不能取得成功呢？因为他们总是信奉靠自己的力量就能取得成功，而不肯或者不屑于同别人合作。事实证明，这样的做法是不正确的。一个能成大事的人，关键不在于他自身的能力有多强，而在于他借助别人智慧的能力有多强。

一些人之所以能财运亨通，是因为他们非常注重对人际资源的投资，而一些人之所以一辈子都跳不出穷人的怪圈，是因为他们从来不懂得积累人缘。所以，如果你想变成一个富人，那么就要有意识地去扩大自己的交友圈，并不断地去丰富和发展它。

一个成功出色的创业者需要进行外部资源和内部资源的创业，而其中最重要的是人际关系资源的创业。创业者需要具备构建其人际网络或社会网络的能力。一个创业者如果不能在最短时间之内建立自己最广泛的人际网络，创业对他来说一定会非常不易，即使初期能够依靠领先技术或自身素质，获得某种程度上的成功，但是我们可以断言他的事业一定做不大。只有像比尔·盖茨那样，能开发出一个软件，别人无可取代，才能独霸市场走向成功。

人际关系资源是一种潜在的无形资产，是一种潜在的财富。从表面上来看，它不是直接的财富，可是没有它，就很难聚敛财富。即使你拥有很扎实的专业知识，而且是个彬彬有礼的君子，还具有雄辩的口才，却不一定能够成功地促成一次商谈。但如果有一位关键人物协助你，为你开金口，相信你的出击一定会完美无缺，百发百中！

人际关系资源越丰富，赚钱的门路也就越多；你的人脉档次越高，你的钱就来得越快、越多。

的确，在当今这个充满激烈竞争的社会中，千万不可忽视人际关系的重要性。所以，从现在开始，我们要学会用一颗真诚的心，去建立自己的人际关系。拥有了人际关系，就会拥有成功。

人际交往因人而异

每个人的嗜好、想法都不一样，所以我们经常遇到的对手也各不相同。与人交往时，倘若能够明白对方属于何种类型，应对起来就比较容易了。现在列举九类人供作参考。

（1）死死板板的人

这类型的人，就算你很客气地和他打招呼、寒暄，他也不会作出你所预期的反应来。他通常不会注意你在说些什么，甚至你还会怀疑他听进去没有。和这种人交际，刚开始多多少少会感觉不安，但这实在也是没办法的事。遇到这种情况，你就要花些工夫，仔细观察，注意他们的一举一动，从他们的言行中，寻找出他们所真正关心的事来。你可以随便和他们闲聊，只要能够使他们回答或产生一些反应，那么事情也就好办了。接下去，你要好好利用这一话题，让他们充分表达自己的意见。

每一个人都有他感兴趣和所关心的事物，只要你稍一触及，他就会开始滔滔不绝地说，此乃人之常情，因此，你必须好好掌握并利用这种人性心理。

（2）傲慢无礼的人

有些人自视甚高、目中无人，时常表现出一副"唯我独尊"的样子。这种举止无礼、态度傲慢的人，是最不受欢迎的典型。但是，当你不得不和他接触时，你该如何对付他？

某个企业的一位副科长，说话虽然客气，眼神里却有些许傲慢，且不带一丝笑意。

对付这一类型的人，说话应该简洁有力才行，最好少跟他啰嗦，所谓"多说无益"，因此，你要尽量小心，以免掉进他的圈套里头。

不要认为对方客气，就礼尚往来地待他，其实，他多半是缺乏真心诚意的；你最好在不得罪对方的情况下，言词尽可能"简省"。

当然，每个人都有自己的立场和苦衷，这位副科长可能自觉"怀才不遇"，或怨恨自己运气不好、无法早点出头；又由于其在社会上拼打甚久，城府颇深，故尽管不受领导眷顾，也会在"保卫自己"的情况下，与人客气寒暄。因此我们只需同情他，而不必理会他的傲慢，尽量简单扼要地与之交涉就对了。

（3）沉默寡言的人

和不爱开口的人交涉事情，实在是非常吃力的；因为对方太过沉默，你就没办法了解他的想法，更无从得知他对你是否有好感。

一位广告业界人士，为人沉默寡言，根本就不像是个广告策划者。不论你和他说什么，他总是沉默以对，你真是拿他没办法。当有人给他介绍广告客户时，他也只是淡然地说声："喔！是这样啊。"然后手持对方名片，呆呆地看书。

对于这种人，你最好采取直截了当的方式，让他明白表示"是"或"不是"，"行"或"不行"，尽量避免迂回式的谈话，你不妨直接地问："对于A和B两种办法，你认为哪种较好？是不是A方法好些呢？"

（4）深藏不露的人

我们周围存在有许多深藏不露的人，他们不肯轻易让人了解其心思，或知道他们在想些什么，他们有时甚至说话不着边际，一谈到正题就"顾左右而言他"。

双方进行交涉，其目的乃在了解彼此情况，以使任务圆满达成；因此，要经常挖空心思去窥探对方的情报，使对方露出其"庐山真面目"来。

但是，当你遇到这么一个深藏不露的人时，你只有把自己预先准备好了的资料拿给他看，让他根据你所提供的资料，作出最后决断。

人们多半不愿将自己的弱点暴露出来，即使在你要求他作出答案或提出判断时，他也故意装不懂，或者故意言不及义地闪烁其词，使你产生"莫测高深"的感觉。其实这只是对方伪装自己的手段罢了。

（5）草率决断的人

这种类型的人，乍看好像反应很快；他常常在交涉进行至最高潮时，忽然妄下决断，予人以"迅雷不及掩耳"的感觉。由于这种人多半是急性子，因此有的时候为了表现自己的"果断"，决定就会显得随便而草率。

他们经常会"会错意"；也就是说，由于他们的"反应"太快，每每会对事物产生错觉和误解。其特征是：没有耐心听完别人的谈话，往往"断章取义"，自以为是地作出决断。如此虽使交涉进行较快，但草率作下的决定，多半会留下后遗症，招致意料不到的枝节发生。

倘若你遇到上述这种人，最好按部就班地来，把谈话分成若干段，说完一段之后，马上征求他的同意，没有问题了再继续进行下去，如此才不致发生错误，也可免除不必要的麻烦。

（6）顽固不通的人

顽强固执的人是最难应付的，因为无论你说什么，他都听不进去，而只知坚持自己的意见，死硬到底。跟这种顽固分子交手，是最累人且又浪费时间的，结果往往徒劳无功。因此，在你和他交涉的时候，千万要记住"适可而止"，否则，谈得越多、越久，心里越不痛快。

对付这种人，你不妨及时抱定"早散"、"早脱身"的想法，随便敷衍他几句，不必耗时费力自讨没趣。

（7）行动迟缓的人

对于行动比较缓慢的人，越是需要耐心。

你与人交际时，可能也会碰到这种人，此时你绝对不能着急，因为他的步调总是无法跟上你的进度，换句话说，他是很难达到你的预定计划的。所以，你最好按捺住性子，拿出耐心，尽可能配合他的情况去做。

此外应该注意的是：有些人言行并不一致，他可能处事明快、果断，只是行动不相符合罢了。

（8）自私自利的人

这世上自私自利的人为数不少，无论你走到哪儿，总会遇到几个。这种人心中只有自己，凡事都将自己的利益摆在前头，要他做些于己无利的事，他是断不会考虑的。

他们经常手不离机——计算机是也，这说明他们始终在计算着自己的利益。

正因为他们最看重数字，故有所坚持的，一定是自己的利益；至于其他事情，他们都不会在意如何做好它，只考虑怎样做才最省事。这种悭吝之徒，任谁都不会对他们产生好感。

但是，当我们不得不与其接触、交涉时，只能暂时按捺住自己的厌恶之情，姑且顺水推舟、投其所好。当他发现自己所强调的利益被肯定了，自然就会表示满意，如此，交涉就会很快获得成功了。

(9) 毫无表情的人

人的心态和感情，常常会透过脸部的表情显现出来，所以，在交际的时候，表情往往可供作判断情况的工具。

然而，有些人却是毫无表情可言的，也就是说，他的喜怒是不形于色的，这种人若非深沉，就是呆板。当你和这种人进行交际时，最好的方法就是要特别注意他的眼睛和下巴。

常有人说"眼睛是会说话的"，诚然，眼睛是灵魂之窗，"观其眸子"你自然可以知道他的心思。

往往，你可以从对方的表情中，看出他对你所持的印象究竟如何。有时候，自己会过分紧张得连表情都不很自在，此时，你不妨看看对方的反应：是不加注意、无动于衷？还是已然察觉、面露质疑？留意他的眼神，你一定可以得到答案。

有时候，适度的紧张和放松，也可以在交际之中形成一种理想的气氛。只是，当你明白对方的反应是受自己的应对态度所影响，进而影响到交际的结果时，就不得不特别注意、研究一下自己的言行举止了，特别是脸上毫无表情的人更应该注意才行。

维护人际关系的十大秘诀

俗话说："创业难，守业更难。"人际关系也是如此，那么要怎样维护你的人际关系呢？

第一，寄贺卡要有创意。

如果你想维护你的人际关系，你就要知道对你人际关系网成员具有特殊意义的日子。比如生日、结婚纪念日等等。

美国喜剧演员雷·伯顿寄出的圣诞卡就是不一样。伯顿的贺卡总是别具一格，他绝不说陈词滥调的客套话，他写的话十分切中要点，也能正确提及收件者与他最近一次联系的时间。内容通常是："我永远不会忘记和你在四月十五日的见面，而且大骂腐败丑陋事件。"

他怎么可能在几个月后，还可以将日期与谈话内容记得如此清楚呢？

他真有这么好的记忆力吗？不是的，他的秘诀是不管何时，只要他一遇见某个人，他就立即写好卡片和信然后收藏起来，等到圣诞节来临时再寄出去。多年来他都用同样的方法，从未被人识破。绝对不要低估一张简单感谢卡的力量。

第二，注意重要的社区活动。

你可以通过参加社区活动或者朋友聚会来保持联络。

你不妨多做一些慈善活动。比如给红十字会义务献血，给希望工程捐款，资助失学儿童，参加义工活动等等。

有一句老话是这么流传的：经手的人越多，知道的人也越多。所以，每当你捐款给一个机构或某项活动时，你的名气也就随之变大。

第三，观察组织、个人、公司的改变。

当地的报章杂志都有报道重要聘任及升迁的商业信息。如果你的网络成员出现在名单上，你应该亲手写张卡片或打一通电话给对方，对他的升迁表示祝贺。或者你也可以更富创意，比方说送一本个性化的袖珍手册，上面有你亲手做的剪报。

第四，利用英特网联系。

E-mail和电话一样，已经成为做生意的一个重要途径。当你的人际关系网成员拥有电子信箱时，寄封电子邮件以表示你们是彼此网络的一部分。

第五，努力搜集对顾客有帮助的资讯。

你只需充分注意网络成员的兴趣及嗜好，偶尔剪下一篇文章，或一句可能会吸引他们的句子，他们都会对你印象深刻。

第六，建设性地运用你的中途停留时间。

你的人际关系网中都会有一些活跃的成员与你几年没见面。如果你踏进他们的地盘，千万别忘了他们，即使你只是在机场中途停留，而且无法亲自拜访或请他们吃顿晚饭，那么就打通电话给他们吧。

下次当你要到外地出差，而且已经询问过你的网络成员"哪一家餐厅的东西好吃"的时候，要记得把菜单带回来送给你询问过的人。而且还可以附带一句："你的建议太棒了，那一家的东西好吃得不得了……"当你要走时，还可以补充说："服务员说他记得你。"

还要记得把你出差时所到的城市的报纸带回来给那位你要拜访的网络成员。

第七，当你的人际关系网成员发生冲突，你需要帮忙调解。

你的人际关系网中是否有人彼此不和？你可以当和事佬，帮他们解决问题。假如你解决问题的结果对双方都有利，他们会感谢你。

但这也是一个高风险的方法。因为你处理得不好，他们其中一人，甚至两个人，很有可能会转过来责怪你。

第八，在他们得意时，打电话给他们；在他们失意时，也要记得打电话给他们。

你的人际关系网中有人刚失业，现在正是你提供帮助，建立新关系的时候。

送花给住院的人，送一顿热腾腾的餐点给家中有刚出院的同事或员工，都显得特别周到，而且是表示关心的一种很特殊的方式。

当你需要帮助，只要拥有一个你曾经给予过帮助的人的人际关系网，就能够减轻重担。一旦你习惯去帮助别人，即使不求任何回报，心里也会感到十分满足。

第九，报告你的任何重要改变。

你升迁了，你换工作了，你搬家了，你换手机号码了……记得告诉你的朋友。他会觉得他对你来说是重要的。

第十，亲自到场。

当然，你可以错过一场婚礼，等事后再弥补，但劝你别这么做。在婚礼、毕业典礼、表演、音乐会及大型颁奖典礼上，人们永远会记住谁到场，而谁没有。

如果你是老板，你要把员工的生日当成一件大事，你要尽可能参加员工的生日，陪他们一起切蛋糕，一起许愿。

每个人可能都有自己的人际关系网，但怎样维护它才是最重要的，只有维护好了你的人际关系网，你才可以在生活、工作中游刃有余地运用它，让你的人际关系网发挥得更好。

双赢，是利用人际关系赚钱的最高境界

一个人或一个商业团体漫游到某地，一旦稍稍立稳脚跟且发现当地有商机闪动，他往往会很快向自己的血缘亲属或非血缘的乡亲发出类似的信息：此处钱多、大家一起来赚钱吧！于是一发不可收，一传十、十传百，雪球越滚越大。因为成功商人都认为，双赢，始终是合作赚钱的最高境界。

没错，成功不是偶然的，由地缘和血缘关系织成的社会网络，使得"什么生意赚钱"、"哪里有做生意的机会"等等市场信息能够在各地的商人之间相互传递。这种人际关系网络，使他们关注的市场往往突破了城市的区域局限，看似是多人来分一杯羹，实际上他们是扩大了市场、提高了知名度。最终，一个个企业快速地成熟并成长起来。

合作永远能为我们带来"众人拾柴火焰高"的局面，尤其是希望在商业竞争中取得更多利润的企业管理者，以合作双赢的方式来实现利润均涨的目的，无疑都是最佳的选择。

东芝公司与夏普公司展开长期合作，使两家企业股价均涨，就是对合作双赢最好的证明。

夏普公司建立了液晶电视机生产厂，东芝将为夏普液晶电视机提供芯片，作为交换，夏普公司则为其提供液晶电视机产品。东芝公司成为夏普公司一个重要客户，也是重要的合作伙伴。

这两家日本技术厂商之间的合作并不仅仅局限于扩大公司在快速增长的液晶电视机市场上的份额。东芝公司打算为夏普公司提供一系列定制化电视机芯片，那些芯片将能够满足高端数字平面屏幕电视机产品工作负载不断增长的需求。

夏普与东芝展开双赢合作，成效显著，在东京股票交易市场，夏普公司股票上涨了2.9%，东芝公司股票也上涨了2.5%，均超过了日经225股票平均指数1.5%的涨幅。这足以说明双方的合作是明智的。

当然，合作为两家企业带来的好处还有很多，在这之前，东芝公司原计划与佳能公司合作推出一款极有前途的平面屏幕电视机技术即SED技术，但是后来它与佳能之间的合作遇到了障碍。但根据双方的合作交易，东芝公司将从全球最先进的屏幕厂商即夏普公司处获得一个可靠的大中型液晶屏幕供应源。一改它过去从其他日本技术公司组建的合资公司那里购买电视机屏幕的历史。

而对于夏普公司来说，夏普公司可以通过这项交易节约数十亿美元的芯片研发成本，然后将充足的资金投资到液晶电视所需的巨型尺寸专业玻璃生产厂的建设上。到2010年，东芝公司液晶电视机所需的屏幕将有40%是由它提供的，夏普公司Aquos电视机所需的芯片则有一半左右是由东芝公司生产的。双方公司之间往来交易的规模将增加60亿到70亿美元，最终达到210亿美元左右。

夏普公司与东芝公司的双赢合作，为双方带来了利益上的丰收。由此可知，国际性的大企业也是通过合作的方式来实现利益增长的。处在创业初期的企业，同样可以依靠合作的方式，与合伙人在双赢的基础上，实现利润均涨，为企业的未来之路开创更广阔的发展空间。

共赢意识是现代成功商人的重要标志。无论在哪个国家，无论在哪个行业，他们总是一团团、一群群地出现，然后在合作中寻求各自的发展。

柳维星是一家私营企业的管理者，这家企业专门为某些大型低压电器厂家生产信号灯。他的经营理念就是打仗亲兄弟、上阵父子兵，在与朋友的"合作共赢"中寻求发展之道。

创业开始时，柳维星见其他的大部分企业都做成套产品，小到一个螺钉、弹簧、大到外包装，都是工厂自行生产。聪明的柳维星发现这种大而全的生产方式实在是浪费企业的生产成本，于是他们召集做低压电器生意的亲戚朋友，商量着各自的分工问题。于是信号批示灯、母线插槽、线圈、外壳分别来自不同的厂家生产，但卖产品时，各自贴各自的标签。

哈佛商学院是一个很特殊的团体。在有限的两年内，商学院的学生从第一天起就要开始遍地撒网式地构筑人际关系。虽然同学当中也有大学时代的朋友和以前的同事，但是现在大家都处在平等的状态，在同一条起跑线上开始着手构筑各自的人际关系，与企业招牌和自身职位没有任何关系。

当然，大家都能认识到人际关系的巨大价值，即便在毕业以后，这种联系还是会继续存在。进入哈佛以后一场非常积极的网罗人际关系的活动就全面展开了。

现在想想，当时比起我们这些来自外国的留学生，那些美国人会更难于展示自己的个性，也许他们之间人际关系构筑的竞争更加激烈。在哈佛这所学校，有奥运会奖牌得主、ER 医生、TopGun 的飞行员、著名 NPO 代表等，汇集了曾经在各个领域具有一流领导能力的行业精英。战略咨询公司以及华尔街出身的人更是数不胜数，因此他们也许更难在众多精英中展现出自己的特长，脱颖而出。

另外，并不是所有的美国人都是善于交际的。也有一些被称为 Geek(性格古怪的人)的超级工程师不善于与人交往。尽管如此，因为大家都认识到哈佛的人际关系价值非常重要，并且这些人际关系包含着未来价值，所以都在有意识地实施"战略性的人际关系构筑"。

当然，美国人当中也有"构筑人脉的天才"。例如：塞莲娜，在同级的 880 人中几乎没有不知道她的，她简直称得上是一位"人际关系女王"。总之，她能够极其敏锐地判断出是否应该加入某个团体，擅长灵活自如地运用各种各样的标签，特别善于用高雅的表演给人留下深刻的印象。

她教给我们很多构筑人际关系的方法，比如"应该怎样作出自己的贡献?""应该如何推销自己、展示自己?"等等。

哈佛经常会有沃伦·巴菲特、迈克尔·戴尔、安德鲁·格鲁夫等名人来学校作演讲。虽然来学校演讲的人当中也有以公司招聘为目的的经营者，但是大多都是学生利用自己和教授的人际关系邀请他们来的。这种邀请名人演讲的活动对于团体来说也是一种公认的贡献。

通过将自己的人际关系与别人共享，可以达到加强彼此人际关系的目的。实际上，在哈佛，大家都在有意识地达成这种"人际关系共创"的效果。

具体来说，与朋友合作共赢的形式主要表现为"两个分享，一个分担"。第一个分享是利润分享。有钱大家一块儿赚，而不是关上家门独自吃肉。第二个分享是分享智慧、资讯、人才及社会关系等一切资源，即资源的"优化组合"。一个分担即风险的分担，不把所有鸡蛋放在一个篮子里。一个人的钱投入到10个投资项目中，能够分散风险，较好地保持收益稳定。

所以说，"合作共赢"才是利用人际关系赚钱的最高境界，无论你合作的伙伴是谁，也无论你合作的方式是怎么样的，这种建立在资源共享的前提下的合作，始终是现代商业竞争中最有发展潜力的。所以，每一个想要赚钱的人，都应该在做生意之前先想一想，自己身边有没有可以实现合作双赢的人际关系资源可以利用。

发展巩固你的人际关系

人际关系是行走职场的最重要武器，拥有良好的人际关系，除了有利于现在的工作，也是未来职业发展的无穷资源，因此要学会与人相处，处处关心别人、尊重别人，时刻给予他人以体贴和支持。

做人须带三分圆滑，做事须持十分真心。智慧的人时时刻刻都在储蓄人际关系，成功的事桩桩件件都要靠人际关系。早一点规划自己的人际关系网络，多年后，将会发现身边到处是可随时协助你工作和生活的朋友，当遇到问题与烦恼时，一通电话即可解决。在当今的社会中，只靠本身的能力是不够的，唯有用互动互利的方式去经营人际关系，才会事事有人帮，办事的成功率也会更高。

根据104人力银行"2005加薪升职关键报告"调查发现，影响上班族升迁的关键要素中，除了专业能力与工作表现外，"人际关系"是三大关键之一。人际关系既然如此重要，那么，该如何好好地去储蓄人际关系呢？

（1）主动去帮助别人

帮助别人就等于帮助自己，这是利人利己的原则，也可以称为双赢的人际关系模式。世界之大，人人都有属于自己的立足空间，不必视他人之得为自己之失。但是，有些人总喜欢把它分开，以为利人则必损己，利己则必损人。于是，为了一己之利，便陷别人于水深火热之中，最后却落得一个损人害己、两败俱伤的下场。

美国汽车大王亨利·福特曾说过："如果成功有秘诀的话，那就是站在对方立场来考虑问题，能够站在对方的立场，了解对方心情的人，不必担心自己的前途。""已欲立而立人，己欲达而达人"，只有这样，才能赢得别人的信任，建立融洽的人际关系。

互惠原则讲求利人利己，绝不是世俗的"互相利用"，而是在帮助别人的同时也利己的行为，因为对方给予自己的帮助，只是自己利他人行为的回报，也就是说，利己的目的不是要索取什么，而是从给予中达到欣慰。只有这样才能使自己的人际关系建立得更好。

一个禅师走在漆黑的路上，因为路太黑，行人之间难免磕磕碰碰，禅师也被行人撞了好几下。但他继续向前走，远远看见有人提着灯笼向他走过来，这时旁边有个路人说道："这个瞎子真奇怪，明明看不见，却每天晚上打着灯笼！"禅师也觉得非常奇怪，等那个打灯笼的盲人走过来的时候，他便上前问道："你真的是盲人吗？"

那个人说："是的，我从生下来就没有见过一丝光亮，对我来说白天和黑夜是一样的，我甚至不知道灯光是什么样的！"

禅师更迷惑了，问道："既然这样，你为什么还要打灯笼呢？你甚至都不知道灯笼是什么样子，灯光给人的感觉是怎样的。"

盲人说："我听别人说，每到晚上，人们都变成了和我一样的盲人，因为夜晚没有灯光，所以我就在晚上打着灯笼出来。"

禅师感叹道："原来你所做的一切都是为了别人！"

盲人沉思了一会儿，回答说："不是，我为的是自己！"

禅师更迷惑了，问道："为什么呢？"

盲人答道："你刚才过来有没有被别人碰撞过？"

禅师说："有呀，就在刚才，我被两个人不留心碰到了。"

盲人说："我是盲人，什么也看不见，但我从来没有被人碰到过。因为我的灯笼既为别人照了亮，也让别人看到了我，这样他们就不会因为看不见而撞到我了。"

这个故事告诉我们：点灯照亮别人，同时也照亮了自己。这就是助人为乐的道理。在生活中，我们应该时刻记得：帮助别人也就等于帮助自己。

（2）不可目中无人

眼高于天，目中无人不但不能引起别人的尊重与欣赏，反而会引起他人的反感，甚至使别人讥笑看不起。因此，要想获得别人的尊重，首先要学会尊重别人。

富兰克林年轻时，是一个骄傲自大的人，不可一世，而且咄咄逼人。这就要归咎于他的父亲对于他的这种行为过于纵容，从来不教训他。倒是他父亲的一位挚友看不过去了，有一天，把他唤到面前，用很温和诚恳的言语，规劝了他一番。那位朋友对他说："富兰克林，你想想看，你那不肯尊重他人意见，事事都自以为是的行为，结果将使你怎样呢？人家受了你几次这种难堪后，谁也不愿意再听你那一味矜夸骄傲的言论了。你的朋友们将一一远避于你，免得受了一肚子冤枉气，这样你从此将不能再从别人那里获得半点学识。何况你现在所知道的事情，老实说，还只是有限得很，根本没有什么用处。"富兰克林听了之后，大为感动，对自己的过错深感内疚和不安，从此决意痛改前非，处事待人懂得了尊重别人，言行也变得谦恭和婉，时时提醒自己不要做有损别人尊严的事。最后，他便从一个被人鄙视、拒绝交往的自负者，成为一个受人欢迎、爱戴的成功人物了。

如果当时富兰克林没有接受这位长辈的劝阻，仍旧事事一意孤行，唯我独尊，那很难设想他日后能成为一位伟人。

言行妄自尊大，那将使许多人都不愿意与你接触，从此你不再有朋友，只能孤寡一人。试想到了那时，你做人还有什么意思？你还能做成什么事呢？你的名誉还能靠谁来传扬呢？你又拿什么来建立你的人际关系呢？

（3）要互相信任

把所有的中国人，结成一个硕大的互依互赖的网。这是中国的伦理。孔子的"连带责任主义"，更使得我们彼此之间，息息相关，互相依存。互依互赖，是互助而非依赖。例如有甲、乙两人，如果"甲的义务，即系乙的权利；同时乙的义务，亦即甲的权利。"互相消而又互相益，便是互助。进而分工合作，成为更复杂的互助。

"红花亦需绿叶来陪衬"。因此，不管是任何事业，并非只凭一人之力就能够完成的，有赖于同仁的互助合作，因此，我们要树立"合则彼此有利，分则大家倒霉"的意识。共同努力，一同来承担责任，才能共谋策略，达到真正互依互赖的境界，把自己的事业推到顶峰，也能够更好地为自己储蓄人际关系。

（4）与别人相处要用"心"

心与脉管相连，脉管为血液循行的隧道。《素问·平人气象论》说："心藏血脉之气"。藏之于心的这种"气"，就是推动血液循行的动力。同样的道理，在人际关系资源的经营中，我们只有以心换心，用诚心、真心、爱心才能换来心心相印的人脉互动效果。

有一位保险推销员，他经常去拜访一位老太太，与老太太聊天，陪老太太散步，帮老太太做一些家务事。经过一段时间，老太太就离不开他了，常常请他喝茶。然而不幸的是，有一天老太太突然死了。这位推销员怀着一颗悲痛的心去参加老太太的葬礼。当他抵达会场时，发现另一家保险公司竟也送来两只花圈，他很纳闷："究竟是怎么一回事呢？"

一个月后，那位老太太的女儿来到这位推销员服务的公司拜访他，说："我就是另一家保险公司经理的夫人，我在整理母亲遗物时发现了好几张您的名片，上面还写有一些十分关怀的话。我母亲很小心地保存着，而且，我以前也曾听母亲谈起过您，仿佛与您聊天是她生活的快事，因此今天特地前来向您致谢，感谢您曾如此鼓励我的母亲，带给我母亲晚年的快乐"。老太太的女儿深深鞠了一躬，眼角还噙着泪水说："为了答谢您的好意，我瞒着丈夫向您购买贵公司的保险……"然后拿出20万现金，请这位推销员签约。对于这种突如其来的举动，这位推销员大为惊讶，一时之间，无言以对。

以心换心地与人真诚的交流，可以获得别人对你的好感。由此，也可以收获你想要的东西。

（5）办事懂得给别人留面子

在为人处世时，应和和气气，对于有损别人面子的事情或话一定不要做、不要说，只有这样，当求别人帮忙时，自己才不会被别人拒绝。不给别人面子带来的后果有时是很严重的。

三国名将关羽，过五关，斩六将，温酒斩华雄，匹马斩颜良，偏师擒于禁，擂鼓三通斩蔡阳，"百万军中取上将之首，如探囊取物耳"。然而，这位叱咤风云、威震三军的一世之雄，下场却很悲惨，居然被吕蒙的奇袭，兵败地失，并被人割了脑袋。

关羽兵败被斩的最根本原因是蜀吴联盟破裂，吴主兴兵奇袭荆州。吴蜀联盟的破裂，原因很复杂，但与关羽其人的骄傲有着密切的关系。

诸葛亮离开荆州之前，曾反复叮嘱关羽，要东联孙吴，北拒曹操，但关羽对这一战略方针的重要性认识不足。他瞧不起东吴，也瞧不起孙权，致使吴蜀关系紧张起来。关羽驻守荆州期间，孙权派诸葛瑾到他那里，替孙权的儿子向关羽的女儿求婚："求结两家之好"，"并力破曹"，这本来是件好事。以婚姻关系维系补充政治联盟，历史上多有先例。如果关羽放下高傲的架子，认真考虑一番，利用这一良机，进一步巩固蜀吴的联盟，将是很有益处的。但是，关羽竟然狂傲地说："吾虎女安肯嫁犬子乎？"

不嫁就不嫁，又何必出口伤人。试想这话传到孙权那里，孙权的面子如何吃得消？又怎能不使双方关系破裂呢？

关羽的骄傲，使自己吃了一个大大的苦果，被自己的盟友结束了生命。

俗话说：蚊虫遭扇打，只为嘴伤人。只想图自己嘴巴一时痛快，而以尖酸刻薄之言讽刺别人，殊不知这样会给自己带来多大的灾祸。人与人之间为了那些不必要的矛盾纠葛，而图一时之快，说话不经过大脑，只言片语伤害了别人的自尊，让人下不来台，想想对方心中怎能不燃起一股邪火？有了机会，报复一下也是情理之中的事，因此，在为人处世方面，要给别人留点面子，必要时，也要贬低自己一下，来为别人留面子，这样不仅可以省去许多麻烦，也会发展自己的人际关系。

（6）与人分享更能增加感情

分享是建立人际关系网最好的一种方式，你分享得越多，得到的就越多。世界上有两种东西是越分享越多的：一是智慧、知识，二是人际关系。正如萧伯纳所说：我有一个苹果，你有一个苹果，交换一下每人还是一个苹果；我种一个思想，你有一种思想，交换一下每人至少有两种以上的思想。同理，你有一个关系，我有一个关系，如果各自独享则每人仍是一个关系，如果拿来分享，交流之后则每人拥有两个关系。

李嘉诚的生意经就是一个很好的例子：假如一笔生意你卖10元是天经地义的，而他只卖9元，就让别人多赚1元。表面上看来自己是少赚了1元或者亏了1元，但是从此之后，这个人还会和你做生意，而且交易越做越大，后来又介绍他们的朋友与你做生意，朋友又介绍朋友来与你做生意。所以，最后的生意就会越来越多，越来越大，如此一来，自己的朋友圈子也就越来越广。

你所分享的东西是对别人有用、有帮助的，别人会感谢你，同时也会把自己的东西分享给你。你愿意把自己的东西给别人分享，有一种愿意付出的心态，别人会觉得你是一个厚道之人，别人愿意与你做朋友，愿意与你打交道。那么，你的人际网也就会越来越好。当你需要帮助的时候，别人也就会不求回报地帮助你。

因此，想要让自己的事业发展得更好，就要学会在为人处世方面，尊敬他人、关心他人、真诚地对待他人，努力地巩固发展自己的人际关系。

努力达到交际的完美境界

人人都在追求完美。做人做事都希望达到完美的境界，但是完美又是那样的可遇而不可求。完美只是人们的一种希望，事事都达到完美是不可能的，但话又说回来，如果一个人没有追求完美的心态，那么这个人成功的希望就很渺茫。

"追求完美"是一种严谨的、永不满足的、追求极致的为人处世态度。完美只是一个表现形式，但完美的态度会左右着你的行动。有什么样的态度，就会有什么样的行动。在交际中也是如此，你应该以达到交际完美的心态来对待每一次交往。那么如何创造一个完美的交际境界呢？这取决于交际个体的素质、交际环境、交际内容和交际手段等等。

（1）建立完善的交际人格

人格是个内涵丰富的概念，包括人的性格、气质、修养、能力、知识等各个方面。交际人格则是交际表现出的个体人格特征。完善的交际人格会使交际进入较高的境界，达到理想的程度。比如良好的知识素质，将使人的交际去俗趋雅；健全的个性特征，会使交际充满风采，高雅宜人，韵味无穷。一个气质优雅、内涵丰富、待人热情、举止有度、口吐莲花的人，他的交际形式也是赏心悦目，令人恋恋不忘的。他会给交际局面带来诗情画意、高雅脱俗的气氛和动人的魅力。建立完善的交际人格是全方位的，并不是一点突破、万般具备的态势。比如知识素养提高了，并不能说明其余的人格特征都发生突飞猛进的变化。但交际人格的各个成分，是一个整体，是能够互动互促的。比如知识素养提高了，又能使你的气质、性格发生变化。

（2）追求交往方式的"恰到好处"

交往方式是交际的具体形式，它受到交际人格的制约，但又有其自身规律。把握这些规律的最佳境界是掌握分寸，做到恰到好处。懂得千条交际之道，知道万条交际之法，关键还在于运用。运用之妙方则在于"恰到好处"。这是一种分寸，是一种点到为止的技巧。交际中的"恰到好处"既显得典雅，又充满余韵。比如表示友好，你大可不必热情过度。表示对对方尊重之意，也以点到为止为宜，传情达意即可。

有一位朋友，托人办事，对方欣然从命，全力以赴。这位朋友感激不已，又是表示谢意，又是叙友情、讲关系，又是歌功颂德……本来他们打交道就不是很多，关系也不是很密切。对方原是一份诚心，此时早被这位朋友弄得心烦意乱。这位朋友的做法既会导致交际失败，也会有损自身形象，更让交际本身的情调遭到破坏。

交往方式的"恰到好处"需要你用心体会，需要掌握交际艺术。比如微笑和打招呼，说起来很简单，但运用起来却有许多奥妙，同一方式常会显示出你的俗气。

（3）酿造高雅的交际情调

交际主要的是一种生活的方式，通常表现为一种关系的联络和互帮互助形式，具有一定的目的性。但交际又不仅仅如此，它会超越物质性，追求一种精神上的欢愉情趣。

尤其在交际陷入功利圈时，酿造高雅的交际情调更显得卓然脱俗。酿造高雅的交际情调将带来美妙的交际局面。

在行政部门供职，求你的人很多，这些人怕敲不开你的门，总是用大包小包的礼品做开门钥匙。但你一向以清正廉洁自居，对这种做法当然很反感，进而对一切送礼行为都很讨厌，视为庸俗，报以鄙夷。促使我对送礼改变看法的是我深切地感受到送礼还有着真切、高雅的一面，会使生活荡漾着迷人的馨香和动人的情调。此时真切体会到：即使送礼，如果超越了物的目的，追求一种情调，自会让交际归入正轨，并风雅俊逸。

（4）营构交际美感氛围

从实用交际到交际的艺术化，最显著特征是对交际美感的追求和营构。美感本身是一种艺术的体现，是一种很高的境界，是一种美好的感受。当我们着意为交际构筑一份美妙、营造浓浓的美感气氛时，此时的交际便摆脱了功利色彩，超越了实用性，达到了更高的层次，给人以更好的感受，形成荡气回肠的效果。

比如文人聚会，会场布置素雅简朴，大家彬彬有礼，一番寒暄，相继落座，一杯清茶，几个水果，侃侃而谈，你谦我让。没有艳丽妖冶的奢华，没有烟雾缭绕的混浊，没有粗声俗语的喧哗。何其雅致，何其文静。这便形成了特有的美感气氛。

当我们与某人交往，或驾临某个场面时，要切准交际的特定脉搏，努力推动和营构相应的美感气氛。比如你与一个对你十分重要的人物见面，选一个恰当的时间、得宜的场所，你们的谈话会在轻松、愉快的气氛中展开，你们都会有一个美好的感受，你们的见面会是成功的，并会留下深刻的印象。

美感是一个复杂的概念，它有着不同的内涵，往往因情境、对象等因素，表现出很大的差异。比如热烈、轻缓、淡雅、艳丽都会引起相应的审美感受。所以你在营构交际的美感气氛时，要有针对性，重在合适；如若不然，美感气氛无以形成，交际的完美境界也无从产生。

（5）挥洒交际风格的魅力

每一个交际者，其交际方式总带有个体色彩，而这种个体色彩一旦成形、提高，则形成交际风格。挥洒交际风格的魅力，交际既可以提高层次，又能够形成独特的风貌。交际风格虽然以鲜明的个性风采为特征，但却有一致的规格，这就是任何交际风格的形成，都要处理好传统的与现代的关系问题。就是说人的交际风格特征，既有浓浓的时代气息，具有某种先锋意识，同时又是基于传统的，符合民族的，具有很重的大众基调。只有处理好这层关系，交际风格才是符合审美限度的，切合大众审美心理的，才不艳不俗，充满魅力。

（6）激活和包装交际内容

交际内容是最实在、最稳定、最刻板的了。它的全部的东西就是实现物质转换、信息输送、精神传感、力量互补。

在交际中你一方面要对交际内容加以激活，即通过组接、置换、穿插等方式，使交际内容充满生机和情味。另一方面要对它加以包装，即对交际内容进行着色、修整、描摹等，使交际内容变得色彩斑斓。这样你的交际内容会生动和雅致起来，会在实用的基础上，形成一种诗情画意的高雅格调。

第八章

人际关系网是事业成功的催化剂

　　世界上到处都有有才华的人，但并不是有高学历、才华横溢的人就能取得成功。千万不要因为信奉靠自己的力量就能取得成功，而不肯或者不屑于同别人合作。要改变现状，达到一定目标，搞好人际沟通是很重要的一点。你要走出低谷，进步、发展、升迁，都必须在一定的社会环境里得到许多人的支持。你期望进步越大，就要得到越多的人的支持和帮助。离开了这种支持，你不可能改变现状。事实证明，这样的做法是不正确的。没有他人协助，谁都难成功。

建立人际关系 "四" 准则

林肯曾经说过："要想别人听从你，先让他相信你是他诚挚的朋友。"人与人的交往要在平等的基础上交往。没有人愿意与总是居高临下、狂傲自负的人交往。经营人脉要自然平实、水到渠成，不要过分夸张，太张扬。也就是说不要让全世界的人都知道你在建立人脉。不要让人在下意识里认为你的所作所为是有所企图、有所目的才与人交往的。

人与人相处是一种以心换心的过程。你是否真心，他人心里都有一杆秤。那种为了达到某种目的的虚伪接触，会给人一种不好的印象。这样的人脉关系也不会长久的。

即使你是一个很慷慨的人，天天请朋友吃饭，但总是抱着骄傲自大的心态，别人说话你总要反驳，让他人时常感到难堪，估计你的朋友也不会很多。千万不要怀着一份过于势利的短浅眼光经营人脉，别人现在富贵，穿金戴银，就一副小人嘴脸曲意奉承，小心侍候，生怕得罪别人。当别人现在有点穷困潦倒，是个不起眼的小人物你就忽视、轻视、鄙视他，不把他放在眼里。这种交往不但会扭曲自己的心灵，还会让人们瞧不起你。

红顶商人胡雪岩，其高超的交际手腕总让人大为叹服，对胡雪岩有深入研究的学者曾仕强分析，胡雪岩的过人之处是"对事情看得透，眼光够远，从不会轻忽小人物"。

对胡雪岩有所研究的人都知道，浙江巡抚王有龄对胡雪岩的发迹有着绝对影响，至于王有龄当初不过是一介穷书生，但胡雪岩并未轻视他，全力相助。结果呢?等同投资一笔交情生意。

一位好友说:"人在社会中应该懂得'舍'字。"我们总是认为,在你想要从别人那里获得一些东西之前,最好先有所付出,才能体现出你的价值。

对于那些平时不怎么来往,不是很熟的朋友,你完全可以记在自己的"朋友档案"上。

(1)把学生时代的同学资料全部整理出来,能联系上的全部备案。同学之间因为学校时代毫无任何功利色彩的接触,彼此都十分熟悉和了解,其友情的含金量也是最高的。毕业很多年以后,你的同学会遍及全国各地,甚至还有留洋海外的,他们从事不同的行业,有的甚至已经成为该行业的佼佼者。当你有所需要时,靠着老同学的关系就能好办事,也许人家的一句话或者一声招呼就能救你于危难之中。请记住:同学是你生命中一笔宝贵的资源,学校里的友情放在社会这个大环境里,不亚于亲人的关系。

当然要保持与这些同学的关系,就一定要时常参加同学会,随时关注同学们的动态。据报道说,一个金融投资家进修班学员组成的同学会,200多个同学可操控的资金竟高达1200亿元,真是令人非常震惊。在北大、清华等名校,许多成功人士是花大价钱参加诸如企业家班、金融家班等各种培训的。对于他们而言,学习知识倒是其次,交到有实力的同学才是主要目的。

(2)把你身边的同事和其他常联系的朋友的资料记录下来,并对他们的特点、性格、专长等要有清晰的了解。当他们的情况有所变动时,你要随时留意更正。这里需要特别注意的是老乡,共同的人文背景、地理位置、风俗习惯,使老乡之间有一种天然的亲近感。中国历史上曾经两大最为成功的徽商和晋商无论走到哪里,都是老乡成群结队的。现在各地的浙江村、温州商会可以说是这种优良传统的延续,正是同乡之间互为犄角,互为支援,才成就了他们的辉煌。

(3)再找找在应酬场合认识的、只是交换名片但平时没有什么来往的朋友。你应该记下这些人的特征资料,以便见面时能够一眼认出。不必刻意去和他们交往,但有时可以间接请教他们一些专业问题。

只要包括以上三方面的朋友,你的"朋友档案"就算是全面了,怎么记录,记录些什么全随你的意愿,只要朋友档案用起来方便就好。

然后,根据各个朋友的情况,制定出不同等级的联系频率——我们不可能和每个朋友都保持很密切的联系,建立人际关系是长期的过程,不仅仅是四处搜集名片那么简单。也许有些人无法立即介绍工作机会给你，但是保持联络就等于有了潜在的机会。后续联系的目的，主要是让对方了解你的最新状况，并从对方那里获得最新的信息，双方彼此建立长久的互惠关系，以便在需要的时候相互都用得着。关系是需要积累的，你的"朋友档案"越厚，对你事业的助益就越大。

管理朋友档案的原则是：每个朋友都不能放弃，每个朋友都要保持联系，每个朋友都要对你有用；帮助朋友时不能忽视个人利益，特别是在帮助同事的时候，你要想好了这会不会对你的利益构成威胁；只要某个朋友对你很有帮助、很有价值，那就应该细心照料彼此之间的情谊，说不定某一天，人家就会给你带来意想不到的好处。从根本上讲，提升自我素质、增加个人魅力，才会让你更容易交到高层次的朋友。当然，得体的礼仪、有品位的言行和较高的人气指数，都需要你平时的学习和积累。除此之外，你还要注重提高自己知识涉猎面的深度和广度，因为这样你才会有能力与更优秀的人交朋友，将其纳入到你的人际关系中。

总之，建立人际关系有四条准则你必须记住：

第一准则：互惠

在建立人脉关系的过程中，"互惠"所指的主要是恩惠的交换。

有这样一个例子足以说明这个问题。

陈某是某市专办凶杀案的警察，是同部门中有史以来破案最多的一位，也是职位攀升最快的一位。是他具备做警察的天赋？还是他更懂得搜寻破案线索？是他比其他警察更会分析犯罪现场，更会调查取证？

"统统不是。"他说，"事实上，我不比其他人厉害，我只是有别人没有的人脉关系。""多年来，我培养了一群线民。他们大多生活在社会底层，有些甚至是无赖，我偶尔给他们一点好处以交换消息。这些人的父母就是最好的人脉关系之一。如果有哪个小伙子有麻烦，他的父母会帮助他脱困。"

"但是，让我告诉你最好的人脉关系。许多年前，当时我还在缉毒组，我有位线民是一家小旅馆的柜台服务人员，他打电话到我家，告诉我有几位可疑人物在房间可能在进行毒品交易。于是，我带着一批人马迅速赶到现场，一举抓获犯罪分子。不想，查找的结果是全州近年最大的一次毒品走私案。"

陈某的例子说明了帮忙的形式有许多种，不管是有意或无意的，不管是好还是坏。

在任何行业中，都可以帮助你建立正面的人脉关系。

第二准则：互赖

互赖就是指在交往中，人与人之间的互相依赖。还是用一个故事来说明这个问题。

程凯在某地旅游，旅途中，他饿了，他想找一家川菜馆。他走到丽丽服装店，向服装店老板问道："除了这条街之外，附近哪里有川菜馆呢？"

服装老板说道："在东风西路28号，白云川菜馆。"

"有多远？"

"走路差不多10分钟。"服装老板说，"但是你知道吗？全城最好的餐厅就是那个饭店。"

当他抵达餐厅时，服务生为他安排了一个很好的位置。他在那里消费了二百元。当他用完餐结账时，服务小姐热情地对他说：

"先生，谢谢您的光临，难得来一次这里，难道不想带一套衣服回去送给您的女朋友？从这里买回去的衣服意义不一样，你女朋友一定会喜欢的。丽丽服装店是全城最质优价廉的服装店，这是他们的卡片。"

说完就递给你一张名片，名片上写着："丽丽服装店，金色时代广场西北角。一个你不来就会后悔的地方。"这就是互赖原则。

第三准则：分享

分享是建立人脉网最好的方式，你分享的越多，你得到的就越多。世界上有两种东西是越分享越多的。你愿意把你自己最好的东西拿出来向人分享。你会得到：

（1）你分享的东西是对别人有用有帮助的，别人会感谢你。

（2）你愿意向别人分享，有一种愿意付出的心态，别人会觉得你是一个正直、诚恳的人。别人愿意与你做朋友。

第四准则：坚持

如果你的人脉关系是健康有意义的，就必须持续下去。你永远不知道你的人脉关系会在什么时候给你带来好处或利益。

有句歌词是：结识新朋友，不忘老朋友。许多人只想跟有生意做的人打交道，这不是建立人脉而是贩卖人脉。最该经常保持联系的人应该是你已经建立起关系的人。如果你跟老客户、朋友、亲友一直保持着很好的联系，你需要帮忙，他们不论能否得到好处，都会自愿帮你的。

如何善用你的人际关系

人际关系中应区分指导者、协助者以及竞争者这三个角色。如果这三种人际关系在自己所属的部门内、部门外以及公司外三个地方，则属最理想。虽然协助者或竞争者在部门外或公司外容易产生，然而提到指导者，目光未放在公司外的情形甚多。从指导者的字面上看，大部分都通常只联想到自己的上司或领导。

在一个企业的结构里，上司是无法任由你自己来选择的。因此，一旦配属到令人无法尊敬的上司时，通常会产生放弃念头。然而，如果你认为直属上司无能，不妨将目光指向外界。让人尊重的指导者，只要多注视部门外以及公司外就一定能发现。

由于上班族只能在公司那个狭小的视界中活动，所以说如果只在公司内部是无法发现这种学习对象的，有时你可能会产生立即辞去工作的念头。由于含混地眺望着周遭世界，觉得待在公司里无重大凭据，很容易感觉到"外在世界更有趣"。然而即使你辞去了这份工作而转换别的公司，相同的情形也将会重复出现在你周围。无论你变多少个公司，只要你不与外界接触的话，你的人际关系将永远不会扩大。

公司里的所谓领导者，如果换句话说的话，那就是：有那么一天，我也要拥有和他一样成就的"学习对象"。如果缺乏这种具体的对象，无论是上班族或一般人，均无法获得成功。如果能观察自己眼前活生生的学习对象，不断吸收对方长处，必定可以逐渐确定自己的理想抱负。并且，如果能将那位学习对象在14岁时实现的成就，激励自己在35岁之前实现，并且订立具体的行动计划，很快地，你便可以超越自己的指导者。在公司外寻找指导者，即使是不会谋面的人物也没关系。你也无需对方承认你为弟子。从你自认"我要将他当作指导者"的时刻起，你即已成为对方弟子。然后，你只需观察这位指导者，努力将指导者说的话一句不漏地听进脑子里。倘若对方是名人，你可以将他撰写的书全部读过。如果你们不曾见过面，就凭着这一点也可以成为师徒关系。

不过，和身旁的指导者不一样的是，你没有办法向未曾谋面的指导者直接讨教。因此面临新的问题时，可以自行思考，如果换作指导者，他会采取什么步骤呢?利用这样的办法不断地重复摸索，相信定能积聚成自己的经验。不断地利用自己的关系来接近对你有利的人们。

我国从陈独秀到鲁迅老一代有哲理的人都对中国的"关系学"进行了一个深刻的论证，我看中国人自生下来就知道了"关系"的厉害。电视剧《您的生命如此多情》中吴总的认识就非常深刻，因为他知道中国人以儒家文化为重，其人伦思想影响深远。大家来假想一下，如果将一个石子扔进水里，就会激起一荡一荡的波纹，波纹的中心就是您自己，离您越近的波纹，对您的影响就会越大。就像当今社会，你的朋友越多，那么你在各个方面都会有着不同的人来帮助你，为你的将来展开一条宽广的大路，反之如果你在这个竞争的社会里没有一个朋友，没有一点人际关系圈子，那么你在做任何一件事的时候都感到有无尽的困难，没有朋友，两手空空，总觉得自己是个无用之人，从这点可以看出，人际才是财源的一个源头。

社会就像是一个大课堂。很多人做事情都要首先考虑关系，首先照顾关系。一句话，对关系不利的，他们只字不提，甚至不让别人提;对关系有利的，他们会紧紧地抓住不放，由此，每个人都应该了解人际关系对于人们的重要性了吧!做人要不停地利用人际关系，把人际关系利用好了，你的财源也就会接连不断地涌来。

人际关系也是很复杂的。相信每个人都听说过，中国出台的法律规定，从公检法出来的律师，自离职两年内不得在原单位担任辩护和代理业务，律师不得在自己父母、子女、夫妻、兄弟姐妹担任公职的法院从事诉讼代理业务。为什么?因为他们有关系。中央电视台实话实说节目不错，关于交通事故的一个专题，主持人问起当发生了交通事故时，您首先想到的是什么?有人回答"是关系，因为您不找对方找啊!"这是多么的可怕和现实!律师应该是一个比较敢于仗义执言的角色，但说句实在话，一旦发生了什么事，您首先不会是茫茫然地去街头随便找一家律师事务所吧?您肯定会首先问自己有没有律师朋友，然后去问您的朋友有没有律师朋友。说到底还是关系，人这一生要学会不停利用人际关系而为自己建立更多的人际关系。如果你不利用人际关系，相信你到最后会落得一事无成。人只有用活关系，才会使自己步步攀升、财源滚滚而来。

比如说，只要多参加那些宴会或者是研习会，到时候收到的名片都可能是相当可观的。然而，你不妨认为在这堆名片中，可以成为人际关系关键人物的只有一个人而已。在出席任何一个性质聚会的时候，你应该抱着只要能碰见一位对自己有所帮助的对象便是这次收获的念头。

人与人之间偶尔的相遇是经常的。但是让人从内心里产生交往一生念头的对象，是绝对不可能会轻易发现的。只要能结识一位这样的人物，就应该认为是当日的大收获。如果一味想着在那场宴会上不知可以获取几张名片，是再愚蠢不过的事了。宴会上你只抱着一种"只要能遇上一位对自己有利的人物就可以了"。

也许，有时候你连一位这样的人物也不能够碰上，这种情形在现实中占多数。遇上这种情形时，你没有必要勉强增加认识的人。倘若自认是无聊的聚会，尽速撤离现场也是很重要的。只要能够结识一位关键性的人物，人际关系即可飞跃性地获得扩展。因为如果对方拥有100人的人际关系，你通过此人即有可能获得那100人的人际关系。如果你想借自己个人力量去接近这100人，那么你肯定得花费大量的时间以及精力。

有些人对此有些误解，他一心企图结识宴会或者研习会的所有出席者。在这种情形下，不仅对方不容易记住你，你也不可能牢记对方。因此你必须抱着的观念是，出席这类聚会10次，只要能遇上一位关键人物就具有充分意义。在宴会或研习会上，关键人物不会逗留到最后。至于那些在正式宴会举行的后续聚会上，来回流连的人，他们也绝对不会是你所要找的关键人物。

无论上班族在一生中如何积极地扩展自己的人际关系，但是他们不可能与认识的所有人进行长期交往。为了和一个人保持密切的交往，务必筛选自己所结识的人们。倘若不如此，只会不断增加毫无意义的名片库藏量而已。即使很不容易认识了可以发挥作用的某些人，如果不加筛选的话，那么也一定会被埋没在名片堆里。到最后也派不上多大的用处。

积极主动与人交往，建立人际关系"圈"

主动交往对人际交往的进行起着积极作用，它能促进人际关系的结成，并能进一步巩固人际关系，从另外一个角度来说，主动交往能够使人形成"主动"意识，转化为人的一种内在财富，使人把这种主动观念运用到学习、工作以及生活的其他领域中去。

在实际交往中，有很多人常对自己说："让他带头吧！""让他打电话给我。""让她先说。"

他们认为这样做是很自然的事，但是，这不是结交朋友的好办法。如果你总是指望别人主动来与你建立友谊，那么，你的朋友也许不会太多。

事实上，主动与人交往，是交际艺术的一个重要方面。不妨下次参加会议的时候，留心观察一下，你会注意到这种现象：重要的人总是先介绍自己。

这些人经常主动向你走来，伸出手说："我是……"仔细思考一下这种现象，你会发现这些人之所以能成为成功者，是和他们主动建立友谊分不开的。

与不相识的人交往也许显得有点冒昧，但大多数人都愿意与人交谈。当你主动跟他们打招呼，并进行一些轻松愉快的谈话时，不仅他们会为之振奋，而且你也感觉到轻松。就像在寒冷的早晨，你给汽车加了温一样，你会充满活力。

进行主动交往的目的是什么呢?那就是使自身更具有人际吸引力（人际魅力）。正因为人是以增大人际吸引力为目的，所以"怎样进行主动交往"的问题就可以归结到"怎样增大自身人际吸引力"这个问题上来。根据心理学家们的研究，人际吸引现象会不会出现，受到下列因素的制约，我们在进行主动交往时应该依据制约人际吸引力的几个因素来制定行为标准。

（1）接近且相纳

①相近的重要性

相近是人际交往的第一步，是继续人际关系的基础，两个人若不相近，就不可能进行接纳、沟通、相知的交际步骤，也就不可能成为默契的莫逆之交。

②主动相近的重要性

相近可分为两种：一种是主动接近，而另一种是被动接近。由于主动接近具有可控性的优点，所以它是你进行人际交往的首选。你需要打破从前的陈旧观念，不因认为"有缘千里来相会，无缘对面不相逢"，就等着机缘叩响自己的心灵之门。实际上，你是在进行交往，不是在"待缘"而是在"寻缘"。这就有一个"寻"的过程，你需要主动地去创造机缘。总的来讲，不论从心理上还是行动上，都应该避免被动相近。从心理上树立主动接近的观念，从行动上，坚持主动接近的行为。

（2）相似或互补

人与人之间接近的机会其实很多，但是在空间上彼此接近，未必一定吸引，只能说"近水楼台先得月"，不能说"近水楼台必得月"。世界上那么多人，彼此吸引的往往只是少数。彼此相纳，无疑是另一个重要因素。要获得心理袒容，就应该注意交往的平等原则和互补原则。所谓平等就是双方处于平等地位，没有某一方妄自尊大或妄自菲薄。而所谓互补，指的是人除了在相似点上容易引起共鸣，互相吸引外，还具有互相取长补短的需要，在目标一致，兴趣接近的人中，个性相异者更能结下深交。

学会使用语言，简洁而明确地表达自己，解释心中的意念并鼓励别人相信自己，将会使人际关系得到意想不到的进展。其中，你要使自己的表达能为别人所接受，必须以真诚的态度，温暖和蔼的语调来说话，使别人愿意倾听，乐意倾听。出口伤人，一语寒心，不仅不能获得沟通，还会毁掉原来的关系。同时，也要注意对方的谈话兴趣，不要自以为是，唯我独尊。倾听也是获得理解和沟通的重要方式，其本身仍然是一种表达：在倾听的时候，就会对对方表达了你对他的尊重友善，关注和乐于与他们沟通的意愿。

（3）性格与能力

人际交往中，性格与能力是引人注意与令人欣赏的重要条件，每一个人可能都经历过，而且也会同意一个人如果具有诚恳、坦率、幽默、无私的为人，在人群中就比较能够吸引大家的注意，也获得大家的赞赏。因此，在主观调控的范围内，你应该对自身性格做出适当调整，使自己更顺利地进行人际交往。

（4）仪表

个人容貌、穿戴、风度的仪表因素，也会影响人们彼此吸引力，尤其是在第一次见面时。但事实上，人际交往的时间越长，容貌因素的作用越小，人际吸引力将从外貌转向内在品质。因此，你不但应该对自己的穿着有一定的要求，而且培养自身内在的素质和修养。

（5）培养人际关系竞争力

人际关系竞争力，简单地说就是一个人在人际关系上的优势。换句话说，一个人际关系竞争力强的人，他拥有的人脉资源比别人更广。在平时，这个人际关系资源可使你比别人更快速地获取有用的信息，进而转换成工作的机会或财富；往往在危急或关键时刻，也可以使你转危为安。那么，如何来提升你的人际关系竞争力呢？

从现在开始，发展积累你的人际关系存折，以此来把握你的命运，因为人脉具有较强的神奇效益。人际关系竞争力在一个人的事业中扮演着重要的角色。人际关系是一个人通往成功的门票，特别是在当前知识经济迅速发展的时代，人际关系已成为事业成功不可或缺的助力。所谓的沟通能力，就是了解别人的能力，包括了解别人的需要、渴望、能力与动机，并给予适当的反应。如何了解呢？要学会倾听，倾听是了解别人最妙的法宝。除了倾听，适时赞美别人也是沟通的一种妙法。在1921年，美国钢铁大王卡内基付出100万美元的超高年薪聘请CEO夏布。当时许多记者问卡内基为什么选择夏布作CEO？卡内基说：因为他最会赞美别人，这也是他最值钱的本事。由此，卡内基在自己的墓志铭上曾这样写：这里躺着一个人，他懂得如何让比他聪明的人更开心。

总之，你必须从自身做起，主动去与他人相处，适当调整自己的性格，整理自己的着装，培养自身的内在素养，最终达到增大人际吸引力的目的。

人际关系中的"人情定律"

古人说："世事洞明皆学问，人情练达即文章。"人们建立人脉关系一般都是靠"人情定律"来运转的，不懂人情定律是行不通的，因为，人情是无根的东西，想要利用它，就得牢牢地掌握它。

通晓人情，要有一种设身处地，为他人着想的态度和将心比心的情感体验。从正面讲，就是要"已欲立而立人，已欲达而达人"。就像自己肚子饿了要吃饭，别人肚子饿了也要吃饭一样。懂得这些，你就要"推食食人"、"解衣衣人"。

刘邦就知道这种道理，所以他在韩信眼中是个通情的人，不仅如此刘邦还使韩信欠下了自己的人情债，使韩信不忍心背叛他。

汉王四年，韩信平定了齐国，他向汉王刘邦上书："做假齐王。"刘邦大怒，刚要发火，转念一想，他现在身处困境，需要韩信，就答应了。并且说道："大丈夫，要做王就做个真王，干嘛要做假齐王。"于是封韩信为齐王。齐国人蒯通知道天下的胜负取决于韩信，就对他说："相你的'面'，不过是个诸侯，相你的'背'，却是个大福大贵之人。刘邦、项羽二人的命运都悬在你手上，你不如两方都不帮，与他们三分天下，以你的才能，加上众多的兵力，还有强大的齐国，将来天下必定是你的。"

韩信说："汉王待我恩重如山，让我坐他的车，让我穿他的衣服，让我吃他的饭。我听说，坐人家的车要分担人家的灾难，穿人家的衣服要思虑人家的忧患，吃人家的饭要誓死为人家效力，我与汉王感情深厚，怎能背信弃义反叛他呢。"

过了些天，蒯通又去见韩信，而且他还告诉韩信，时机失去了便不再来。韩信最终还是没有背叛刘邦，只因为汉王对他情深意重。

我们姑且不论刘邦后来是如何处死了韩信的，但就人情世故而言，刘邦很成功，他能令韩信在想背叛时心中产生了愧疚，不忍去做。

通晓人情从反面讲，就是要"己所不欲，勿施于人"。如果你爱面子，那你就不要伤别人面子；你要别人尊重你，就必须先尊重别人。"只许州官放火，不许百姓点灯"，像这样的事，也不是没有人做。

与刘邦相比，项羽就差多了。他虽然有"霸王"的美称，却没有王者的风范。他自己想称王，却不想让手下的弟兄做官。该赐爵的时候，爵印棱角都磨损了，可是他还是舍不得发下去。

因此，与其说项羽败给刘邦，还不如说他输了人情。

有的人可能觉得自己天生就比较笨，所以只能天天劳碌奔波，挤公车上班，坐地铁回家，然后到菜市场买菜，为了分分角角和摊主斤两计较。他也想住豪宅、开洋车，但他觉得自己真的很笨，没办法只能这样。天下真有笨得赚不到钱的人吗？如果有，起码也得让那个倒霉蛋不是你！

我们都说《射雕英雄传》里的郭靖是个笨人，但是他却成了天下人人佩服的大英雄。因为郭靖的师傅既有以侠义自称的江南七怪，擅长内功心法的马钰道长，又有武功盖世的洪老帮主，童心未泯的周伯通，而且身边还有聪明过人的红粉知己黄蓉。郭靖虽然脑子反应比较慢，但他深深懂得，独腿走不了千里路，要真正在江湖上闯出一条路来，必须兼收并蓄，集众家之长。因此，他用心地、真诚地"学"出了自己的人际网络，并最终成为一代大侠。

查尔斯·华特尔，属于纽约市一家大银行，奉命写一篇有关某公司的机密报告。他知道一家大工业公司的董事长拥有他非常需要的资料。于是，华特尔先生去了那家公司。当华特尔先生被迎进董事长的办公室时，一个年轻的妇人从门边探出头来，告诉董事长，她今天没有什么邮票可以给他。"我在为我那十二岁的儿子搜集邮票，"董事长对华特尔解释。

华特尔先生说明他的来意后，开始提出问题。董事长的说法非常含糊、概括、模棱两可。这次见面的时间很短，没有实际效果。"坦白说，我当时不知道怎么办，"华特尔先生说，"接着，我想起他的秘书对他说的话——邮票，十二岁的儿子……我也想起我们银行的国外部门搜集邮票的事——从来自世界各地的信件上取下来的邮票。第二天早上，我再次去找他，并告诉他，我有一些邮票要送给他的孩子。结果，他满脸带着笑意，客气得很。'我的乔治将会喜欢这些。'他不停地说，一面用手抚弄着那些邮票。'瞧这张！这是一张无价之宝。'我们花了一个小时谈论邮票，看他儿子的照片，然后他又花了一个多小时，把我所想要知道的资料全都告诉我——我甚至都没提议他那么做。他把他所知道的，全都告诉了我，然后叫他的下属进来，问他们一些问题。他还打电话给他的一些同行，把一些事实、数字、报告和信件，全部告诉我。"

就这样用很短的时间，查尔斯·华特尔就巧妙而成功地打造了一张关系网，同时也完美地解决了他的问题，可见人际关系对一个人的成功是何等重要。

如何创建关系网，是现在人们所面临的一个重要问题。社会经济的飞速发展带来了人际关系的重新排列和组合。一个人一生所面临的各种关系比以前更新鲜、更复杂，变化也更快。这就需要你头脑必须更灵活，更快地适应社会，所花的心思和动用的手段也相对更多，为的就是去经营好周围的人际关系。处理得好，这些关系就是你一生最宝贵的资源，为你出人头地、走向事业的顶峰提供源源不断的助力；处理不好，则会给你的人生带来很大的障碍，造成很大的损失。因此也可以这样说："关系决定命运"，这样也不为过。所以，建立好个人的关系网是最重要的。而关系网同样也是靠个人在平日里积累的。

张某曾担任某公司总经理，每年底，礼物、贺卡就像雪片一般飞来。可是，当他退休之后，所收的礼物只有一两件，而贺年卡一张也没有收到。

在以往的日子里客人往来不绝，而今年却寥寥几人，正在他心情寂寞的时候，以前的一位他不是很重视的职员带着礼物来看他，在任职期间，他并不很重视这位职员，可是来访他的偏偏是这个人，所以，他感动得热泪盈眶。

没过多久，张某被原公司聘为顾问，当然，很自然地就重用和提拔这位职员。因为他能在没有利益关系的情况下，登门造访，因此，在这位经理心中留下了很深刻的印象。"总有一天，我必定要好好回报他。"这是他当时的想法。

好的人际关系是找人办事的基础，但好的关系的建立不是一朝一夕就能做到的，所以每个人都要从小事着手，在平日里不断地积累人际关系资源。

以诚待人，走出逆境

要改变现状，达到一定目标，搞好人际沟通是很重要的一点。你要走出低谷，进步、发展、升迁，都必须在一定的社会环境里得到许多人的支持。你期望进步越大，就要得到越多的人的支持和帮助。离开了这种支持，你不可能改变现状。

一个人在逆境中能保持真诚的心，则能使人喜爱、仰慕并乐于接近，能够像磁石一样吸引周围的人，得到他们的帮助，从而走出逆境。古人云："以诚感人者，人亦诚而应之。"这是人们在长期人际交往中得出的至理名言，组织行为也应该以此作为借鉴。在处理组织内部关系和外部关系时，如果能诚实地对待对方，必定会得到对方的信任。所谓"诚能生信"，就在于此。

支持来自何方?小到一个家庭、工作单位，大到事业合作伙伴、社会各界。不少人之所以陷入低谷，往往是同他们不注意搞好人际关系沟通有关。

一次，乡镇企业家老何向一家业务企业追讨欠款。由于对方资金紧张，致使他来到这里已经好长时间了，却一分钱也没有要到手。

老何很着急，尽管天天都坐到办公室里，可是人家也采取以柔治柔的办法，任你吵破了天，人家还是笑脸相迎。老何实在没有办法，像这样的人，他讨债以来还是第一次碰上。

这天，老何一大早又来到了对方的办公室。方知道吴厂长的儿子刚才在路上被汽车给撞伤了，正在医院抢救，现在急需输血，可是，医院里没有适合他的 O 型血浆。厂卫生所翻遍了所有的职工档案，全厂职工中，竟没有一个人是 O 型血。

这时，老何站起身来说："不用着急，我就是O型血。你们赶快把我送到医院去吧。"大家喜出望外，忙把老何送到医院，给孩子输血。吴厂长听到消息后，立即赶到医院。他握住老何的手激动不已，说："老何！是你救了我儿子的命，这可叫我怎么感谢你啊！"老何说："没什么。不管是谁的孩子，我不能见死不救。"第二天，老何在旅店里刚吃完早饭，就见办公室主任小陈走了进来，对老何微笑着说："老何，吴厂长让你去，我们欠你们的那笔款，今天全部还给你们。""真的？"老何睁大了眼睛，真不敢相信自己的耳朵。

小陈说："老何，说实在话，我们厂里现在资金确实很困难，可是，通过昨天的事，我们大伙算服了你。我们现在就是再困难，那笔款子也要想办法还给你，不能让你白白浪费这么长的时间啊。"就这样，在逆境中老何抓住有利时机，以真诚感动了对方，终于了却了一桩心事。

诚可感天，诚可感人。老何确是一个以诚待人的高逆商者，由于对方资金紧张，他追讨欠款的难度极大，最后他以待人的热情和真诚终于感动了对方，要回了欠款。你用什么办法来对待别人，别人也会用什么办法来对待你。在公共关系的处理中，"诚实的宣传"配以诚实的行动，才能得到"人亦诚而应之"的效果。行动是最好的"诚实"证明。

美国凯特皮纳公司的老板爱默斯德就是以真诚待人和实惠服务来密切和买主的关系的。爱默斯德首先在广告中说："凡是购买了我公司产品的用户，不论在世界上什么地方，如果需要更换零配件，我公司都将保证在48小时内送达。如果送不到，那么我公司的产品就白送给你们。"随后，他以自己的行动，实现了对用户的承诺。有时候他为了往边远地区送一件价值50美元的零件，不惜花掉一两千美元的运费；因故无法在48小时内把需要更换的零件送达用户手中，他就兑现诺言，把产品免费赠送。

爱默斯德以真诚待人，实惠服务，密切了和买主的关系。他特别注意细节，难能可贵的是，宁可亏本也要实现自己对用户的承诺。爱默斯德以真诚服务为公司赢得了信誉，使公司的业务迅速发展起来。

叩开情绪共鸣的大门

与人交往，特别是求人帮忙时，遭人冷眼几乎是家常便饭。在这种情况下，低智商的人会心怀怨恨，拂袖而去，这样就会因小失大。而高智商的人遭到了这种冷遇，却能主动地研究对策。积极地站在对方的立场上思考问题，采取巧妙的手段与对方拉近距离，取得认同，办好事情。

要取得对方的认同，就要弄明白对方对你冷漠的原因，制造一种共鸣情景，使对方不知不觉间视你为朋友。在日常生活中，我们通常会发现两个毫不相干的人也能坐在一起聊得津津有味。这种现象我们称之为"共鸣"。共鸣就像音乐的前奏曲，容易将对方的情绪先带入情境再进入主题，这样，沟通起来就很容易了。在生活、学习中，尤其是商业交往中，我们并不需要与对方认识一个月、两个月、一年或更长的时间才能与其达成一致意见，只要方法正确了，你可以在5分钟、10分钟之内就与其建立很强的共鸣。美国著名的行销顾问诺曼·金克写了一本书——《最初五分钟决定一切》，在这本书里他写道："与人沟通，只需要5分钟就够了。"他的意思是说，双方刚开始接触的时候产生共鸣是最重要的，这时的所作所为，可以决定后面的沟通是否顺利成功。

日本一家清酒公司开发出一种新品牌的清酒，在扩大市场过程中，公司营销部的副总经理木村遇到一个开了10家连锁饭店的潜在大客户西原。木村想把新的清酒销售给这个客户，他去拜访西原许多次，每一次都吃闭门羹，对方不是态度很冷淡，就是敷衍了事。

在这种逆境中，木村并不气馁。一天，他再度尝试去拜访西原。当他走进西原的办公室，还未来得及问候，西原就很生气地一拍桌子说：“你怎么又来了，我不是告诉过你最近很忙，没有空吗？你怎么那么烦人，你赶快走吧，我没时间理你。”

一般人遇到这种情况，都会心里很不舒服，扭头就走。但是，木村不仅没有心里不舒服，而且马上就想到了情绪共鸣这四个字。他立刻用和客户几乎一样的语气说：“西原君，你怎么搞的，我每次来，都发现你的情绪不好，你到底为了什么事情烦心？我们坐下来谈谈。”这时，西原也用相类似的语气说：“木村君，我最近实在是烦死了。为什么呢？你知道我是从事连锁餐饮行业的，我今年下半年计划开3家分店，什么东西都准备好了，结果上个月新培养的3个分店经理却都让竞争者以高薪给挖走了。”木村听了拍着他的肩膀，说：“西原君啊，以为只有你才有这么烦心的人事问题吗？我也跟你一样啊。你看看，我们最近不是有新的产品要上市吗？前几个月我好不容易用各种方法招来十几个新的行销人员，每天我早上加班，晚上也加班培养他们，想把我们的市场尽快打开。结果才三个多月的时间，十几个新的行销人员走得只剩下五六个了。”

接下来的几分钟，他们互相报怨，现在员工是多么的难培养，人才是多么的难寻找……讲了十几分钟。最后，木村站起来拍拍西原的肩膀说：“西原君，好了，既然我们俩对于人事的问题都比较头痛，咱们就别谈这些烦心的事了。正好我车上带了一箱新的清酒，搬下来你先尝一尝，过两个星期，等我们两人都解决了人事问题后，我再来拜访你。”西原听了就顺口说：“好吧！那你就先搬下来再说吧。”

结果可想而知，西原成了木村的大客户。在谈话的整个过程中，木村从头到尾都没有讲他的产品，那他是怎么成功的呢？事实上他花了大部分时间同西原建立共鸣，这样就水到渠成地达到了木村的目的。

木村同西原建立情绪共鸣，获得了成功。要找出能引起对方共鸣的事情，可以从很多方面着手，例如个人的兴趣嗜好、引以为荣的事情和与自身利益有关的事、十分缺乏的东西、同乡同学情谊……一旦有了共鸣，彼此的防备心降低，事情自然就比较好办了。

如何形成自己的人脉竞争优势

世界上到处都有有才华的人，但并不是有高学历、才华横溢的人就能取得成功。千万不要因为信奉靠自己的力量就能取得成功，而不肯或者不屑于同别人合作。事实证明，这样的做法是不正确的。没有他人协助，谁都难成功。

俗话说："一个篱笆三个桩，一个好汉三个帮。""在家靠父母，出门靠朋友。"《水浒传》中的宋江，原本只是山东郓城县的一个小吏，然而，日后却摇身成为威震四方的英雄，威望一时，靠的是什么?朋友!是武松、林冲、李逵等人，如果没有他们，宋江能摆脱小人物的命运吗?

红顶商人胡雪岩曾说："一个人的力量到底是有限的，就算有三头六臂，又办得了多少事?要成大事，全靠和衷共济，说起来我一无所有。有的只是朋友。"一个能成大事的人，关键不在于他自身的能力有多强、多有才华，而在于他借助别人力量的能力有多强。

田玉川在大学里学的是计算机专业，进入一家软件开发公司半年后，被选拔进一个重要的研发小组，并担任组长。他不禁有些沾沾自喜，甚至骄傲起来。但他很快就发现，有些人虽然计算机应用能力不如他强，但却具有丰富的研发经验和卓越的研发能力。比如那个其貌不扬的马平，虽然平时寡言少语，拿出来的方案却闪耀着智慧的光芒，让许多自诩科班出身的人自惭形秽。

田玉川开始意识到单靠个人的力量，这个研发课题是很难攻克的，只有与人合作，才有望取得成功。于是，他立刻放下"架子"，一边暗中努力学习，一边虚心向别人请教。他还和马平成了工作中的好搭档，生活中的好朋友，经常是别人都下班两人还在讨论工作。在他们的共同努力下，这个课题很快就被攻克了，田玉川的业务能力也大为提高，自然赢得了上司的青睐。

人是最大的资源，不管做什么事情，都要有人的因素。被称为"赚钱之神"的邱永汉说："失去财产，仍有从头再做生意的机会，失去朋友，就没有第二次的机会了。"

世界潜能大师陈安之的《超级成功学》中阐述了157个超级成功的观点，其第19条便是"成功靠别人而不是靠自己"。陈安之认为成功有三个因素：

（1）帮成功者工作。

（2）与成功者合作。

（3）请成功者为你工作。

假如你可以掌握这三项因素，一定会加速你成功的脚步。

这个观点乍听起来是有点不可思议，但仔细琢磨，是非常有道理的。很多人都认为，成功靠自己，事实上，靠一个人的力量能做多少事情呢？如今早已不是靠一个人单枪匹马闯天下的时代了，一个人再有能耐，其力量也是渺小的，如同一滴水之于大海。所以，只有善于借助别人的力量，就像顺风行船，才能最快地到达目的地。

大家都知道做销售这个行业最重要的是满足自己的需要，实现别人的梦想。

在销售这个专业性极强的领域里，要出奇制胜，就要运用差异化推销，形成自己独特的竞争优势。这个竞争优势就是你的竞争对手做不到而你能做到的，而这又正好是顾客非常需要的。它包括三点：

（1）别人不愿意做，不屑做的事情，你愿意去做。

比如，顾客办公桌旁有一张废纸，没有扔进纸篓里，你看见了，把纸捡起来丢进废纸篓里。这种事可能有许多人不愿意做，但你做了，你给顾客的感觉就不一样。

（2）做别人做不到的事情。

顾客突然有个不时之需，急于得到别人的帮助，由于做这件事需要专业知识，你的竞争对手不具备这种技巧，而你具备，你就更容易取得顾客的认可。这就要求在平时多学习一些专业知识以提升自己的能力。

（3）做得没有你好的地方。

做事品质有高低之分。由于你的细心，认真负责的态度，你做事的结果比你的竞争对手要好，你就比你的竞争对手更具优势。

优势是人为的，只要你用心去做，你的人脉优势自然而然会形成。

A君是一家保险公司的资深业务员，他已从事保险行销工作6年了，他的业绩一直是全公司最好的。

别人问他成功的秘诀是什么？他笑笑说："我没有什么秘诀可言，即使有也是广为人知的秘诀。我所用的方法是做别人不愿做、做不到的事。我给顾客的承诺是全天24小时服务。我做到了言行一致。即使是深更半夜打电话都能找到我。"

一天，午夜12点，他的行动电话响了，他立即接通电话，对方没有声音，一分钟后，电话挂断。凌晨2点，他的手机又响了，他接通电话，对方没有声音，一分钟后，挂了。凌晨4点，他的手机又响了，他接通电话，对方没有声音，一分钟后，挂了。凌晨6点，天蒙蒙亮，手机又响了，他仍然非常热情地说："请问先生哪位，有什么事需要我做的吗？"对方没有说话，挂了。

上午10点，他在办公室上班，突然接到一通电话，"20万的支票已准备好，请带保单过来签约。"原来是那个午夜打电话不说话的人。

一个人要得到他想要的结果，就必须要做好两件事情。第一件事情就是要有一个想法，一个非常有创意的点子。第二件事就是要马上行动。行动才会有结果。知识没有力量，行动才有力量。

要拥有良好的人际关系，一定要主动出击，人际关系是主动争取，而不是被动拥有。

美国有个名叫尼尔森的人，她目前在12个义工团体里服务。同时她也是卡赖公司第一银行系统及"美国西方公司"等企业的董事。

她一长串的获奖单写满了"关怀"、"服务"、"领导力"、"社区"等褒扬的字眼。她曾经受过瑞典国王赠予的相当于骑士身份的称号，也从芬兰总统手中得过类似的奖项。她是一位真正宽大为怀、肯贡献付出、不倦不悔的志愿工作者，她让人难以望其项背。但同时她为人热心、机智。她是一个别人无法拒绝的女孩。她喜欢当义工，而且喜欢和其他义工在一起。义工们天天精力充沛，她们的所作所为为社区带来许多好处。

许多事情之间通常都有连带关系，当她因从事义工活动而出名的时候，她因此而认识了许多政界名人。这就所谓任何一份私下的努力都有双倍的回报，并在公众场合被表扬出来。因为她的人际关系以及她良好的社会形象，美国明尼苏达州邀请她出面争取足球"超级杯"的主办权。她对美式足球的了解几乎是零，但是却知道一些关于促销以及如何包装方面的事务，而且她有的是热诚。

那是需要一个网络，一个真正的大型网络的工作。

她的人际关系网中有各种各样的人物，从警察到政府官员，到音乐家，到画家、面包师傅、银行家，甚至冰雕建造师。

这项工作需要以上所有人的共同参与。为了顺利争取到"超级杯"，那就要让每一个基本组织各司其职。同时说服球队大老板前往明尼苏达州观看比赛，也是很重要的。

大多数人可能会从游说"全国足球联盟"的理事长保罗开始着手。但是，尼尔森凭着她的直觉，认为那不是全国足球联盟的事。

主要的关键人物是费城"老鹰队"当时的老板诺曼·布拉曼(Norman Braman)当时也是"超级杯"场地选择委员会主席。

尼尔森马上去找他，而诺曼·布拉曼正好以前认识尼尔森，于是布拉曼投了赞成票。尼尔森利用布拉曼是第一个支持者这个有力的证明，又成功地游说了其他27个球队老板。当表决的时间来临，大致已成定局。明尼苏达州即将首次主办"超级杯"。

不论你的人际关系网有多好，除非了解运作过程，否则你还是无法完成任何事。人际关系是主动出击的结果，没有谁愿意主动来找你，除非你有不一样的地方，你有别人需要的特质。

第九章

发掘人际关系，攀登事业高峰

常常有人抱怨，我想创一番自己的事业，但缺乏必要的资金力量，更幻想能得贵人相助。其实，庞大的资源往往就在身边，那就是无数的"人"。只要善于把握、打理、培植你的人脉，就能聚集人气，进而铸造人际关系，有了这样的帮助，资金、技术、渠道还不是唾手可得？

茫茫人海中你总会遇到一些贵人，尤其是当你距离功成名就尚欠一段路途时，更需要有贵人把你"扶上马，送一程"。佛经上教育我们要"结好贵人"，在事业上更需下工夫去结交贵人。更进一步说，不仅要结好，更要跟对、跟好你的贵人，这才是道行的最高境界。

人际关系是你个人能力的延伸

人际关系是人不能忽视的潜在财富。没有丰富的人际关系，无论做什么事都将举步维艰。换句话说，你的人缘越好，朋友越多，你的力量也就越大。人际关系是你能力的延伸。

别人办不了的事情，好人缘的你可能一个电话就圆满地解决了。反之，你费了九牛二虎之力都解决不了的问题，却有人能轻松地搞定。归根到底，创建有效的、丰富的人际关系就是你通往成功的捷径。

虽说是金子就会闪光，但那也需要有人能看见光。现实中不乏这样的人，相貌堂堂，胸怀大志，才华满腹，既有学历，又有超人的工作能力。然而，他们却始终郁郁不得志，甚至是别人眼中的失败者和负面教材。于是烫金的文凭，丰富的经历可能成了累赘——没有这一切也不过如此嘛！真的是"命苦"吗？当然不是，只怪你没有人缘。

利用人际关系，是被社会承认的，也是人们的正当追求，对社会进步也有积极意义。名记者吴小莉之所以成名的原因，与她的好人缘是分不开的，她的人缘可谓出奇的好，为什么？因为给予她帮助的都是举足轻重的领袖人物。

许多人都记得，在1998年"两会"期间的记者招待会上，朱镕基总理首开先河地点到了吴小莉的名字："你们照顾一下凤凰卫视台的吴小莉小姐好不好，我非常喜欢她的广播。"

这一段"两会"期间的轶事，使吴小莉顿时成为引人注目的媒体圈星，也是她的提问，使朱总理留下了激昂的宣言："不管前面是地雷阵还是万丈深渊，我都会勇往直前、义无反顾、鞠躬尽瘁、死而后已。"借着吴小莉知名度的提高，吴小莉主持的节目也成为凤凰卫视台的名牌节目。内地的传媒朋友对小莉说："在中国电视圈里，只有文艺类主持人容易成名，很少新闻类主持人成为明星，你算是特例。"中央电视台的一位朋友也笑说："小莉，你不知道你对中国内地电视新闻从业人员的冲击有多大，许多人加快了语速，剪短了头发。"

1998年年底，吴小莉和其他传媒界朋友一起采访领袖双边会。在吉隆坡她又一次成为传媒的宠儿，因为当时江泽民主席也点了吴小莉的名。

11月15日，当江主席步入会场，听说有香港媒体时，一眼就看见了她，笑说："吴小莉，吴小莉，现在成了有名人物了。"吴小莉激动地说："谢谢主席！"

一个有声望的人即使是平淡的一个"字"给了你，要比一千个普通人长篇大论地给予的赞辞更有威力。

美国石油大亨洛克菲勒在其全盛时期曾感慨地说："与人相处的能力，如果能像糖和咖啡一样可以买得到的话，我会为这种能力多付一些钱。"而美国人更有名言说："20岁靠体力赚钱，那30岁靠脑力赚钱，40岁以后则靠交情赚钱。"

这两个例子实际上说的都是一个意思：朋友多则赚钱的机会多。而朋友关系如何培养呢？卡耐基训练营大中华区负责人黑幼龙认为："完整的人际关系包含三阶段，发掘人际关系、经营交情、出现贵人。"

现代社会，建立人际关系远远不是过去所谓的"拉关系"那么粗俗简单，它包含很多层面的深化，需要用心经营。

成功者的共同特点就是为了寻找人际关系主动出击，找到想认识的人就想尽办法去结识，结识后慷慨对待。有人也许说："经常吃饭喝酒那是酒肉朋友，不见得真心。"但发展人际关系的出发点就是先"跑量"再从中精选可重点发展的对象，而走好第一步，慷慨对人，让人感受你的大气是必需的。

也许你没有富爸爸，没有可减少奋斗20年的终身伴侣，但懂得人情学，一样可以得贵人相助、获得多方助力。但是千万不要怀着一份过于势利的短浅眼光经营人际关系，别人现在富贵，就一副小人嘴脸伺候着，别人现在潦倒，就忽视、轻视、鄙视之。

赖淑惠开房产中介公司时，住在一个大厦里，同时兼营这个楼的房产中介。凡是对大厦有兴趣的买家，第一个总是先询问大门管理员："最近有没有住户要卖房子啊？价钱多少呢？"有趣的是，每次管理员的回答都是："你去问8楼的赖小姐，她经常买卖房子，这样就不必再去找其他中介商了。"此外，该楼谁要卖房子的消息也总是第一个传到她的耳朵里。因此，赖淑惠在这座大厦一个物业上整整赚进1000多万元。

为什么管理员愿意帮赖淑惠的忙？说穿了，是她将任何人都当成家人般关心。赖淑惠每天出入大门，必会向当日值班的管理员打招呼，出差返回也会顺道带些当地名产略表心意。

还有位老先生谈起朋友时，曾感慨地说，有一次他得了病，住院时半天有200多位朋友来探望。他说，当时的重病让他呼吸停顿了数分钟，几乎送命，醒来看到身边的朋友很多都泪流满面，顿时感觉朋友都这么真心，自己过得很有意义。

赖淑惠开房产中介公司时能广泛"结交小人物"，之后，得到了真诚的回报。那怎样才能让朋友能在你生病的时候流泪呢？最简单的办法是在他们平时健康平安的时候和他们交好，在他们落难困苦的时候更热心地帮助他们。危机时刻建立的人际关系不仅有用，而且能赢得很好的口碑，在以后交别的朋友时也用得上。

西方行为学专家提出的理论中，指出人的一生大概可交往200多位朋友，最核心的可以有50位。有些人看似朋友不少，但真正称得上有交情的却寥寥无几；有些在社交场合活跃的人，看起来人际关系丰裕，但遇事愿意为其两肋插刀、雪中送炭的都不是那些表面看起来很亲热的人，而是你可能忽略、却真正重视和你交情的朋友。

讲求人际关系，不是要你去奉行"小人之交"，而是要选择有原则的"君子之交"。这一点不可不提到一位经商女士，她一向将客户奉为人际关系的核心，但是不会因此改变自己的原则。一个曾经的客户想用一批产品捐赠给残疾人士，结果活动进行到快一半时，她发现捐赠的产品竟然是离保质期限很近的东西，于是要求他们换刚生产的货，几经抗争仍遭到拒绝后她毅然选择单方面终止活动，不仅从此少了个客户还损失了已经垫付的订金。

但是这样做的结果是，当其他客户和朋友知道了这件事情后，意识到交她这样一个有原则的朋友很放心，因为她不是会为了利益出卖原则损害他人的人。于是，她的朋友虽然减少了一个，却赢得了更高的人气。

　　事情就是这样，当你无法与关键人物搭上关系时，事情往往很难取得进展，一旦你与关键人物成为朋友，事情就好办多了。能用人际关系链，同时也完美地解决问题，可见人际关系对一个人的成功是何等重要。

　　除了爱情、亲情之外，我们每个人都要面对世间无数的人情。关系近一点的，谓之友情，欢乐忧愁都可分享；远一些的，也有泛泛之情。事业有成之人，更多的还是朋友遍天下，关系网覆盖天下的人。还是那句老话，人有智商、情商、财商，情商高到一定程度，自然可以挖掘人际关系、聚拢无穷人气，从而书写事业新篇章。

巧用方法得到贵人青睐

何先生大学毕业后在一家广告公司干了两年，就萌发了自己开公司的念头。当时一些同学、朋友都劝他说，还是别冒这个险了吧，搞广告得有关系网才行，小广告公司根本站不住脚。但何先生还是不顾众人的反对，成立了自己的公司。成立之初，公司只能靠小客户勉强维持运转，这绝不是长久之计。于是何先生决定亲自出马去找贵人相助。这贵人自然就是指大老板、大客户，可是大老板也不是轻易就能联系得上的，更别说让他帮你的忙了。但何先生自有办法，他听说天盛房地产公司的老板吴某是个保龄球发烧友，于是他便频繁出入于市内的几家高级俱乐部，并在一次打球时结识了吴某，他精湛的球技也给吴某留下了很深刻的印象。从此以后，何先生摸准了吴某的打球时间，频频出现在他面前，两人也成了亲密的球友，吴某把何先生称为"小老弟"。一段时间后两人的交往不再只限于球场上，还经常一起出去吃个饭什么的。11月20日是吴某的生日，别人送的无非是些名酒、茶具，何先生却别出心裁地送了他一个精工制作的保龄球，吴某高兴得简直不愿把球放下。以后的事情当然就是顺理成章。吴某在了解了何先生的处境后，对广告公司的实力做了个评估，然后把近60%的业务都交给了何先生。除此之外，他还介绍了许多大老板给何先生认识，结果在短短的一年时间里，何先生的小广告公司就发展成了大广告公司。

何先生只是个年轻商人，但他结交贵人的本事却不得不令人叹服。在生意场上，初创业者往往起步艰难，如果能得到某个大老板的青睐，那么对自己的事业就会大有帮助，因此我们有必要学学结交大老板的窍门。

（1）从贵人的社会关系着手

大公司的老板或知名老板是很难与普通人会面的，但是，若能与他们合作或与他们交上朋友那真是很荣幸也是很珍贵的，因为从他们那里你会大开眼界，学到许多你平常学不到的东西。

要与大老板交往，最基础的工作就是要掌握大老板的社会关系。

大老板也是人，他们有各种社会关系，有各种各样的业务，也有各种各样的喜好、性格特征。经常关注一些大老板的情况，你定会从中了解大老板的一二。

人都有各种各样的社会关系，大老板亦如此。你可以从他的历史上认识他的过去、他的经历、他的祖辈、父辈，也可以从他的亲属、他的朋友、他的子女等等那儿认识了解他。

从业务上了解大老板也是一条好途径。他经营的业务范围主要是哪些，他的分公司、子公司分布在什么地方，这些公司的经营者是谁，他多长时间会查看分公司、子公司，等等。

还可以从兴趣爱好上了解大老板。他喜好什么运动、什么物品、什么性格的人；他喜欢或经常参加什么聚会；他休闲、娱乐的方式有哪些，常到什么地方，等等。比如上文中的何先生就是通过保龄球结识了他的贵人吴某的。

总之，要结交一个大老板而又没有机会的时候，你不妨从以上几方面去了解，总会发现一些机会的。

（2）初次见面要引起贵人关注

当你发现了或者制造了与大老板见面的机会后，最重要的便是如何引起他的关注。因为，在众多的人物当中，你说不定连话都跟大老板说不上。

在共同出席的会议或聚会上，选择位置时，一定要选择一个与大老板尽可能近一些的。同时，要以穿着来表现自己的个性，因为与人第一次交往，别人往往是从服饰上得来第一印象。所以着装要表现个性、特色，使人一目了然。

要针对大老板关注的事予以刺激，要尽快发现对方关心注意何事，同时找到适当的话题，抓住对方的注意力，刺激对方对自己的兴趣，话语要力求简洁、有独创性，使对方产生震动，留下较为深刻的第一印象。胡先生是一家商贸公司的老板，业务面非常广。最近他一直在争取某化妆品的省内代理权，可没门没路谈何容易。一天，胡先生听说该公司老板会出席一场宴会，他马上穿戴整齐，赶了过去。宴会中，一大群人围着那个老板聊天，胡先生则在旁边竖起耳朵听他们讲话。当他们谈到化妆品市场不景气时，胡先生立刻插话说："女人永远也离不开化妆品，无论怎样高档的化妆品也不愁找不到消费者，不是市场不景气，而是我们的销售出了问题。"这番话立刻吸引了那位老板的注意，两人整整聊了一个小时。两个星期后，胡先生拿到了该化妆品的销售代理权。

（3）巧用方法赢得贵人的青睐

适当展示自己的能力是赢得大老板青睐的好方法。大老板一般都喜才、爱才，如果你一贯表现出对他意见的赞同，而不敢表现自己独特的见解，他就会觉得你唯唯诺诺是个庸才。因此，适当表现自己的独特才干，是会受大老板喜爱的。但是你也不能表现得太过锋芒毕露，让人一见就觉得有喧宾夺主之感。

别出心裁送礼品是联系大老板情感的重要方式。这要针对大老板的具体情况，不能千篇一律，更不能委托他人。不一定昂贵就是好礼品，要赠送，就要送他特别喜爱的礼物才是。同时在赠送方式上也要别出心裁，包装样式、赠送方式都要显得别具一格；有时，你不妨请他的太太代理，或许效果会更好。

写信是交流思想、联系感情的好方式。随着电信事业的发展，电脑技术的开发，很多人的联系方式都是通过电话、传真等，很少再看见以书信的方式交流了。其实，人人都希望有一位朋友悄悄跟自己说话，书信便是最好的方式。在书信里你不必有过多顾虑，敞开心扉与之交流吧！也许，你只花几分钟，却相当于同他交流几小时呢。因为，信给人想象的空间很大很大。另外要注意，尽量手写，不要用电脑打印，以免让人觉得不真诚。

如果能得到一位或几位大老板的青睐，那你必定会一飞冲天，一鸣惊人。因此不妨多花点心思和大老板搞好关系，把他们变成能帮助你的贵人，这样的"感情投资"是绝对不会让你吃亏的。

借助贵人，构建自己的事业

在当今活动很频繁的社会里，你若能在各种场合中把握住每一次交往的机会，那么你的人际关系会非常宽广。我们都可能会遇到改变命运的贵人。要相信，时代改变了，不论你在什么地方做什么，总之，一定记得打电话给同学、同事、朋友们，互相交流意见、想法，甚至认识一下彼此的朋友，这样都是很切合实际的做法。

气球飞不起来，是因为它没有被打气；一辈子都不走运的人，是因为他没有足够的贵人！

在职场上，升迁的竞争虽然不至于像高考挤独木桥那般惨烈，但其激烈程度也足以让身在其中的人望而生畏。如果单靠自己的实力去拼打，出头之日可以说遥遥无期。不妨借助一下"红人"的力量，为自己的前途铺路搭桥。

所谓"红人"，便是得宠显贵或事业走运的人，而职场上的"红人"自然是那些有权在握的人。在你的职业生涯中，这类"红人"就是你人际关系网中的潜力股，你要主动去亲近他，以便在关键时刻，得到他们的提携和帮助。

周芸与陈思思毕业于同一所大学印刷专业，两人又同时签约在一家公司。二人原指望能成为办公室中的一员，可是万万没有想到，按公司培育人才的方式规定，新来的大学生必须先到车间工作一年后方可调动到办公室。两人从师兄师姐那里打听到，车间工作比想象中还辛苦：轰鸣的机器声，刺鼻的油墨味，白晚班12小时连班倒，周末还得经常加班。男生在那儿都很难撑一年，更别说细皮嫩肉的女生了。两人一听，顿时对未来失去了信心，同时，也开始动脑筋想法子改变这种传统。

要改变传统自然不是容易的事情，两人琢磨了很久，想到一定得找个人帮忙。可是找谁呢?周芸盯住了公司生产总监邓总。新生进入公司经过一个月的入职培训后，董事长请吃饭，慰劳刚刚结束军训的大学生，同时鼓励大家迎接即将开始的工作，公司各事业部老总也出席了晚宴。周芸看准机会，坐到了自己未来老板邓总的旁边。2个小时的饭局，周芸成功地让生产总监记住了自己的名字。

第二天，就有人对他说，邓总请她去办公室一趟，她忐忑不安地去了。邓总大约40多岁，看起来非常和善，他问了周芸在学校时的一些情况，以及她对公司的看法和对未来的设想，最后她说:"小周啊，我看你很机灵，有潜力，我这办公室的秘书刚刚走了，你就接替他的职位吧。"周芸简直不敢相信自己的耳朵，她嗫嚅地说:"我?……"邓总说:"好好干，我相信你能行!"

陈思思也使出了找人相助的方法，但她找的是负责他们新人培训的人力资源部培训主任。入职培训时，组织培训的人员问到个人职业生涯规划时，陈思思就直接坦言，要从事人力资源工作。一个月的入职培训，陈思思常常主动帮忙布置培训室，收集大学生们的各种需求信息，并及时反馈给培训主任，俨然一个小跟班。

没过几天，人力资源部的经理找她过去，和她闲聊了一会儿，之后又问她，现在培训主任下面空缺一个职位，问她愿不愿意过来，陈思思欣喜若狂，满口答应，人力资源部经理说，那下午就过来上班吧。

无疑，邓总和培训主任都是公司里的红人，他们大权在握，只一句话就可以决定新员工在公司的命运。周芸和陈思思通过认真观察、主动寻找她们在职场的"红人"，并积极与之建立联系，使之成为能为自己所用的人际关系资源，工作自然就不是难事了。

我们只要投入一分，就会有一分的收获。当你每一次与人沟通，你的人际关网络就会多织一条线。到底什么是专业与人际关系竞争力相乘的关系呢?如果只有专业，没有人际关系，个人竞争力就是一分耕耘，一分收获。如果有专业再加上人际关系竞争力将是一分耕耘，数倍收获。尤其在当前一些快速成长的产业，如高科技产业，机会就很多。如果工程师们永远不打开另一扇门，不听听别的声音，就有被淘汰的风险，也无法晋升为管理阶层，更无从探知将来技术、市场与营销各领域整合的乐趣。

到底如何才能有效率地提升人际关系竞争力?每个人都有一套运用人际关系的方

式，其实提升人际关系竞争力有许多技巧，主要的是一个人必须具备自信与沟通能力。只有这样，人际关系的开拓才能显得很自然。

每个人都渴望自己能成为一名成功人士，要成为成功人士并不难，只要你善于把握机会，抓住一切机会去培育人际关系资源。其实有许多机会就在你身边，只是你不懂得发现，总是让许多机会悄悄地从身边溜掉。如在婚宴场合，你可以在出发前，先吃点东西，并提早到现场，因为，那是认识更多陌生人的机会；在外出旅行过程中，善于沟通与交流，并主动与他人沟通等等。沟通能力其实就是了解别人的能力，了解别人的需要、渴望、能力与动机，并给予适当的反应。我们应该如何了解呢?最好的方法就是要学会倾听，我们不仅要学会倾听，而且还要适当地去赞美别人。

许多时候，我们的人生总是会因为一句偶然的话，就可以改变我们的生活。甚至旅途中偶然遇到的一个人都可能改变我们的生活轨迹，而且可能变得更适合我们。

大家都知道，道格拉斯是美国老牌影星，他年轻时十分落魄潦倒，有一回，他搭火车时，与旁边的一位老者攀谈起来，没想到这一聊，聊出了他人生的转折点。

没过几天，他就被邀请到制片厂报到，因为，这位老者正是一位知名制片人。如果道格拉斯的本质是一匹千里马，那么他也要遇到伯乐，这样一切才可能美梦成真。

在美国，有一个关于乔治·波特的真实故事。

一个急风骤雨的夜里，有一对老夫妇走进一间宾馆的大厅，想要住宿一晚。

这个宾馆的服务生很无奈地说："十分抱歉，今天客人比较多，房间已经住满了。若是在平常没有空房的情况下，我一定会送二位到别的宾馆。可是我不想让你们再一次的置身于风雨中，你们何不待在我的房间呢?它虽然并不像宾馆里套房那样的豪华，但是还是蛮干净的，因为我必需值班，我可以待在办公室休息。"

这位年轻人提出的建议很诚恳。

于是，这对老夫妇大方地接受了他的建议，并对给服务生带来的不便表示歉意。

第二天，雨已经不再下了，老先生前去结账，柜台前仍是昨晚的这位服务生，这位服务生依然亲切地表示："昨天您住的房间并不是宾馆的客房，所以我们不会收您的钱，希望您与夫人昨晚睡得安稳!"

老先生点头称赞："你是每个宾馆老板梦寐以求的员工，或许改天我可以帮你盖栋宾馆。"

几年后，他收到一位先生寄来的挂号信，信中讲述了那个风雨夜晚所发生的事，另外还附了一张邀请函和一张去纽约的往返机票，邀请他到纽约一游。

在抵达纽约几天后，服务生在第5街及34街的十字路口遇到了这位当年的旅客，这个路口处正矗立着一栋华丽的新大楼。老先生说："这是我为你盖的宾馆，希望你来为我经营，记得吗？"

这位服务生十分惊奇，说话突然变得结结巴巴："你是不是有什么条件？你为什么选择我呢？你到底是谁？"

"我叫威廉。我没有任何条件，我说过，你正是我梦寐以求的员工。"

这个旅馆就是纽约最知名的华尔道夫饭店，这家饭店在1931年启用，是纽约极具尊荣地位的象征，也是各国高层政要造访纽约下榻的首选。

当时接下这份工作的服务生就是乔治·波特，一位奠定华尔道夫世纪地位的人。

他用自己的真诚改变了自己的人生命运。毋庸置疑的是他遇到了"贵人"。可以说人间充满着许许多多的因缘，每一个因缘都可能将自己推向另一个高峰，请不要疏忽任何一个可以助人的机会，学习对每一个人都热情相待，学习把每一件事都做到完美，学习对每一个机会都充满感激，相信，我们就是自己最重要的贵人。

在人生道路上的任何时刻，任何场所，都有不同的"红人"，只要你用心接近他们，博得他们的好感，那么你的前途一定是光明的。

与贵人建立交情的方法

尊贵者是一个相对的概念，每个人都是尊贵者，同时又有自己的交往对象。交往的对象不同，我们的位置也会随之变化。

人之所以有平常与尊贵之分，是因为人的学识、修养、经历、地位不同。这是人际关系的层次差别，也是一种自然秩序。尊贵者虽然与我们不属同一交往类别，有着一定的沟通障碍，但我们却可以打破障碍与之正常交往，乃至发展出友情。要想与尊贵者发展交情就要学会以下几点。

（1）尊重对方，严谨有致

准确把握双方关系才能与尊贵者发展友情。首先要给其以相应的位置，充分表现出对他的尊重恭谨。这是对双方关系的确认和定位，也是对对方的一种尊重愿望的满足，必须严谨有致，不可苟且。

李梅很得一位行署教委领导的赏识。这位领导是教师出身，平易近人。他与李梅并未谋面，但他赞赏李梅的才华，便约请李梅与他聊聊。李梅在领导面前并没有得意忘形，忘乎所以，言谈举止，都严谨得宜，很有分寸，注重距离。领导虽然性情开朗，多次表示要李梅随意些，但还是对李梅的举动发自内心的高兴，他觉得没有看错人。就这样，李梅与那位领导逐步建立了友情。

（2）摒弃奉承，具备不卑不亢的心理

尊重是有原则的，它会在真情中体现出来。如果不顾原则，另有目的，人格沦丧，不知廉耻，对尊贵者就会表现出阿谀奉承来。这表面上看似是尊重对方，其实它与尊重是有本质不同的。阿谀奉承，虚情假意，夸大其词，别有用心，只能让尊贵者反感、嫌恶、痛恨。本来可以建立友情，但因双方失去真情而无法发展下去。我们也不能排除个别尊贵者好大喜功，乐于听奉承话、看媚态，但这样的尊贵者没有必要与他发展友情。

（3）自然随和，不必拘谨

尊贵者无论地位，还是阅历、学识，都高我们一筹。与他们交往，常令我们肃然起敬，有时我们还会因一种威压感而噤若寒蝉。我们作为平常人，尤其是未见过世面的青年人，在这种情势下往往显得动作走形，言语嗫嚅，十分别扭、生硬。其实尊贵者也是我们平等的交际对象，也是一种自然的交往关系，我们一方面要尊重对方，另一方面也要守住方寸，保持本色，自然而正常地与对方交往，不必拘谨。这反倒能显示自己的交际魅力，会赢得对方的认可和尊重，尊贵者也会乐意与我们发展友情。

（4）巧托会配，不可狂妄

韦雷总希望展露才华，让一位他最敬重的老人认可他。一次，老人在晚会上唱京剧，虽然唱得不算好，但还是赢得了掌声，韦雷想，自己亮亮嗓子必会让老人有知音之感。于是将一曲京剧唱得嘹亮高亢，老人在台上却感到很不自然。韦雷虽是善意，但如此举动，会让老人觉得是在贬低他，当然就不会和他发展友情。

从交往的角色来说，尊贵者是交际的主角，而我们则是配角，处于次要地位。这是交际现状，也是交际规律，是由彼此交往身份和交际能量决定的。我们要积极支持尊贵者，热情配合尊贵者，鞍前马后，服从需要，听候调遣。这是合乎交际现实的，这样不仅不会损害自己的"身价"，而且会取得尊贵者的信任。如果不能摆正这层关系，不恰当地显示自己的能耐，卖弄自己的才华，以至背弃、排挤尊贵者，就往往会适得其反。

（5）适应环境，环境不会来适应你。无论发生什么事情，都要站在对方的角度，体验一下对方的感觉。还要学会低调一点，大方一点。另外嘴要甜，平常不要吝惜你的喝彩声，会夸奖人。好的夸奖，会让人愉悦，有礼貌。不管对方是谁，见面的时候应该打个招呼，把自己真诚的微笑展示给他们。不要小看这几点。很多人总会说："我和小李关系不错的，我们天天见面都打招呼。"也可以说："不知道怎么搞的，小李见了我连招呼都不打了！"这两句话是不是有不同的效果？亲和的人事关系肯定有利于事业的发展。

（6）善解人意。别人病了，你打电话问候一声；别人有困难，你伸出无私的援助之手。这样他们最起码能感觉到你的真诚、你的关爱。如果你是领导，在总结工作时要尽量把错误揽在自己身上，把功劳记在下属身上。当上司和下属同时在场时要记得及时表扬你的下属。批评人的时候一定要在只有你们两个人的情况下才能进行。

当然，只有经营人缘的方法而没有扩大人际接触面的途径，还是远远不够的，只在少数人中拥有好人缘，还是难以成事的。

（7）主动真诚，表露姿态。机会是要主动争取的。尊贵者的行为是要与自己的身份、地位保持一致的。他们一般不会主动与我们交往。而作为平常人，身份在下，地位比他低，自然要主动积极，充满真诚，先迈出一步，做出友好的姿态，这是尊长敬上的美德，也是交际的惯例。

于薇在一次会议上结识了一位有成就的作家，她十分珍惜这层关系，可她是个平常的人，又是小字辈，当然没有引起作家的注意。但于薇视之为自然，她每逢节日必寄贺卡给这位作家。终于，作家记住了于薇，并与她成为了莫逆之交。

（8）要与有影响力的人做朋友。对于一般人来说，应该随时留心周围人的品格、能力及其影响力，要用真心去交朋友。要盯得准，看谁有能力帮助你。努力求得朋友的帮助。朋友能否帮你的忙，还看你平时表现如何。这就要求你与人交往时，目光要放远些，不因小利而不为，亦不因利大而为之。这样看来，借力的功夫完全包含在不时的为人处世之道之中。

（9）借助一些有权力的人，或一些知名度较高的人的力量。因为这些权威人物都有一定的威慑力量。对方看你有"后台"也会愿意与你合作。

有很多人并不是不会借力，而是难为情而不愿意求人，总觉得这样做有失体面，好像是贬低了自己的能力。其实，这些想法都是不必要存在的。什么时候也别忘了，即使是拿破仑也需要别人帮他架起成功的桥梁，何况你我只是一个平常之人呢？

（10）虚心求教，接受呵护。龚睿对本校一位知名教师十分敬重，主动拜他为师，经常请教一些问题，求得帮助和扶掖。由于龚睿尊重他的作息习惯和癖好秉性，所以每次请教都会有收获。而在这一次次的请教中，那位教师也对龚睿产生了浓厚兴趣，并逐渐建立了很深的友情。

尊贵者是力量的象征，在他面前，我们显得很弱小稚嫩，所以要接受并求得呵护。这一则是我们与尊贵者交往所寻求和迫切需要得到的东西，二则作为尊贵者，他也会从中获得施与和扶持之乐，是一种自我价值的实现。但寻找呵护一要尊重尊贵者的愿望，二要适度得宜，不可仰仗、依附于尊贵者。这包括恰当的求助及一定程度的求教。这会获得尊贵者的认可，并圆满获取他的友情。

"圈里""圈外"找到贵人

茫茫人海中你总会遇到一些贵人，尤其是当你距离功成名就尚欠一段路途时，更需要有贵人把你"扶上马，送一程"。佛经上教育我们要"结好贵人"，在事业上更需下工夫去结交贵人。更进一步说，不仅要结好，更要跟对、跟好你的贵人，这才是道行的最高境界。

绝大多数贵人其实还是存在于你的人际关系中，从概率上来讲这也是你觅得贵人最可靠最迅速的途径。当然，在你的社交圈外也有不少贵人，也许通过某一次邂逅和交往，你就能够发现他们。

但是，贵人通常并不把这两个字印在脑门上。有些贵人你可以从他的背景、地位、权势和资产上辨识出来，而有些"隐形贵人"需要你察言观色才能分辨清楚。身边的人并非都对你的事业有帮助，尽管对方可能人品很好，但是选择一个"无能的贵人"可能比没有贵人更加糟糕。

中国社会是一个典型的人际社会，其特点就是以人情的亲疏远近，来对应处理人际事务的态度，于是就有"熟人介绍好办事""背靠大树好乘凉"之类的说法。从某种意义上说，为实现个人的更大发展，你必须找到很强的人际靠山。

你的人际靠山越强，路子就会越好走。而当你遇到麻烦事或者四处碰壁的时候，如果你能够和某件事的关键人物搭上关系，办事就会顺畅许多。这种与关键的大人物取得联系的有利条件，正是你事业发展的基础。事实上，每个人都希望拥有一个社会背景很强的大人物做靠山，这样他们在事业发展上便能够很少遇到阻碍。

一提起涮羊肉，人们很自然地会想到北京的东来顺饭庄。作为一家百年老字号的名店，东来顺可是有着一段颇有传奇的来历。东来顺的创始人丁德山，是河北的一个回民，因为家里穷得揭不开锅，便向一个本家借了点银元，向朋友借来简单的用具，开起了一家小店，专卖豆汁为生。因为丁德山待人和气，自然招来了不少回头客，生意也开始红火起来，同时也很快被许多"恶人"盯上了，他们不时过来收所谓的"保护费"，有些不良同行也趁火打劫地抢生意。

丁德山是一个聪明人，对这些事情他从不计较，每次都会主动让步。其实也不是他不想计较，而是他暂时还没有那个能力：自己是小本生意，又没有靠山，怎么敢跟人计较？没有靠山，不能坐等靠山出现，要靠自己主动去找。丁德山懂得"靠山"对于自己生意发展的重大意义，知道自己的回头客中不乏一些达官权贵。于是他就看准了这些人，每当他们走进小店时，丁德山总是亲自迎接、添茶倒水、忙前跑后的，随口还说些笑话，博贵人一乐。日子久了，丁德山就和这些人混熟了，逢年过节他还送些礼物，拜托这些人关照自己。这样一来虽然没有来收"保护费"的了，但是丁德山觉得还远远不够：若想使小店有更大发展，还得找一个势力很强的"大树"在上面罩着你。于是，丁德山考察再三，认了一位很有势力的太监做干爹。此后，他的生意便更加顺利。

不久，原为八旗练兵场的王府街北端改为每天开放的市场，因为它地处东安门东，所以被称作"东安市场"。东安市场开放后，很快聚集了大量商贩，市场一天天繁华起来。丁德山看准这是一片发财的"宝地"，于是便找到干爹拜托弄个门面，结果不出两天他在东安市场的小店便开张了，并且生意蒸蒸日上。尽管之后袁世凯制造"北京兵变"，一把火把东安市场化为灰烬，东来顺粥棚也未能幸免。

丁德山并未灰心丧气，很快又筹措资金，在广兴木厂张老板的帮助下，在粥铺旧址上又盖起瓦房数间。新店于1914年重新开张，更名为"东来顺羊肉馆"。到了1930年，东来顺已经发展为雇工100多人、足以承办各种宴席的三层清真大酒楼。

丁德山从卖豆汁起家到经营一家百年名店，他的生意经就是：广交有用之人，背靠大树好乘凉。一旦找到某个有权势的贵人做靠山，你的前程和生意自然会扶摇直上。

你所要找的贵人，本身一定要有极高的知名度，他的名字会对很多人具有影响力，这样你跟着他才会前途无量。不论什么时候，人脉靠山都是你成事立业不可忽视的一个因素，尤其是找到了有用的人作为靠山。别人办不成的事情，你的靠山可能一个电话就搞定了。

如何判断一个人是否是你的贵人呢?在选择某人作为你的贵人之前,你一定要擦亮眼睛、认真分析一下,看看此人是否具备做你贵人的资质。

首先,贵人应该要有权势,至少应该具有这方面的潜质。你的贵人不见得职位要有多高,但是他应该是让人眼前一亮的人物,你能够预感到他的发展不可限量。这需要你具有某种强烈的直觉和"第一感"的判断力,然后再以长远的眼光作为考量,将其确定为贵人或者是"PASS掉"。一旦确定无疑后,就要抓紧机会,赶快进入他的圈子,跟紧他。头衔、官衔并不一定能够衡量某个人的发展前景,因此当你评估"未来贵人"的影响力时,一定要慎思和慎重。

清朝雍正年间,大将军年羹尧镇守西安,广求名士,厚养幕僚。有一个叫蒋衡的孝廉,慕名前来。年羹尧对蒋衡的第一印象不错,语气认真地允诺道:"明年的新科状元就是你的了!"

蒋衡听完此话越想越觉得不对,他知道年羹尧是雍正的嫡系,仗着自己的功劳以及是皇帝的铁哥们儿,说话做事经常毫不顾忌,但是像许诺状元这种事他也敢当成小事逢人就说,可谓是狂妄到了极点,甚至都不把皇上放在眼里了!

于是,蒋衡决定立即离开年府,临行之前还劝另一位同乡好友说:"当今万岁英明神武,年将军大祸将至,我们不可久居此地。"

结果蒋衡回家后不久,年羹尧就出了事,被雍正处死。还牵连了不少人,蒋衡的那个同乡也被送进了大牢。而蒋衡因为审时度势,平安无事地躲过了一劫。

像年羹尧这种狂妄至极、高调行事的官场人,肯定就不是你的贵人,跟上这种人难免会祸及自身。有时候,表面的情况往往具有欺骗性,需要你用心去透过现象看本质。没有十足把握就别轻易下注,即使下注后也不要过份执著,懂得审时度势、随机应变。很多时候,一厢情愿地感情用事,不知道该讨好谁、不该讨好谁,只会对自己不利。

其次,贵人还可以是为你"传道授业"的良师益友。这种贵人能够为你指点业务上的诀窍,告诉你你所不知道的东西。由于能力及经验等方面的欠缺,或许你花一辈子也想不明白的事情,经贵人妙手点拨,你就能豁然开朗。同时,通过与恩师型贵人的接触与交流,你可以观察和学习其为人处世之道,从而获得飞速成长。

第三,这个人要与你的成功目标有所助益,或者与你有着近似的价值观。如果某人对于人生价值的理解和职业道路的观点，与你的思路南辕北辙或者大相径庭，那么他就注定不会成为你的贵人。不过，你可以和这种人多多接触，了解他关于人生价值和职业道路的具体看法，看是否具有参考价值。

综合上述三点，对于存在于你身边的"隐形贵人"，你应该基本上有个大致的判断了，然后再继续观察和留意。选对了贵人，你就可以在飘忽不定的人际关系中受到关照。许多人之所以前途黯淡，大多是因为在事业发展的起步阶段，没有选好自己的贵人。毕竟，在复杂的社会中，个人的力量是渺小的。

那么，在生活中什么样的人有可能是你的贵人呢？

首先，从你社交圈的朋友入手。许多人在事业上有重大突破，是缘于贵人朋友的帮忙或者由朋友把你引荐给贵人。有鉴于此，你的社交圈的人员构成一定要很有竞争力才行。这样，当圈内某个朋友打算创业或者需要寻找事业伙伴时，会首先想到你；当领导或做老板的朋友有好事，也会第一个想起你，替你引见，这样你就可以少奋斗三五年；某个朋友有问题时，通常会第一个与你商量，或许你就此成为朋友的帮手或者合伙人；经常与有能力有见解的朋友聊天，还可以扩展你的眼界，帮助你谋划人生的未来目标和发展方向。

其次，将贵人锁定在你的上级身上，特别是那些待你很好、能力和阅历俱佳的人。如果经常阅读名人传记，你会发现：大多数成功者都会遇到一个或者多个成功的上级，并且因此获益匪浅。在职场中，贵人很可能就是你的上级！光靠自己单打独斗，不如跟着上级贵人做事；选择再好的公司，都不如跟对正确的人干活。成功的上级，通常企图心和责任心都非常强，企图心能够使其不断升迁，从而提拔自己的得力干将、嫡系人员，辅佐自己的事业；责任心会使他想方设法努力调动手下人的积极性和潜力，加强对你的培养，以便其升迁以后，让你承担他以前的工作。

从工作的第一天起，你就应该至少要选择一位好上级作为你的贵人，有了他的提携和帮助，你就能很大限度地节约你的"奋斗成本"，使你在有限的人生中，能够攀升到更高的位置。那么，平时你就不妨想想下面两个问题：

（1）我现在的上级算是成功者吗？他有过成功的经验或者具备多少成功者的资质；

（2）我目前能够从他身上学到多少东西，以目前的工资待遇、公司状况和未来前景，我会继续选择在他手底下做事吗？

如果答案都是肯定的,你就值得继续认定其作为贵人;如果至少有一个答案是否定的,你就应该考虑"是放弃还是坚持"的问题。其实,只要你足够用心,即使做着与你的前途毫不相关的事情,做事的风格也会显露出来,这种风格往往能够引起上级贵人的注意,从而使你成为他最大的发现。

第三,要重视与你社交圈外的陌生人的邂逅。因为这很可能将彻底改变你的人生。

魏泽明从北大毕业后,进入一家企业做财务,尽管个人待遇很好、收入很高,但是魏泽明还是很少有成就感。他不喜欢枯燥而单调的财务工作,其真正的兴趣在于做投资,目标是做一名出色的基金经理人。在一次去香港旅游的途中,魏泽明在飞机上看到邻座的一位中年人手里拿着一本投资方面的杂志,于是便与这个人寒暄并攀谈起来,聊了很多关于投资方面的话题。因为对方说的每句话都很有见解,魏泽明感觉遇到了事业上的知音,便将自己的投资观点及做基金经理的想法都在闲聊中告诉了对方。时间过得飞快,飞机很快就到达了目的地。临分手时,这个人递给魏泽明一张名片,欢迎魏泽明随时给他打电话。

魏泽明无意中看了看那张名片,竟然大吃一惊:原来飞机上那位衣着普普通通的中年人,竟然是一位著名的基金管理人。于是,魏泽明马上给那人打个电话,由于飞机上留下的良好印象,那位基金管理人同意了魏泽明的入行请求。于是,魏泽明毫不犹豫,马上辞掉了原来的财务工作,飞往香港。一年之后,魏泽明成了基金投资界一颗冉冉升起的新星。

魏泽明的例子说明,贵人很可能就是一个你无意中结识的陌生人。偶然因素对于每个人的人生影响是巨大而微妙的。重视与陌生人的交流会对你大有益处,因为每一个陌生人都有可能是你的贵人和伯乐。假如故事中的魏泽明不是一个乐于说话的人,不愿或者不屑与陌生人谈论专业的话题,顶多只是聊聊天气或者干脆在飞机上睡大觉,那么也就不可能将这种微妙的缘分转化为机遇。

在意识到这一问题后,我们应该在今后的日子里珍惜每一次学习的机会和每一种能力的培养。有些知识我们可能暂时用不上,甚至一辈子也很少用,但是它却可以在某个特殊的时刻起到关键的作用。你要相信幸运之神随时可能叩响你的大门,正如陌生人中也会有贵人助你前途无量。

不管是你的社交圈里的亲朋好友、上级领导,还是你圈子外的陌生人,只要你努力从中去发现和辨别,就一定可以觅得贵人,帮助自己迈向成功。

不善合作，难以成功

现代社会里，谁孤立谁就会失败；失败了还要坚持孤立，那这个人就是个彻底的失败者了。在现代社会的大舞台上，个人的力量是渺小而微不足道的，而善于合作则是你不可或缺的重要途径。

乔治马秋·阿丹说："帮助别人往上爬的人，会爬得最高。"能帮助别人往上爬的人，肯定有几点能力。一是他站得比被帮助的人要稳，要高，说明其自身素质很好；二是一直帮助别人往上爬的人定会善于与人合作，而没有人不愿意和帮助自己的人合作；三是他有领袖能力，他要一直帮助别人往上爬，至少他能为别人指明方向，引导别人向前，向更高一步发展，否则那就会帮倒忙了。再往深处想一想，人人都愿意和他合作，团结合作的力量肯定比自己单打独斗强，加上他自己较强的自身素质，这人肯定是能够成功的。

1＋1＞2的道理许多人都懂，可一遇到具体问题，就不一定做得到了，要么不努力去找人合作，要么不善于与人合作。总之，真正理解并很好地运用这个公式且能深刻理解这个道理的人不多。人不是三头六臂，你个人不可能有太多的精力；你在此方面是天才，可能在彼方向却近于弱智；你在此领域呼风唤雨，却可能在彼领域寸步难行。

一般而言，大凡古今中外的事业有成者，往往都是团结合作的好手，都是能将他人的聪明才智"集合"起来的高手，都是能将合作者的潜能充分调动、发挥的能手。汉高祖刘邦平定天下、设宴款待群臣时很有感慨地说："运筹帷幄，决胜千里之外，朕不如张良。治国、爱民，萧何能有万全计策，朕不如萧何。统帅百万大军，百战百胜，是韩信的专长，朕也甘拜下风。但是，朕懂得与这三位天下人杰合作，所以朕能得到天下。反观项羽，连唯一的贤臣范增都团结不了，这才是他步入垓下逆境的根本原因。"

有人问："我也想与人合作，但就是合作不了，什么原因呢?"其原因不外乎以下几点：

(1)与自己的私心太大有关。合作需要人的无私，需要利益共享。有些人的私心太大，什么利益都想自己独吞，凡涉及名利之事都想自己优先，都想将他人排斥在外，自己一点小亏都不肯吃;有些人的功利主义色彩太强，对合作者采取实用主义的态度，用到他人时，什么都好商量，不用他人时，则采取将人一脚踢开、理都不理的态度。一个人若是对合作者采取这样的态度，是很难办成什么事的。

(2)与自己不能平等待人有关。合作需要人与人之间的相互平等，相互尊重。但是，有的人总是将自己看做是主人，不懂得尊重人，缺少民主精神，让合作者感到很不顺心，这种合作是不会长久的。

(3)与自己对他人的苛求有关。有的人虽然很有能力，私心也不多，对自己的要求也很严格，但别人就是不愿意在他手下工作。什么原因呢?因为这类人往往将对自己的要求也强加到合作者的身上，自己在节假日加班加点，也不让其他人休息，谁要休息，就是想偷懒，就是不好好工作。这类人还有一个毛病，即总是要将自己的意志强加于人，什么事情都得听他的，都必须按他的意见办事，时间一长，谁能受得了?最后，一定是以合作的失败而告终。

(4)与自己情感上的毛病有关。有的人什么都好，就是自己太偏执、太怪僻、太凭印象办事。对自己认为是"中意的人"，就一好百好，什么事情都好说，而对那些自己感到"别扭的人"，整天板着脸，总是持一种怀疑、偏见和对抗心理去审视对方的一切，只要是这些人提出的意见，他从内心就反感，更谈不上去共同完成，有时甚至故意找碴发难，在这种状态下彼此怎能合作得好呢?

要与他人合作得好，就必须克服自己的私心，不能只顾自己，不顾别人，而是要做到"宁人负我，我不负人"，最起码要做到"利益共享"，人家该得到的就要让人得到，甚至得到的还要多一些。

要与他人合作得持久，就要像唐代大诗人李白所说的那样，"不以富贵而骄之，寒贱而忽之"，让他人感到自己也是合作项目的主人，感到很顺心。

要与他人合作得好，就必须做到不苛求合作者，不吹毛求疵，多一点宽容忍让，做到"勿以小恶弃人之美，勿以小恶忘人之恩"，让合作者感到他工作环境的和谐、融洽，这样的合作才能牢固、长久。

要与他人合作得好，必须要多为他人想一想，多多帮助对方，尤其是当合作者有困难时，更需关心他人，及时地伸出帮助之手，让对方真切地感到你在同情他、帮助他，在替他分忧解愁。

要与他人合作得好，必须经常认真反思，想一想自己有哪些过错，还有哪些地方需要改进……多一点反思肯定会使与他人的合作更愉快。

要与他人合作得好，也要善于同别人沟通。生活中有一些人，言语很少，给人的印象比较严肃，不爱说笑，于是别人也不敢亲近他。尽管他很想多交朋友，但常常觉得自己和周围的人有隔阂，这样的人尤其要注意和别人沟通。

如何沟通?著名成功学大师卡耐基说:"所谓沟通就是同步。每个人都有他独特的地方，而与人交际则要求他与别人一致。"可见沟通是一种能力，不是本能。本能天生就会，能力却需要学习才会具备。既然沟通是一种能力，那么能力就应是在后天的学习过程中掌握的。

我们在工作生活中，都会遇见不同类型的人。只有了解了不同人在沟通过程中不同的特点，才有可能用相应的方法与其沟通，最终达成一个完美的结果。我们说物以类聚，人以群分，两个风格相似的人沟通时效果会非常好。只有掌握了不同的人在沟通中的特点后，才能选择与他相接近的方式与其沟通。除了知道不同人有不同沟通特点之外，我们还要知道对方声音的大小和语速的快慢，尽可能和对方保持一致，这样沟通起来就会非常有效。

在人际沟通过程中，我们依据人在沟通过程中的情感流露的多少，以及沟通过程中做决策的速度，将其分为不同的类型。不同类型的人在沟通中的反应是不一样的，我们只有很好地了解不同人在沟通中的特点，并且用与之相应的特点和他沟通，才能够保证我们在沟通过程中做到游刃有余，见什么人说什么话，与什么人都能够顺利沟通。

第十章

善借他人之力，成就自己的事业

　　人生之旅充满了艰辛的风风雨雨，光靠一个人的努力有时未免显得有点孤单，因此，如果能够为自己找到一棵可以遮风避雨的大树，取得成功便会易如反掌。每个人的人际关系网都是不一样的，你的人际关系网中的每一个小点，都能为你带来一条人际关系的线。这就如同数学的乘方。以这条主线来建立你的人际关系网，速度是十分惊人的！人缘越好，路子就越宽，事情就越好办。一个优秀的人，往往能影响他身边的人，同样，身边有很多优秀的人，也会影响自己。好人缘是你人生中最重要的资本，也是成大事者最重要的因素。

学会借用靠山的力量

人生之旅充满了艰辛的风风雨雨，光靠一个人的努力有时未免显得有点孤单，因此，如果能够为自己找到一棵可以遮风避雨的大树，取得成功便会易如反掌。

烈日当头，为自己找到一棵乘凉之树，可以避免很多不必要的挫折与烦恼。当然，如果你本身天资过人，勤奋有加，那你可以说，我不必依靠他人，我要靠自己的努力来获得成功，这当然是最好的了。但倘若你自认本领不强，同时也想减少挫折，那就不妨找棵树靠靠，靠久了自然能够出头。很多成功的人士都是如此。

晚清商人胡雪岩可以说是富可敌国，他之所以取得了惊人的财富，归根结底就在于他找了两棵坚实的"大树"。

一个是王有龄，在他创业之初给了他很大的关照和帮助。在地方上，胡雪岩依靠王有龄的权势，获得了大量的订单和机会，生意也就越做越大。

另一个则是左宗棠，左宗棠出自世家，以战功谋略闻名，权高位重。胡雪岩为了结交左宗棠，靠上这棵"大树"，费尽了心思。他主要采用了两个手段：

第一，对左宗棠进行充分的调查了解。胡雪岩知道左宗棠是"湖南骡子。脾气倔强固执，难以接近；同时因为战功彪炳，颇为自得，喜欢听人褒扬之辞。胡雪岩对左宗棠与曾国藩以及李鸿章等人之间的矛盾了如指掌，因而他说话的言辞能正中左氏之心怀。

第二，善急人之所急。光说不做是不行的，胡雪岩打动左宗棠还体现在行动上。他为左宗棠解了燃眉之急，了却了左宗棠的心病，自然也就换得了左某的感谢和信任。

不过，要找到一棵可以依靠的大树，并不是轻易就能够做到的，而需要一段时间，因为虽然你看上了某个靠山，对方却可能不一定愿意提拔你、照顾你。你必须在和他往来之间，让他了解你的能力、上进心、人格、家世和忠诚，也就是说，要他能够信赖你！这就需要一个过程，而这一过程可能需要半年、一年，也有可能更漫长，而你不仅要好好表现，还要在难熬的岁月中等待机会，应付"大树"对你的考验！

不过，你在选定靠山之前，要考虑一个问题：什么样的人才是你的靠山，这可是最重要的问题。以下几个方面可供参考。

（1）有家世背景的人

这种人中平常就有很多喜欢自愿助人，你的表现也许他不一定看得上，除非你在某些方面令他特别喜欢你。不过，家世背景不一定保证他一辈子风光，如果他品行不正、能力不行，那么跟这种人相处也不长远！

（2）功成名就之人

这种人和前者一样，除非你有特别的表现，或者你的某些长处正好被人看中，否则你再怎么"跟"，他还是看不见你。

（3）有能力有潜力之人

这种人可能是最好跟随之人，他们是一种"潜力股"，一时看不出效益，如果长期做下去必有收获。但有能力有潜力的人也不一定最终能够飞黄腾达，人的机遇是很难说的，所以你要无怨无悔地跟！

从今天开始，好好寻找一位靠山，找到一棵树乘乘凉。不过你们之间最好能从利益相关的层次逐步提升到情感和道义的层次，这样你们的关系才能长久。

最后要提醒你的是，当你找到了自己的"靠山"与"乘凉之树"后，不能完全倚仗他人来生活，你还得更加努力，只是利用一下他人给你提供的条件罢了。

谁都想得到他人的帮助，但小人物和大人物之间相隔何止十万八千里。何况即使有缘碰上一个"不论好歹"的大人物，求他办事照样碰钉子。在无数小人物心中，也许对求大人物相助多半是想想而已，但也有小人物中的另类，凭着聪明智慧，求成了大人，办成了大事。

老江创业多年，然而命运似乎总是在跟他开玩笑，辛苦奔波却收获甚微。一次，他所在的城市要进行基础设施建设改造，他感到这是个机会，可是同一个城市里符合要求的公司多达十几家，怎样才能获得这个机会呢?他绞尽脑汁，针对专门管理此工程的负责人，想出了一个好点子。

该负责人有个习惯，每逢周末都要到郊区的鱼塘钓鱼。于是老江探明地点，也带上渔具，跑到该鱼塘去钓鱼。他先在旁边看着负责人垂钓，每当负责人钓上鱼的时候，老江都表现得很羡慕。负责人自然就觉得很得意，看见老江带着渔具却没钓鱼，便好奇地询问。老江装作不会钓鱼，借机请教。负责人一下觉得遇到了知音，便告诉老江一些钓鱼的窍门。两人越聊越投机，不知不觉就谈到了各自的职业，老江一副很委屈的样子，说着自己的行业竞争激烈，向负责人大吐苦水。等到负责人表露身份的时候，老江也就顺理成章地提出了要求。

可想而知，老江的公司自然拿到了工程招标，从此以后老江的事业上了一个新台阶，人生也进入了一个新的平台!

由此可见，在一些关键的问题上，找到自己的贵人是多么重要。为自己寻求一些大人物作为背景，依靠其权势或者影响力，从而使自己尽快得到提拔，英雄有用武之地，是很值得研究的。就现代社会而言，有四项建议具体可行。

（1）找寻大人物

大人物往往是指在层级组织中职位比你高且能帮助你晋升的人。有时你得费心地去分辨谁具有这种能力。只要深入观察，你将会找到能帮助你晋升的大人物。

（2）激励大人物

不激励大人物等于没有大人物。值得注意的是，在层级组织里，大人物帮助你往上晋升后他有什么好处，如果他不帮助你晋升，他又会有什么损失，这一点会影响到他对你的态度。

（3）以退为进

试想置身于人生奋斗中，你努力地往高处爬，可是当你爬到半途时，前面却有无数人挡住了你的去路。他们爬到一半便已失去勇气，双眼紧闭，死命地抓住栏杆，既不会掉下来，也不再向上爬，而你就是无法超越他们，这时，有人虽然拼命为你呐喊加油，结果还是无济于事。

同样的，在工作上的层级组织中，如果你的上一层职位被某一个不胜任者占住，那么你花再多力气或你的贵人再有心提拔你，也都将徒劳无功。

为了到达人生的顶峰，你必须爬过那被堵塞了的阶梯，横越到另一侧没有障碍的阶梯，然后再顺利地爬上顶端。在层次组织中，你必须离开有人挡路的那条升迁管道，然后从另一个没有阻碍的管道往上晋升。如果那人仍有资格获得晋升，他便不算是挡路人，而你也不必躲开他。只要稍加忍耐多等一些时日，你就将获得晋升，届时出现空缺，你的"贵人"便能立即提拔你。

（4）争取多位重要人士的提拔

"多位大人物的共同提拔，可产生乘数的提拔效果（指大人物人数乘以个别提拔效果）。"乘数效果的产生，是由于这些大人物在他们的谈话里，不断地互相强化你的优点，因而使他们决心提拔你。假使你只有一个大人物可以依靠，你便得不到这种强化的效果。

所以，拥有多位大人物便容易获得晋升的机会。这亦是小人物借贵人相助办事的智慧。

善借他人之力，就要找枭雄和英雄当朋友

一个人，纵然是天才，也不是全能的。尼采鼓吹自己万能，结果发疯而死。在现代社会中，经济迅速发展，各行业各部门之间的竞争非常残酷，单靠一个人的能力是很难取得事业的成功的。因此，必须借用有能力朋友的力量，才能取得事业的成功和创造美好灿烂的人生。

2000 年，美国福布斯杂志评出的五十位中国富豪中，其中第二十四名的张果喜，就是善于借朋友的力量为自己事业成功服务的高手。

张果喜素有"巧手大亨"之称，他看准了佛龛在日本市场的潜力，就招聚公司员工进行分析、达成共识，使产品在日本市场一炮走红，成为日本佛龛市场的老大哥。

公司为了经营的需要，在日本委托了代理销售商，但一些富有眼光的日本商人看到经营这种佛龛有大利可图，为了赚到更多的钱，就想绕过代理商这一关，直接从果喜实业集团公司进货。

张果喜仔细地考虑了这件事情。从眼前利益来讲，从厂方直接订货，就减少了许多中间环节，有利于厂方的销售，然而却破坏了与代理商之间的关系，同时佛龛在韩国和中国台湾地区也有相当大的生产能力，代理商如果背向自己，与韩国或中国台湾地区生产厂家挂钩，岂不影响本公司的利益吗？

张果喜果断地回绝了那些要求直接订货的日本朋友，并且把情况转告给代理商，向代理商表示，公司在日本的业务全部由代理商处理，公司不通过其他渠道向日本出

口佛龛。

代理商听后，很受感动，在佛龛的推销和宣传方面下了很大的工夫，并且在日本市场打出了"天下木雕第一家"的金字招牌，从而使张果喜公司的佛龛在日本市场上站稳脚跟。

一个人，纵然是天才，也不是全能的。所以一个人要想完成自己的事业，就必须要利用自己的才智，借助他人的能力和才干。这就要求在事业的征途中，恰当地选择人才。

王石是万科公司的董事长兼总经理，也是一位善借他人之力的智者。他在经营万科的过程中，多次向社会招聘贤才。

L君原是万科公司的一名职员，可不知什么原因，忽然不辞而别，被聘到一家酒店做业务经理。

王石在公司与L君一起工作的时候，发觉L君很有才干，且上下左右的关系也处理得非常融洽，这样挥手而去，很是可惜。而且自己在有些方面存在不足，L君又恰恰有这些方面的长处，双方取长补短，不是更好吗？于是王石左思右想，花了很大力气，终于说服了L君重新加入了万科公司，而且当年在L君的配合下，齐心协力，为公司赚了几百万元，使得公司营业额超过两亿多元，在深圳五家上市公司中名列第二。

万科成功的奥秘当然不只是借用人才之力一个原因，但是善于借用人才之力，显然是其第一的重要因素。

现代社会已经进入了信息时代，掌握了信息，就等于掌握了市场，掌握了主动。信息的闭塞，就可能使人贻误战机，遗憾终生。广泛地结交朋友，借助他人获取自己所需的信息，也是取得事业成功的重要手段。

陕西省某市，为了促进当地经济的发展，特意每月举行一次厂长经理交流会，在交流会上，各厂长经理相互探讨交流企业的管理经验，研究学习科学的管理方法，相互学习企业的经营之道，同类企业慢慢形成集团式公司，在集团公司内又相互交流信息，帮助打开市场，结果在一年内，全市工业生产猛增，工业利税是往年的两倍多。

在现代社会，借力这种手段已被政治、经济、文化以及外交等领域广泛运用，而且大有日趋扩展之势。对于人际交往，它不失为一种提高自身形象，扩大自己影响的策略和技巧。被社会承认，是人的正当追求，对社会进步也有积极意义，而借助名人提高自己的社会知名度，就是被社会所承认的方式之一。

润泰集团总裁尹衍梁曾说："总裁无能便是德。"

因为，只有自知无能，才会用心去找有能力的人合作。

他比喻，人生就像交响乐团，不同的人各有其专精的乐器，全能的人也许还可以谱曲、当指挥，但真正赚钱的，不是这些站在台上的高手，而是召集这些人的幕后高人。

中时人力万象网的副总曾经分析："公司不是没有人才，只是没有人可以识得所需的人才。再好的人才，如果放在不对的地方，也将不会是个人才。"在中国大陆以《品三国》一书红透半边天的易中天，见解之所以能鞭辟入里，就在于他从不以好坏来分类每个人物，而是分析人情人性，理解人性中的优点和弱点，再加以着墨品论。

他说："天下并非土地，而是人。"在M型社会里，"品人"是门重要功夫，因为真正的成功者，绝对不是那些能抵挡千军万马的英雄，而是能指挥这些英雄，去对抗千军万马的那位懂得品人、用人的元帅。

1898年美西战争时，美国麦金莱（William McKinley）总统征求一名勇士，送信给远在敌军阵营中的加西亚将军，以完成远端连线的战略。于是，亚瑟·瓦格纳上校推荐罗文中尉执行任务。罗文中尉在完全无预警的状况下，接受了这份任务，历经重重困难，凭着一股信念和毅力达成上级的命令。

结果，后人把罗文中尉当成偶像，一致认为他是英雄的象征，他的故事也被写成畅销书《送信给加西亚》，但如果不是亚瑟·瓦格纳上校慧眼识英雄，罗文又怎会有脱颖而出的机会？

大家都知道，拿破仑的字典里没有"不可能"这三个字。这不意味着他有全能的技术，而在于他能将人才运用得当，让无数的人脉为他打造出一条成功大道。

在M型社会里，真正获得成功的人，都是这些懂得结交各式英雄的厚黑高手。李宗吾的《厚黑学》中也曾经写道：真正的斗士，是那些"厚而无形，黑而无色"的人。

事实上，从古代的刘邦、曹操，到现代的杰克·威尔许（GE总裁，中国大陆译为杰克·威尔奇)、铃木敏文等成功人士，最让人称许的就在于品人的素养，而不是专业技术。

所以，像韩信这样用兵如神的军事天才，会亲口承认武不如他的刘邦比他更强，是因为刘邦知人善任，竟能将他这市井小民，拉拔成为一国之将。而许多大企业的主管会跳槽，薪水往往不是主要的考量，而是新老板能捉住他们金钱以外的需求，让他们心甘情愿为其打天下。

如果你想在M型社会中成功，必然要用恶魔般的冷静判断力，建立起这种"英雄或枭雄人际关系"，才能把握住时机，利用他们的爆发力和忠诚度，让你的人际关系资源为你创造最高利益。

互换人际关系成就人生最重要的资本

每个人的人际关系网都是不一样的，你的人际关系网中的每一个小点，都能为你带来一条人际关系的线。这就如同数学的乘方。以这条主线来建立你的人际关系网，速度是十分惊人的！人缘越好，路子就越宽，事情就越好办。一个优秀的人，往往能影响他身边的人，同样，身边有很多优秀的人，也会影响自己。好人缘是你人生中最重要的资本，也是成大事者最重要的因素。

MBA让你与世界顶尖人才成为朋友。一流大学的魅力相当程度上来自于它的人脉圈子，如果你就读于最好的大学，那么一定不能放弃去结识那些杰出的年轻人。如果你并不是一流大学的学生，那也没有关系，你可以选择去国外商学院读个洋MBA。

读MBA虽然需要一笔不菲的费用，据统计，在美国的商学院攻读两年MBA大约要花102万美元。但是，反过来想一想，这些花费仍然是值得的。因为在国外读MBA，同学会遍布全世界，为将来进入全球化性质很强的领域，比如银行、投资等领域，提供强大的资源。而且，你在这里结识的朋友都是"人尖"，他们今后可能获得更大的发展。这就会给你的事业带来帮助。这是名校MBA最大的魅力，如果没有这一点支持，MBA就会贬值很多。

当然，不菲的费用仍然会让普通人望而兴叹。不过，去国外名校念MBA也并非唯一的选择。如今，有些企业自建商学院，花钱请人来上课，班上很多学员都是免费的。诺基亚、索尼等越来越多的世界级知名企业都相继开办了自己的MBA学习班，目标锁定公司高级管理阶层和政府要员。

北京大学光华管理学院目前有6个MBA班，其中3个是由诺基亚公司出资办的。光华管理学院与诺基亚公司合办的EMBA班中，学员主要是电信运营商和政府高级官员，这些人都是可以影响公司生意的关键性人物。所以有人说，诺基亚是"项庄舞剑，意在沛公"。

企业投入这么大的精力和金钱，难道真的是仅仅为了让员工们获得一些先进的管理知识吗？如果单纯是这样，完全可以把他的员工送进学校，而不是自己办班。究其原因，其实这是种新型的公关策略——建立一个强大的权力人际关系网。

一位在北大诺基亚中国学院MBA班就读的肖先生曾经表示，读MBA有两大目的，一是学习诺基亚一流的管理经验，二是多交朋友。肖先生认为自己是从事市场推广工作的，人际关系特别重要，真关系比什么都管用。念这个MBA国际班的人都不是等闲之辈，今日搞好同学关系，就意味着明日的财富，开放式的MBA教育更为促进同学交往提供了方便。这些人就成为日后彼此发展的人脉，校友资源就是潜在的资产。

如今，越来越多的企业逐步重视起校方的人际关系效应，越来越多的企业不惜花费大量金钱构筑自己的"人际关系网"。如果你是该企业的一员，那么就要充分利用这些难得的机会，去扩大自己的人际关系网。

募捐的人常说："有钱的出钱，没钱的出力。"古代街头卖艺的也常说："有钱的捧个钱场，没钱的捧个人场。"这些话无疑都说明了一个道理：人缘，就是你人生中最重要的资本。在你开始准备开办自己的企业时。你可能没有钱、没有设备、没有技术。不要紧，只要你拥有掌握这些资源的朋友就行。

简彤想买台电脑，但因苦于不懂行，于是求助朋友孙杰说："我想买一台电脑。可是我不太懂要买什么等级的，市面上种类又多，真不知从何下手。"孙杰听后说："我有一个朋友对电脑软硬件都很熟悉，要不要我帮你介绍认识？也许可以给你一些建议。"

"那真是太好了！这样我就不用担心买到不合适的电脑了。"简彤如释重负。

相信大家一定都有类似的经验。遇到困难或者有弄不懂的地方，往往会求助于周围的朋友，有些则通过朋友的介绍而求助新朋友，如此一来，我们的问题不仅解决了，还认识了越来越多的朋友，我们的人际关系网也就越来越紧密了。

你不妨选择一些机构，活跃其中，那是建立人际关系的最佳地方，可以帮助你结识更多的朋友，让他们为你带来意义更全面的好人缘。例如，加入一个集邮社，一个健身俱乐部，或者一个政治团体，随便哪一个团体都可以。认识里面的人，建立你的人际关系。

事实上，人缘越好，人际关系越宽，做起事来就越方便。每个业务人士，都希望得到那些有一定背景的大人物的帮助，以期在事业的发展上能够少遇些障碍。由此可见，有技巧地搭建丰富的人际关系，并博得他们的青睐，是我们到达成功彼岸的有效方法。

当今社会关系复杂，一个人很难做成大事，所以，我们要多认识点朋友，越多越好，多条朋友多条路。

我们在结交朋友的时候，要选择简便有效的方法，迅速扩大自己的朋友圈子。那么怎么才可以做到呢？那就是多认识一些带圈子的朋友，通过朋友认识他的朋友，然后由这个圈子，结识另外一个朋友圈子，这比一个一个来认识朋友效率高多了。

所谓圈子，是指内部相互流通的一个范围。所谓朋友圈子，自然是指一帮互相都是朋友的朋友。多认识一些有圈子的朋友，意思是多认识一些朋友多的人。每个人的人际关系网是不一样的，朋友身边的朋友也就有可能成为你的朋友，如此你的人际关系网在短时间内就能得到充实。

你的朋友有可能是职场上的，也可能是生活中的，他们的朋友可能哪个方面都有。比如在职场上，你可能只认识几个媒体方面的朋友，但他们的朋友可能有调查、咨询和IT行业圈子的朋友，这种朋友往往是对你有用处的，生活中的朋友也是这个道理。

所以，在你认识了一个朋友之后，就要想办法让他把你介绍到他的朋友圈子里去。当然，你必须首先取得这位朋友的信任。我们知道在人际交往中，朋友的介绍相当于信用担保，朋友要把你介绍给其他人，就意味着他在为你做担保。

基于这一点，你首先得取得朋友的信任。也得为朋友的担保负责，如果你做到了。那么，你可以请你的朋友多介绍他的朋友给你认识。如果你的这位朋友说："后天我们有个聚餐，你来参加吧。"你到了那个聚会，就会发现他的朋友圈子和你的是不一样的，里面可能什么人都有，说不定其中就有你想认识的人。

认识一些带圈子的朋友可以弥补我们个人在社会关系中的不足，以最快的速度来拓展我们的人际关系。当我们通过认识一些带圈的朋友之后，又通过他们认识了他们所在的圈子，你就会发现，以这种方法来拓展人际关系的成本是最低的，你不需要花更多的时间去做介绍，不需要花更多的时间去请客吃饭，但是却认识了很多朋友，这就是你认识带圈子的朋友和不带圈子的朋友之间的区别，他们的附加价值是不一样的。

当然，要认识一些带圈子的朋友，你也要给别人一些圈子，要知道，我们所拥有的人脉关系如果能挽救生意，也是一种社会交换。我们跟朋友之间之所以可以维持互动关系，是因为我们各自有可交换的东西，不管是物质还是非物质，都是用不同价值通过交换弥补各自的需要的，而且这些交换对双方都有好处。你希望别人怎样对你，你就以怎样的方式对别人。

贵人相助，生意天成

说起名人效应，大家都不会陌生。比如"小品之王"赵本山家喻户晓，为此，铁岭市就借赵本山之名大力开展招商引资工作，扩大了铁岭市对外宣传的窗口，大大提高了铁岭市的知名度。"名人效应"由此可见一斑。

由于名人是人们心目中的偶像，所以常常有着一呼百应的作用。而在经营人际关系方面也是不能忽视这种名人效应的。在人缘上"攀高枝"、拉拢"人际关系"，正是很多人的做法。他们坚信交朋友就要从有名、有势、有钱的人入手，一旦打开了局面，以后在人际交往中，就能安枕无忧了。

其实，利用名人效应的做法并没有什么不对。生意场上若能使自己的商品与某个名人挂上钩，销路不是也自然大开吗？所以，在今天的人际交往哲学中，利用名人效应绝对是一种明智之举。

曾经有人认为，保罗·艾伦是一位"一不留神成了亿万富翁"的人。其实，这是一种误解，真正的原因是因为他年轻时就与盖茨在一起，他们志趣相投，一起干事业。当初他们将一家名为微软的计算机软件开发公司在波士顿注册，总经理比尔·盖茨，副总经理保罗·艾伦，这就奠定了他的未来。

现在微软公司已成为世界上的一个巨无霸，总经理已成为人所共知的世界首富。副总经理在总经理的巨大光环下，虽然有些暗淡，但在《福布斯》富豪榜上也名列前五位，个人资产达 210 亿美元。

这就是穷人朋友与富人朋友对一个人的影响力。《塔木德》中有一句话：和狼生活在一起，你只能学会嗥叫，和那些优秀的人接触，你就会受到良好的影响，耳濡目染，潜移默化，成为一名优秀的人。

因此你想成为什么样子的人，就和什么样子的人在一起吧。如果你想成为一个成功人士，那么就要想办法站在成功人士的行列中。只有站在成功人士的行列中，汲取他们成功的思想，比肩他们成功的状态，才能真正实现成功的目标。

如果你生来没有富爸爸，也没有娶到富家女，那么，你还有第三个扭转命运的机会：即从现在起，结交那些比你更优秀的朋友吧，一个人一生的富贵很大程度上是由他最亲密的朋友决定的。

一个小人物和一位伟人哪怕只是握握手，就能使自己的身价骤然倍增。这就是名人效应。其实，攀高枝的想法大部分人都有，谁不希望跟声名显赫的人做朋友？如果能跻身于他们的行列，自己也便沾上了荣耀，这是多少人梦寐以求的啊。所以，在拓展人脉的过程中，要善于借助名人的效应来提高自己的威望。即便你并不认识那些名人，只要你能想办法站在他们的光环之下，并适当宣传、加以利用，就能达到夸大自己的效果。

所以，要想生意成功的人，必须首先要自觉开发人的潜力，构筑良好的人际关系，而且必须包含一位贵人。只有具备拥有贵人的人际关系，事业才有希望获得成功。

一个没有钱的人如果有贵人相助，也能摇身一变成"大款"了。即使一只"蚂蚁"傍上一个"贵人"，这只蚂蚁也会具备贵人的威力和能量。

在竞争激烈的生意场上，光靠勤奋和埋头苦干是不行的，如果你想成功，那么必须想办法与更强大的人物交往，以借助他们的力量壮大自己的力量。俗话说："一根筷子易折，一把筷子不易断"，讲的就是一个人的力量是渺小的，只有借助其他更多人的力量，才能形成无坚不摧的堡垒。

我们都知道世界首富比尔·盖茨，他当初创业的时候就是一只小小的"蚂蚁"，但他却因为傍上了当时 PC 市场上的唯一贵人老大 IBM，而使自己身价倍增。

在 20 世纪 80 年代，对刚刚创业不久的微软来说，IBM 的确称得上是一个不折不扣的"贵人"。初出茅庐的毛头小伙子比尔·盖茨深知单单凭借自己的能力，虽然可以确保微软成为一家成功的公司，但是要成为未来软件业乃至整个计算机业的霸主，却不得不依赖"神助"。

1980年8月的一天，IBM公司给比尔·盖茨打电话，说有两个人希望会见他，请他安排一个时间。比尔·盖茨做梦也没有想到，大名鼎鼎的IBM公司会派特使主动来访。作为一家已经占据了80%以上市场份额的大型电脑公司，可以说已经坐在了电脑行业的头把交椅上，为什么还要派特使"下顾"微软这家刚起步的小公司呢？

原来IBM公司一向致力于发展大型电脑，对微型个人电脑不屑一顾。当微型电脑市场呈现蓬勃之势时，IBM公司才意识到犯了一个大错误。为了迎头赶上，IBM公司打算收买发展潜力最佳的苹果公司，然而苹果公司没有出售的打算。经过专门成立的负责开发个人电脑委员会的成员仔细研究得出两个结论：一是鼓励和支持那些独立的软件开发公司，让它们大量开发软件；一是建立起一个公开的机构，带动一大批软件公司发展。委员会决定按这个路子走。这等于改变了IBM公司过去一切"自力更生"的传统。为了日后的宣传造势，这个委员会决定与其他公司进行秘密合作，以取得一鸣惊人的轰动。

这时他们发现了微软公司在众多软件公司中特别引人注目，该公司包括BASIC语言在内的几个基本软件已经在微型电脑领域成为标准，它的产品销售量每年都要翻一番，显示了很强的发展前景。因此，该委员会决定同微软公司接触。

比尔·盖茨对IBM公司的主动合作既惊讶又惊喜。一个小小的软件公司能够同这家美国电脑市场上最大的一家客户做成生意是一件了不起的事。只不过比尔·盖茨还不知道IBM公司的葫芦里到底卖的什么药，但是，他知道这其中一定有缘由，天上掉馅饼的好事不会有。

1980年8月16日，IBM公司终于确定该合作项目是开发8088芯片。此前，IBM公司还给微软公司送来3页正式文件，上面详细说明了微软公司应履行有关保密责任的临时条款。文件上说，对于IBM公司的机密消息，微软公司不得泄露给第三方，同时必须采取防止泄密的措施。IBM公司可以在不预先通知微软公司的情况下，随时检查微软公司履行保密责任的情况。此外，该协议还规定IBM公司不愿意接受微软公司方面的机密信息，因此也不负保密责任。

这个临时条款使IBM公司立于不败之地，而微软公司却丧失了很多权利，稍有闪失便将付出很大的代价。如果微软公司不慎泄露了IBM公司的秘密，将承担法律责任；微软公司的秘密为IBM公司所用，连官司也没法打。尽管比尔·盖茨知道这是一个"不平等的条约"，但他更知道这是一个不容错过的机会。在当时的情况下自己相对这位蓝色贵人来说不过是一只蚂蚁，蚂蚁要想尽快成长为贵人，只有借助贵人的力量。所以除非他不想与IBM公司做生意，不想成为贵人，否则就没有讨价还价的余地。权衡利弊，他当然是坚定果断地傍上了这个贵人。

后来的事实证明，比尔·盖茨的决断是英明的，自从签订了这个"不平等条约"之后，微软公司便开始渐露王者的霸气。可以说，20世纪80年代与IBM的合作，是微软公司发展中的第一个里程碑，正是在这个蓝色贵人的庇护下，微软公司才得以迅速腾飞，其开发的操作系统成为行业标准，市场占有率达到80%，销售额1984年达到100亿美元，从一个小小的蚂蚁很快成长为名副其实的贵人。在此之后，比尔·盖茨频频与IBM、苹果等大公司合作，因为比尔·盖茨深知，只有依靠与强者合作才是走向成功的捷径。

在任何一个行业领域，都有堪称贵人的"领军人物"，它们通常在市场上占据着稳固的位置，已经被广大群众认可，并且深入人心。而作为一个新手，要和这样的竞争对手抗衡，无异于鸡蛋碰石头，倒不如换一种方式，借助它的高度来抬升自己，即踩在贵人的肩膀上完成由蚂蚁到贵人的转变。

让融洽的人际关系给你发展良机

只要你的能力不存在问题，利用好自己的人际关系，一定会有所收获。

娱乐记者胡娜，是在接到好友乐乐的电话后，才了解这个情况的：那天早上，乐乐陪一个朋友去参加长沙电视台的娱乐主持人面试，无意中得知长沙台同时也在进行电视编辑和记者的招聘。于是，乐乐想都没想就直接参加了面试。巧合的是，面试官竟然是胡娜以前的实习老师，而乐乐也曾无意中见过她。于是，乐乐希望胡娜帮忙询问一下自己的面试情况，看看是否有机会能够被录用。

胡娜很快联系到了那位实习老师，老师很高兴地说："原来乐乐是你的朋友呀，我想她的面试问题应该不大。说起来，实习之后我就一直没有联系到你，有很多好机会想推荐给你，但是不知道你的电话，真是挺遗憾的。"

放下电话后，胡娜在为乐乐感到高兴的同时，也突然意识到自己在社交方面实在是太不"上心"了：不仅对于有价值的各种信息毫不敏感，并且从来没有积极留意过电视台、电台之类的招聘信息，即使自己的人际关系很广，还是很少重视联系，甚至有些人缘都被"荒废"掉了。

胡娜现在记起了毕业前妈妈提醒自己的话："人际关系一旦开始，就别让它断了线，你得一直把关系维持下去，这样一来对你日后的发展，可有着巨大的作用呀。"胡娜当时对于这句话很不以为然，比如大学实习结束后，她就很少再去联系实习老师，那层关系慢慢地也就淡了。偶尔，胡娜也想主动给实习老师打个电话，但还是由于性格原因而不了了之。直到乐乐的事情，胡娜才发现由于自己懒于维持人际关系，总是被动处理现有的关系，因而错失了许多难得的工作机会。

其实不止是胡娜，每一个职场人都需要改变被动消极的性格，不要害怕受挫，多与人接触、多与人交流，才能找到好工作。或许，胡娜更应该学习一下冯悦华的经验。

冯悦华最近的心情不错，因为下个月她就要到一家著名的网站担任副总编了。同事们都认为这样的好机会理应属于她，因为冯悦华平时就很会与人打交道，并且拥有一个不错的"人际圈"。但凡同事在工作上有困难，冯悦华总能凭借自己的人际关系帮忙搞定，更何况是自己的前途问题呢。

冯悦华已经做了5年的网络编辑，长期负责财经类信息的编辑和策划工作，其敏锐的专业感觉、娴熟的编辑业务以及有口皆碑的敬业精神都在业内广为传播。这一切多少要归功于冯悦华广泛的社交圈，朋友们总是有意无意地替她做着义务宣传。在平时的工作中，冯悦华就较为注意经营自己的人际关系资源。5年来，她与各大网站的编辑们接触很多，与业界的纵深交往也达到一定的深度。平时或者节假日，电话、电子邮箱、短信、QQ、MSN上的问候一个都不少，与一些网站的同行还时常一起逛逛街、下馆子、看电影什么的。

前一阵子，一家大型门户网站的副总编辑一职出现空缺。该网站的很多编辑，都在第一时间将消息告诉了冯悦华。在征得她的同意后，将她的简历推荐给了单位的人力资源部。经该网站的人力资源部和网站总编了解相关情况后，认为冯悦华在业界的影响力、人际关系和工作能力等各方面素质非常适合网站目前的发展。几次面谈之后，该网站最终确定聘请冯悦华担任副总编辑一职。

像冯悦华这种聪明人，往往能够得到不错的升迁机会，因为他们掌握着最有价值的人际关系资源。中国目前的贫富分化，导致每个人所占有人际关系资源的比例严重失衡。凡是懂得充分利用人际关系的人，事业发展绝对能够一路看涨。

发展机会到哪里去找？它不是你买一份《手递手》、去一趟招聘会或者浏览招聘网站就能轻松搞定的，而是要通过你的熟人介绍或者利用你的人际关系觅得的。现在，无论是企业还是求职者，都相信利用人际关系才能迅速地找到好人才或者好工作。当然对于求职者来说，必要的前提是你得先成为一个名副其实的人际关系高手，通过与学校同专业的师哥师姐以及自己认识的业内人士不断取得联系。现实中，一些企业之所以愿意采用熟人推荐的方式，是因为熟人推荐比现场招聘的风险小，而且招来的人工作起来容易"上手"。因此，只要你的能力不存在问题，利用好自己的人际关系，一定会有所收获。

同样，为了开拓更多的发展良机，你必须积极参加各类社交活动。

在IT业从事销售管理工作的沈松涛，性格外向，是一个天生的交际派，一般他走到哪里就能把欢乐带到哪里。不过，前些日子沈松涛的事业发展很不顺，他所在的单位发生人事更迭和业务重组，心烦意乱之下他索性以生病为由赋闲在家，一边放松和调整心态，一边积极寻找新的工作机会。沈松涛动用了身边所有的资源，看报纸、搜网络、打听熟人，甚至还到人才招聘会上溜达了几圈，结果还是毫无收获，原因是应了那句老话："高不成，低不就。"

正所谓"有心栽花花不开，无心插柳柳成荫"。沈松涛在人才市场瞧了很久都一无所获，没想到偶然参加一个同事的派对，却让他收获了一份意外的惊喜。一位过去的同事组织的一场"七夕节派对"邀请沈松涛参加，沈松涛是个爱热闹的人，自然领着太太一起出席。当天的派对现场气氛不错，尤其难得的是来宾中竟然有不少IT业的同行。一开始，组织者让大家先做自我介绍，由于当天的主题是关于七夕的，沈松涛巧妙地融入了自己对IT销售的见解，幽默地向大家介绍了自己，引来阵阵笑声和掌声。在自我介绍之后，是分组玩游戏。沈松涛负责一个小组，他利用平时的领导能力，充分调动全组成员的积极性，使本组拿到了当天晚上的最高分。

在之后的自由时间里，大家互相交换名片。因为沈松涛的出色表现，很多人都纷纷前来与他交换名片，其中有一位IT公司的老总似乎对他很感兴趣。在闲聊之中，这位老总得知沈松涛从事销售管理已有多年，不巧赶上了公司业务转型正想寻找新工作，于是就主动向他抛出了橄榄枝——原来这位老总的公司恰好缺少一名销售总监。于是一周之后，沈松涛就与原单位交接完毕，直接跳槽到新公司里担任销售总监。

从沈松涛的这次经历中，我们不难看出，社交活动是巧妙展示个人才华与素质的舞台，积极参加各种派对，能够有效地提升个人价值。特别是性格相对内向的朋友，更要在公众场合展示自己，争取给人留下深刻印象。

在这里要提醒大家：参加派对不是为了跳槽，而是为了认识更多的朋友。所以，在派对上聊到自己的工作时，尽量多给对方提供一些正面信息，多聊一些你对于本行业发展的认识以及你的职业规划等，这些都会对你和他人有所帮助。不要在派对上公开批评或指责你的上级，更不要抱怨好工作难求，这会使人对你的评价大打折扣。

除此之外，在场面上更要把握一些基本的原则和分寸：

（1）迅速拉近彼此间的"距离"。即使是第一次见面的陌生人，也要以熟人的方式打招呼，聊一些最基本的话题，比如天气、职业、姓名、家乡等，以自然的亲和力实现毫无距离的沟通。我们不应该只进行单向的信息传递，而要在消除距离感的基础上，进行双向互动。这样，不仅可以把你的观点正确无误地传达给对方，还可以避免造成不必要的误会。

（2）交流上保持相同频率。与一个循规蹈矩的人交谈，你的态度应该严肃认真，说话应该有板有眼；与一个随和、乐观的人交谈，你就不妨表现得轻松幽默点。只有你与对方的交流频率是同步的，对方才会觉得与你谈话很舒服，才会感到一种被理解、被尊重的认同，从而进一步拉近与你的关系。

（3）肢体语言要用好。人与人之间的沟通，文字只占不到10%的因素，语气和音调占40%，肢体语言的作用则超过50%。可见，运用好肢体语言(如表情、手势、动作、呼吸等)，可使你与陌生人沟通得更有效。当你和对方谈话时，不妨模仿对方的站姿、坐姿和习惯动作等，以使对方产生一种认同感。当你能够自然而不落痕迹地模仿到位，对方就会莫名地对你产生好感，并与你一见如故。

（4）提出对方感兴趣的话题或问题。在与陌生人交流时，要尽量掌握主动权，特别是挑起话题或者提出问题时，要诱发对方的兴趣，引导对方产生积极的反馈。通过寒暄时的三言两语，你就要很快判断出对方喜欢什么和讨厌什么，并且有所侧重地引出对方喜欢的话题，打开对方的话匣子。

说到底，机遇是很现实的，它永远只属于那些主动寻找它的人。机会就在身边，不要"懒得"去理会它，更不要过于胆小。脸皮厚一点又能怎样？很多时候你要逼着自己跟人讲话，克服自身内向的缺点，潜意识里不停地提醒自己"为了更大的发展，我要变得大胆一点、主动一点"。

每一天你都应该多与人接触，不要等到老了以后再去懊悔："我应该早一点跟他谈谈"，"我应该把握住那个机会"，"我应该接受他的推荐"……不妨从现在开始，时刻鞭策自己，尽可能地去积累好人际关系吧。

PART 3

实践篇

第十一章
拓展人际关系的要领

经营好人际关系，不如营建"大人际关系"。而喜欢攀高枝的人，就正是突破人际关系局限，实现拉拢"大人际关系"的各种高手。想攀高枝，就要从有名、有势、有钱的人入手，一旦打开了局面，以后在人际交往中，就能高枕无忧了。要想处理好人际关系，有时糊涂是一种大智慧，和那些小聪明比起来，糊涂能使你获得更多的财富。小聪明的人能聪明一时而不能聪明一世；大智若愚，表面上糊涂的人，不计一时的得失，却能聪明一世、明哲保身，始终立于不败之地。

聪明人巧向名人借人气

一代天骄成吉思汗，善于借助他人力量。铁木真当年进攻蒙古蔑乞儿部时，兵力不济，后来他联合草原雄鹰札木合，假借其名造声势，一举歼灭蔑乞儿部，等到他与札木合争雄时，又联合王罕，打败了札木合，奠定其草原霸主地位。

在自己的力量还没有足够强大的时候，借成功人士之名，是走向成功的捷径。一个人要获得进一步发展，更免不了借成功人士之名。比尔·盖茨说：一个善于借助他人力量的企业家，应该说是一个聪明的企业家。在办事的过程中善于借助他人力量的人也是一个聪明的人。

荀子在《劝学》中就说道："假舆马者，非利足也，而致千里；假舟楫者，非能水也，而绝江河。君子生非异也，善假于物也。"借助于车马的人，不必自己跑得快，却能远行千里；借助于舟船的人，不必自己善水性，却能渡江河。君子生性与别人无异，只是因为他善于借助和利用外物，所以就不同了。这就是一种善于借助外部力量的大智慧。

现代社会越来越开放，信息传播越来越快捷，企业的规模越来越庞大，专业分工越来越细致。靠个人单枪匹马独闯天下的时代已经过去。要成功就要借成功人士之名而不是自己一个人艰苦奋斗。换句话说，就是要调动外界的一切能为我所用的资源，从而提高我们的办事效率，迅速达到我们的预定目标。

假借成功人士之名指的是借他人之力，如名人、亲戚、朋友、同学等的地位、名望、财富或权力等；他人有时是你接近成功或走向成功的桥梁与阶梯，尤其是那些德高望重的名人，他们的力量更能帮你寻到走向成功的捷径。古往今来，借助于他人之力成功的事例数不胜数。汉高祖刘邦立太子的故事就是其中之一。

汉高祖刘邦共有八个皇子，生母不一，为了争夺太子之位，展开了子与子、母与母之间的明争暗斗。刘邦有位爱姬戚夫人，她想要刘邦废除太子，改立自己的儿子如意为太子。可吕后想保住自己的儿子刘盈的太子地位，于是她找张良帮忙。张良献上一计："皇上一直想招聘四个隐居的贤人出山，但他们始终不肯，若将他们迎为宾客，太子常请此四人赴宴，必会被皇上看见而问其原因。"果然不出张良所料，高祖以为刘盈为人恭敬仁孝，天下名人慕名而来，终于打消了废去太子的念头。刘盈的成功完全是因为借助了四大贤人的盛名，借助他们的名望保住了太子的地位。一个人的力量毕竟是有限的，要想在事业上获得成功，除了靠自己的努力奋斗之外，有时需要借成功人士之名，只有"好风凭借力"，才能"送我上青云"。

人际关系网中的"借"字是核心。把握了"借力"这一核心，就把握了人际关系网的精髓。一个人想要顺顺当当把事情办成功，除了靠自己的努力外，有时还要借成功人士之名才能扶摇直上。一般来说，无论引荐者的名望大小，地位高低，只要对你的成功有所帮助，他就是你登上高处的好榜样，他的威信和影响对你都有用处。

世界上很多人、很多事都是这样，不知默默无闻地存在了多少年，偶然一次，和总统扯上关系，便身价倍增，名扬海内外。这就是借助名人人气的缘故。

你可知道，美国总统也能帮你卖书、卖衣服、卖自行车、卖汽水。这并非笑话，只要你策划得法，巧借名目，美国总统这一神圣的王冠你照样可以玩于股掌之上，为你的市场竞争活动增添爆炸性新闻。

美国一个出版商有一批滞销书久久不能脱手，他忽然想出了一个主意，给总统送去一本书，并三番五次去征求意见。忙于政务的总统不愿与他多纠缠，便回了一句："这本书不错。"出版商便借总统之名大做广告，"现有总统喜爱的书出售"，于是，这些书一抢而空。不久，这个出版商又有书卖不出去，又送一本给总统，总统上过一回当，想奚落他，就说："这书糟透了。"出版商闻之，脑子一转，又做广告："现有总统讨厌的书出售。"不少人出于好奇争相抢购，书又售尽。第三次，出版商将书送给总统，总统接受了前两次的教训，便不作任何答复，出版商却大做广告："现有令总统难以下结论的书，欲购从速。"居然又被一抢而空，总统哭笑不得，商人却善借总统之名大发其财。

1959年美国博览会在莫斯科举行，为进军前苏联市场，百事可乐公司董事长唐纳德·肯特亲临现场，他凭着当时和美国副总统尼克松的私交，要求尼克松在陪同苏联领导人参观时，"想办法让苏联总理喝一杯百事可乐"。尼克松同赫鲁晓夫打过招呼，因此赫鲁晓夫在路过百事可乐的展台时，拿起一杯百事可乐品尝，顿时各记者的镁光灯大亮。这对百事可乐来说，无疑是一个特殊的，然而又是影响力最大的广告。借助这件事，百事可乐领先可口可乐在前苏联市场站稳了脚跟。

1987年天津自行车厂获悉美国总统和夫人即将访华，经调查了解到，1974年到1975年间，布什担任美国驻中国联络处主任时，和夫人巴巴拉经常骑着自行车穿行于北京的大街小巷。从他俩在金水桥拍摄的照片看，布什骑的是凤凰男车，而布什夫人骑的那辆女车就是天津自行车厂生产的飞鸽牌。于是该厂大胆向有关部门建议，策划出一个向布什总统和夫人赠送飞鸽自行车的奇招。为此，职工们抓紧时间，特意加工装配了一辆绿白色的83型男车和一辆红白过渡色的84型女车。这种车是他们1986年底才研制出来的新品种，造型美、重量轻、骑行轻便，经质量鉴定测试达到国家规定的ISO421的安全标准。

如果你不能向总统借人气，向其他名人借点人气也是好的嘛！人气可理解为你在人际交往中受欢迎的程度，也说明你的人际关系资源的品质和数量，当然它具有积聚财富的能量，并且也具有毁掉财富的能量。在中国的文化底蕴中，十分注重人气在事物发展中的作用。

借人气即指恰当和谐地处理和利用来自上下左右前后、东西南北中的各种人际关系，包括善于借用名人的声望地位。

处理与协调人际关系是创富活动的重要组成部分，它常常要花费我们的许多精力，有时甚至严重困扰我们。如何提高处理人际关系的艺术已越来越为众多的人所重视。长袖善舞、营造良好的人际关系资源，已成为现代人际交往中一个不可或缺的要素。

人脉积累讲究放长线钓大鱼

人际关系的用处无所不在，谈判在即，别忘了与对方搞好关系。只要你能够在感情上与对方拉近距离，取得对方的信任，打消对手的敌意，就能赢得对方的好感，和他套近乎，就可使谈判圆满的成功。

谈判双方都有各自的目的，都知道谈判并不是来旅游的，所以，双方往往都神经紧绷，心有戒备，甚至会故意表现仇视对方的情况。这个时候，如果你能进行一番恰到好处的寒暄，创造良好的谈判气氛，与对方加强感情沟通，消除双方的隔阂，那就不仅赢得了对手的好感，而且还会让自己占据主动位置。

邓小平与英国女王及其丈夫爱丁堡公爵会谈前就有一番精妙的寒暄。双方见面时，邓小平迎上前去，对英国女王说："见到你很高兴，请接受一位中国老人对你的欢迎与敬意。" 接着，又说："这几天北京的天气很好，这也是对您的欢迎。不过北京的天气比较干燥，要是能借一点你们伦敦的雾就更好了。我小时候就听说伦敦有雾。在巴黎时，听说登上巴黎铁塔，就可以望见伦敦的雾。我曾经登上过两次，可是很遗憾，天气都不好，没能看到伦敦的雾。" 爱丁堡公爵被邓小平轻松幽默的寒暄逗笑了，接着说："伦敦的雾是工业革命时的产物，现在没有了。" 邓小平马上接过来说："那么借你们雾就更困难了"。爱丁堡公爵说："可以借点雨给你们，雨比雾好。你们可以借点阳光给我们。" 说完，双方都笑了，丝毫没有谈判前的紧张，双方的寒暄都十分高雅而得体。

与对手搞好关系既能表现出我方的热情，又能恰到好处地把自己的不卑不亢，得体大方表现出来，力求先入为主地向对方传递有声和无声的信息，给对方留下鲜明、深刻的第一印象，让对方消除敌意。

与对手搞好关系，其内容很重要，但有一点需要我们谨记的就是寒暄一定要能够令人轻松愉快，而且要和本次谈判内容无关。比如谈到双方的家乡、阅历、家庭、风土人情、趣事轶闻、爱好专长等。找出一个彼此都能产生共鸣的话题，就能迅速为正式会谈奠定良好的感情基础，并营造出和谐的气氛。

当然，谈判是激烈的智斗，气氛难免有紧张的时候。在谈判中，不要为了赢得自己的利益，而不顾方式，只求目的。这样做很可能伤害对方的自尊和面子。在谈判中能否尊重对方，不仅仅影响对方的心态、情绪，而且会影响对方对合作的态度。一旦对方感到不被尊重，那就会产生敌意，致使谈判破裂。相反，对方如果觉得自己在谈判中受到尊重，往往会变得更友好、宽容、热情而易于合作。因此，一个优秀的谈判者会始终顾全对方的尊严和面子，即使利益冲突再强烈，也要保持绅士的风度。

另外。当谈判陷入僵局的时候，不要再采取强硬攻势，而是要先缓一缓，与谈判对手友好沟通，联络感情，如果能成为朋友那就更好，这样就能使陷入僵局的谈判柳暗花明了。

一家钢材公司委托另一家公司加工一批零部件，但由于最近原材料价格上涨，生产零部件的公司提出加工价格也要相应上涨，否则，他们拒绝合作。

钢材公司派方建国与他们谈判，但几轮谈判下来，对方立场仍然坚定。任凭方建国磨破嘴皮，对方就是不改初衷。谈判陷入僵局。这个时候，方建国决定暂时停止谈判。在接下来的几天里，他邀对方吃饭，还请他们一块到黄山来了个三日游。在旅途中，方建国没有谈及任何有关谈判的事，而是聊些风土人情，各自的家庭这些话题，几天下来，双方成了好朋友。

这个时候，方建国看到时机成熟，又重开谈判。当再次坐到谈判桌上的时候，对方做出了让步："咱们已经是好朋友了，通过这几天的交往，我发现你这个人很值得信赖，我们是不会让朋友吃亏的，咱们还是按原来的价格，我签字！"方建国成功了。

记得一个政治家在回忆录中提到：一位被委任组阁的人受命伊始，心情是焦虑的。因为一个政府的内阁起码有七八位部长，如何去物色这么多的人来辅佐自己?这的确是一件难事，因为选的人除了要有才能和经验，还要"和自己有些交情"。

人与人之间的感情是需要培养和积累的,不管是做人还是做事,都不能急功近利。和别人有交情才容易得人赏识,不然的话,任你有登天的本事,别人也不会知道。充满智慧、懂得游刃于人际关系中的人往往擅长于放长线,钓大鱼。有经验的人介绍钓大鱼的技巧是:看到大鱼上钩之后,不要急着扬竿收线,把鱼甩到岸上。这样做,到头来不仅可能抓不到鱼,还可能把钓竿折断。如果有大鱼上钩,应不慌不忙地收几下线,慢慢把鱼拉近岸边;一旦大鱼挣扎,便应放松钓线,让鱼游蹿几下,再慢慢收线。如此一张一弛,待到大鱼筋疲力尽、无力挣扎时,才将它拉近岸边,用网兜拽上岸。

人际交往也是如此,如果追一个人追得太紧张,对方反而会一口回绝你的请求。但是如果你沉住气,花上一段时间慢慢培养你的人际关系,当你有需要的时候,即使你不提出要求,对方也会主动来帮助你!

有一家中小型企业,靠长期承包一些大电器公司的工程来维持企业运转。这家企业的老板非常懂得积累人际关系,他不仅会对大公司的重要人物十分重视,对年轻的职员也殷勤款待。做这些事情之前,他总会想办法了解大公司各员工的学历、人际关系、工作能力和业绩,如果他认定这个人大有可为,以后会成为该公司的要员时,不管对方有多年轻,他都会尽心款待。这样做的目的其实是为自己积累人脉,是放长线钓大鱼的做法。他清楚地知道,10个欠他人情债的人当中,有9个会给他带来意想不到的收益。他现在做的"亏本"生意,日后会连本带利地收回。所以,当他所看中的某位年轻职员晋升时,他会立即跑去祝贺、赠送礼物,同时还邀请对方到高级餐馆用餐。年轻职员很少去这类场所,因此对他的盛情款待自然备加感动,心想:我从前从未给过这位先生任何好处,并且现在也没有掌握重大交易决策权,这位先生真是位大好人!无形之中,这位年轻职员自然就产生了知恩图报的意识。

当年轻人感到受宠若惊之时,这位老板却说:"我们企业能有今日,完全是靠贵公司的抬举,因此,我向你这位优秀的职员表示谢意,也是应该的。"这样说的用意,是不想让对方有太大的心理负担。后来,这个职员晋升至处长、经理等要职时,还记着这位老板的恩惠。在生意竞争十分激烈的时期,许多承包商倒闭的倒闭、破产的破产,而这家企业却仍旧生意兴隆,这正是老板平常关系投资多的结果。

当你佩服这位企业老板的长远眼光时,是不是想到自己还没有这样长远的目标?千万不要以为这样做太工于心计,这其实是一种生存的本事。很多大企业家之所以能有现在的万贯家产，其实都是长期积累人际关系的结果，他们的确有"老姜"的"辣味"。这同时也显示了他们交友有长远眼光，不做临时抱佛脚的买卖，而注意有目标的长期感情投资。

同时，放长线钓大鱼，必须慧眼识英雄，才不至于将心血浪费在那些中看不中用的庸才身上。那么，我们如何知道一个人是否有发展的潜力呢？或许你不是企业老板，没有太多的人际关系，也不懂得如何去查别人的学历和资历。但是你可以逐渐接触那个人，了解他的能力、学历及为人。当你感觉他是一个有能力又值得交往的朋友的时候，就努力地去做吧！不紧不慢、张弛有度的社交方式会让你钓到大鱼！

财富背后的 "难得糊涂"

糊涂是一种大智慧，和那些小聪明比起来，糊涂能使你获得更多的财富。小聪明的人能聪明一时而不能聪明一世；大智若愚，表面上糊涂的人，不计一时的得失，却能聪明一世、明哲保身，始终立于不败之地。

清代的郑板桥在即将辞世之时，留下了 "难得糊涂" 这一名训。仔细品味，它确实适合于人性丛林中的某些领域。"水至清则无鱼，人至察则无友。" 有些时候人需要糊涂。

在和上级的相处中，我们应学会装糊涂，萧何便是很好的例子。当年与刘邦共打天下的有功之臣，都非平庸之辈，而最后皆被刘邦和吕氏疏远或加害，唯有萧何能安度晚年。为什么会这样?正是因为萧何会装糊涂，他从来不对一些大事持关心的态度，这样刘、吕便放松了对他的警惕。职场中，上级总有他们的权利，一旦你的表现超过了他们，那些心态不好的领导便会有不安全的感觉，他们不会让你长期得意下去。这就是人性。要小聪明的人往往意识不到这一点，往往会获得不好的结果；而大智慧的人懂得装糊涂，假装不如上司，让他获得一种优越感，让他陶醉于他的成就之中。在小事上糊涂一点，在大事上注意一点就行了。这样的糊涂，并非显示出你的无知，而是显示出你的智慧。

或许你会说，其实你挺糊涂的，但是你依然没有好的人脉，也没有什么财富。其实，你说的糊涂和我说的糊涂并不一样。

我们这里所讲的糊涂是一种清醒的糊涂，即心里有数而不说出来!在社交中，我们经常需要和人打交道，而在和各种不同的人相处的过程中，我们必须保持清醒的头脑，认清谁是自己的朋友，谁是自己的对手，我们可以依靠谁，不可以信任谁。对于这些问题，我们必须做到心中有数。这是生活的一个方面，也是我们生存的前提条件。离开了这些认识，我们将生活在盲目之中。

心理学研究表明：人普遍有一种优越感，而且一个人的行为、情绪往往与这一优越感有着极大的关联。一旦他意识到自己的成就，那种优越感便会给他一个爽快的奖赏。反之，如果他感到失败，而这失败又是对方造成的，他便会产生一种近乎于专横的粗暴，并通过行为或语言把这种粗暴施加在对方身上。

所以，不管你是企业家还是公司领导，是白领还是创业人员，都不要以为自己比别人聪明。要知道，自以为聪明的人往往不得善终，而真正大智大慧的人，表面上都似乎有点"愚"。不败人生，"才"不外露。或许你觉得这样太过虚伪，但是我们不能不意识到人性的可怕。那是一个阴暗领域，然而，它又是那么普遍地存在。作为人的劣根性，它像个幽灵，缠着人不放。我们没有办法去解决这些问题，所以我们要知道它的存在，并学会装糊涂。

约翰·华纳梅克曾说："有些人不知道，自己总是随身带着一把放大镜，当他们愿意时，就用它来看别人的不完美。"日常交际中有某种东西在驾驭着人们的情绪，我们一不小心，它就要煽起对方的怒火。"别人的不完美"往往给观察者一种高人一等的优越满足感，同时忘记了自己身上的不完美。当我们看到他人的才智，看到他人的成功时，我们心中所涌起的不仅仅是妒忌，还会有毫无来由的厌恨与不屑。当我们看到电视上的这类形象时，我们打心底发出鄙夷的声音，而生活中，我们自己也无法避免遇到这种情况。

社会上有这么一种人：他们能力超群，见解深刻，才华横溢，本来可以飞黄腾达，却偏偏过着清苦的日子。这是为什么呢？这些人虽然有才华，却也恃才傲物，认为自己比别人优秀，是不可或缺的人才，因此狂妄自大，不能很好地与周围的人相处。就这样，他们因为没有人际关系，最终连才华都被埋没了。

所以我们说，没有人际关系资源的从旁协助，光有才华也是不能发财的。要想财源广进、飞黄腾达，还是需要靠人脉取胜。

孙志新大学毕业后，应聘到一家报社广告部工作。工作期间，他时常接触到海尔、春兰、百事这样的大客户。他在给他们搞创意或争取版面时很卖力，从来不偷懒，而且经常还会征求他们的意见，这些客户对他的态度很满意，因而彼此间关系十分融洽。

后来，孙志新出来单干时自然想到了这些过去的伙伴，春兰空调恰好在该市还没有专卖店，他就跟销售部的负责人谈起此事，当然人家很给他面子。在众多竞争对手条件都差不多的情况下把独家销售权给了他。

有人际关系就等于有财脉！世界首富比尔·盖茨经常被问到，如何成为世界首富？他每一次的回答都是："因为我请了一群比我聪明的人来帮我工作。"足以说明，一个人的成功并不取决于他自己的才华，而是取决于他能够借助别人的力量有多强。

当有人问：他们是依靠什么成为百万富翁的？著名的成功励志大师卡耐基的答案是：一本厚厚的名片夹。没错，正是因为拥有建立人际关系的能力，他们才成为了百万富翁，成为了被人追逐、崇拜的对象。所以我们自然也不能忽视这种重要资源。

台湾的传奇式人物王永庆，从做生意开始就非常重视建立人际关系。

王永庆在刚开始做木材生意的时候，对客户的条件放得很宽，往往都是等到客户卖出木材之后再结账，而且从不需要客户做任何担保。不过没有一个客户曾拖欠和赖账，原因就在于王永庆不但了解每一个客户的为人，也理解他们做生意的难处。正因为有了这份信任，客户很快就跟王永庆建立起了深厚的友谊。

华夏海湾塑料有限公司董事长赵廷箴，曾经与王永庆合作过建筑生意。有一次，赵廷箴需要大量资金周转，于是向王永庆表明自己的困难。王永庆二话不说，立刻借给他十几根金条，还不收分文利息。这样的举动不仅帮助了赵廷箴，两人成了好朋友，并且从此后，赵廷箴营造的工程上所需要的木材全都向王永庆购买，成为王永庆最大的客户。

王永庆后来回忆这段往事的时候说道："正因为结识了木材界众多朋友，我才能在木材业迅速崛起，站稳脚跟。"后来，王永庆一直在建筑业发展，并且木材厂的生意非常兴隆。到1946年，也就是王永庆30岁时，他已经积累了5000万元的资本了。

他们的成功大部分是因为能够在财富面前"难得糊涂"。

那么，如何做到难得糊涂呢？最重要一点就是做事情不要太过认真。

有位智者说，大街上有人骂他，他连头都不回，他根本不想知道骂他的人是谁。人生如此短暂而宝贵，要做的事情太多了，何必为这种令人不愉快的事情浪费时间呢？

这就是有人活得潇洒，有人活得累的原因之所在。

是啊，千万不要太过认真了，难得糊涂能让你有更多的空间和时间去处理你的事情，也能给那些怨恨你的人空间和时间去慢慢化解对你的仇恨。

这也是一种学问：镜子很平，但在高倍放大镜下，就成了凹凸不平的山峦；肉眼看上去干净的东西，拿到显微镜下，满眼都是细菌。太认真了，就会对什么都看不惯，就会连一个朋友都容不下，把自己同社会隔绝开。

古今中外，凡是能成大事的人都具有一种优秀的品质，就是能容人所不能容，忍人所不能忍，求大同存小异，团结大多数人。他们胸怀豁达而不拘小节，从大处着眼而不会目光如豆，从不斤斤计较、纠缠于非原则性的琐事，所以他们才能成大事、立大业，使自己成为不平凡的人。

和人相处不过于较真，其实并不是很容易的事情。这需要很高的修养，需要有善解人意的思维方法，需要从对方的角度设身处地地考虑和处理问题。多一些体谅和理解，就会多一些宽容、多一些和谐、多一些友谊。想一想，天下的事并不是你一人所能包揽的，何必因一点点毛病便与人斗气呢？如果能这样想，你就不会过于较真了！

补齐影响你发展的 "人际关系短板"

也许有人觉得，其他同事在水平、人品各个方面都和自己不相上下，甚至有的地方还不如自己，为什么他可以有那样的机会，而自己没有呢?原因当然是因为有人给他机会。为什么机会赏识的偏偏是他呢?当然是因为他的朋友比你多，获得的机会当然比你多。

所以，从现在起，与周围能带给你机会的人架起沟通的桥梁，补齐影响你发展的"人际关系短板"关系网，寻找能带给你机会的朋友，让成功离你更近一步。

柯洁是一名寿险推销员，他来自蓝领家庭，平时也没什么朋友。田华先生是一位很优秀的保险顾问，而且拥有许多非常赚钱的商业渠道。他生长在富裕家庭，他的同学和朋友都是学有专长的社会精英。柯洁与田华的世界有天壤之别，所以在保险业绩上也是天壤之别。柯洁没有人际网络，也不知道该如何建立网络，如何与来自不同背景的人打交道，而且少有人缘。一个偶然的机会，柯洁参加了开拓人际关系的课程训练。受课程启发，开始有意识地和在保险领域颇有建树的田华联系，并且和田华建立了良好的私人关系，他通过田华认识了越来越多的人，事业上的新局面自然也就打开了。

商场上有句俗话:"天大的面子，地大的本钱"，指的就是朋友越多，机会就越多。所以，一个人的成功，很大程度上取决于他有多少朋友面，他的朋友宽广会给他带来机会。

道格拉斯年轻时落魄潦倒，没有人认为他会成为明星，这也包括许多知名大导演在内。直到有一回，道格拉斯乘火车，旁边坐着一位女士，漫漫旅途，时间难以打发，于是，道格拉斯便主动与身边的女士攀谈起来，没想到这一聊就聊出了一个重大机会，原来，这位女士是位知名制片人。没过几天，道格拉斯被邀请到制片厂报到，从此，他的人生开始改变。

一匹好马可以带你到达你梦想的地方，一个好朋友可以带你实现自己的愿望。我们总是要接触很多陌生人来完成自己的事业，成功的交往也许会给我们带来好运。希望我们在与他人交往的过程中能够开始一段美好的友谊。

周末晚上别老蹲在家里，多出门去参加一些社交活动。无论是什么活动，只要加入并参与就够了。下班后不要急于回家，因为一下班就回家的人不是没钱在外面混，就是没有朋友，没有本事。多结识一些朋友，建立自己的庞大人际关系网，对你的生活、事业将会有很大的帮助。

人脉是你人生中最重要的资本之一，也是成功路上最重要的因素之一。事实上，人脉够宽，做起事来才能顺风顺水。每个人都希望得到那些有一定的背景的大人物的帮助，使他们在事业的发展上能够少遇些障碍。

丰富的人脉能为你带来更多成功的机遇。也许你会说你只不过是一名普通的公司职员，每天过着朝九晚五的生活，但请不要忽略人缘对自己的功用，只要多结交朋友，总会有一个人为你带来你梦想的机遇的。但是，如果你在人际关系资源上有所欠缺，要怎么做才能补齐这些人际关系"短板"呢？

首先，做人要有人情味。

要有好人缘，必不可少的就是要有人情味，更要有急公好义的火热心肠。人都有三灾六难、五伤七痨，人吃五谷杂粮，哪能没有一点病痛？你能在人家最困难的时候，善解人意，急人所难，伸出友谊之手，替人家排忧解难，将是功德无量的大好事。

俗话说："积财不如积德。"厚道做人，是修炼人情味的根本。在处理人际关系时，不要待人刻薄，使小心眼，"睚眦之怨必报"。一个没有人情味的人，是永远也无法了解"帮助"这个看似简单实则微妙的人情关系术语的丰富内涵的。

要有人情味，还要有容人的雅量。四川成都新都寺内有一尊笑容可掬的弥勒佛。佛像旁有一副对联："大肚能容，容天下难容之事；开口常笑，笑世间可笑之人。"这副对联很耐人寻味。人生在世，不如意事常八九。人事纠葛，牵丝攀藤，盘根错节。世态百味，甜酸苦辣，难以胜数。人际关系中，有时发生矛盾，心存芥蒂，产生隔阂，个中情结，剪不断，理还乱，当何以处之？一种方法是"冤家路窄"，小肚鸡肠，耿耿于怀;另一种方法,则是冤仇宜解不宜结,"度尽劫波兄弟在,相逢一笑泯恩仇"。

其次,口下有情脚下有路。

人与人的交往,原本没有那么多的矛盾纠葛,往往只是因为有人逞一时之快,说话不加考虑,只言片语伤害了别人的自尊。这样,在社交过程中,以尖酸刻薄之言讽刺别人,只图自己嘴巴一时痛快,结果往往会给自己引来意想不到的灾祸。想要厚结人缘,说话的时候就一定要口下留情,骄傲自大,尖酸刻薄,最易伤人面子。谦卑待人,才能得到友谊。

张威自我感觉良好,然而在单位人际关系不好。因此他经常抱怨世态炎凉,责怪同事寡情。是真的世态炎凉同事寡情吗?非也!原来是张威自命不凡,每逢单位开会,年终考评,他都喋喋不休地贬损他人,以显示自己"崇高的思想"、"卓越的才能"、"非凡的业绩"。因此,同事们都觉得他太过分了,太不像话了。于是大家都不买他的账,他陷入了孤家寡人的境地。

最后,要懂得留下回旋的余地。

做人处事,要把握好尺度:万事都要留有余地。不论做什么事都难有百分之百的把握,变数始终存在。所以在没有成功的绝对把握时,应该先给自己留点余地,以便进退自如,来去从容。

有一个叫小聪的七岁小孩,大家都说他傻,因为如果有人同时给他5毛和1元的硬币,他总是选择5毛,而不要1元。有个人不相信,就拿出两个硬币,一个1元,一个5毛,叫那个小孩任选其中一个,结果那个小孩真的挑了5毛的硬币。那个人觉得非常奇怪,便问那个孩子:"难道你不会分辨硬币的币值吗?"小聪小声说:"如果我选择了1元钱,下次你就不会跟我玩这种游戏了!"这就是那个小孩的聪明之处。

的确,如果他选择了1元钱,就没有人愿意继续跟他玩下去了,而他得到的,也只有1元钱!但他拿5毛钱,把自己装成傻子,为以后拿到更多的五毛钱留下了回旋的余地。于是傻子当得越久,他就拿得越多,最终他得到的,将是1元钱的若干倍!

既然人际关系资源短板的力量任何人都不能忽视。而且大家也都明白,在如今社会,堂吉诃德式的单打独斗已经吃不开了,那么就不要再一味地坐以待毙,赶快行动起来,为实现补齐影响你发展的"人际关系短板"做出努力吧。

人际关系必须"升级"才有意义

　　经营好人际关系，不如营建"大人际关系"。而喜欢攀高枝的人，就正是突破人际关系局限，实现拉拢"大人际关系"的各种高手。想攀高枝，就要从有名、有势、有钱的人入手，一旦打开了局面，以后在人际交往中，就能高枕无忧了。

　　北京北海公园琼岛北面有家名叫仿膳饭店的老饭庄，已有数十年历史。虽然这里的饭菜全是仿照清朝宫廷菜点的方法烹制，但生意一直很淡。后来他们通过调查，发现外国游客大都对皇帝的起居饮食怀有浓厚兴趣，于是决定以"皇帝吃过的饭菜"作为仿膳的特色，大张旗鼓进行宣传。他们搜集了许多关于宫廷菜点的传说和轶事，编成故事，让服务员背下来，在点菜、上菜时根据不同顾客，不同场合加以介绍，生意一下子兴旺起来。

　　一次，美国华盛顿黑人市长在这里举行答谢宴会，席间服务员端上一盘点心，彬彬有礼地介绍说："慈禧太后夜里梦见吃肉末烧饼，第二天早上碰巧厨师为她准备的正是肉末烧饼，她高兴极了，认为这正是心想事成、吉祥如意的象征。今天各位吃的就是当年慈禧太后梦寐以求的肉末烧饼，愿大家今后事事如意，步步吉祥……"一席话把美国客人逗乐了。华盛顿市长高兴地敬了服务员一杯酒，说："下次来北京，愿再来你们这里做客！"

　　大街小巷的广告都喜欢用知名人士而不惜重金，实际上也是攀高枝的应用。有头有脸的人都喜欢用的东西，普通人心理上容易认同。同样是消费，多一层攀龙附凤的光环，自然很多人愿意借这个光。

美国一家公司所生产的天然花粉食品"保灵蜜"销路不畅，经理绞尽脑汁，如何才能激起消费者对"保灵蜜"的需求热情呢?如何使消费者相信"保灵蜜"对身体大有益处呢?广告宣传，未必奏效。大家见得多了。

正当一筹莫展的情况下，该公司负责公共关系的一位工作人员带来喜讯:美国总统里根在长期服用此食品。原来，这位公关小姐非常善于结交社会名人，常常从一些名流那里得到一些非常有价值的信息。这一次她从里根总统女儿那里听到了对本企业十分有利的谈话。据里根的女儿说:"20多年来，我们家冰箱里的花粉从未间断过，父亲喜欢在每天下午4时吃一次天然花粉食品，长期如此。"后来，该公司公关部的另一位工作人员，又从里根总统的助理那里得来信息，里根总统在强身健体方面有自己的秘诀，那就是:吃花粉，多运动，睡眠足。

这家公司在得到上述信息并征得里根总统同意后，马上发动了一个全方位的宣传攻势，让全美国都知道，美国历史上年纪最大的总统之所以体格健壮，精力充沛，是因为常服天然花粉的结果。于是"保灵蜜"风行美国市场。

攀高枝的想法大部分人都有，谁不希望跟声名显赫的人做朋友，一个明星，或者随便什么大人物?如果能跻身于他们的行列，自己也便沾上了荣耀，在别人眼里也就身价大增了。

有位阿拉伯人名叫艾布杜，本来穷困潦倒，身无分文，就是使用了这种手段，广求于天下，不但求来许多名人做朋友，还为自己求来了百万家财。

其实，他致富的法宝说来简单有趣。他的签名簿里贴有许多世界名人的照片，再模仿名人的亲笔字，签写在照片底下，艾布杜便带着这几本签名簿浪迹寰宇，登门造访工商巨子和好名的富翁。

"我是因仰慕您而千里迢迢从沙特阿拉伯前来拜访您的，请您贴一张玉照在这本世界名人录上，再请您签上大名，我们会加上简介，等它出版后，我会立即寄赠一册……"

又由于这些人有的是钱，又喜欢摆阔，一想到能跟世界名人排名在一起，便感到无限风光，这样一来，他们就毫不吝惜付给艾布杜一笔为数可观的钱。

每本签名簿的出版成本不过是一两美元。而富人所给的报酬，却往往超过上千美金。艾布杜整整花了6年的时间，旅行近30个国家，提供给他照片与签名的共有2万多人。给他的酬劳最多的2万美元，最少的也有50美元，总计收入大约500万美元。

显而易见，人际关系"升级"的作用很大。

所以，当你进入"人际关系受欢迎期"，自己的周围升起上升气流的时候，你最初所在的人际关系层次中的人际关系就会在一定程度上变得陈旧，一直处于这种陈旧的人际关系中对自己的成长将不再有意义。

那么，在什么样的情况下才是人际关系变陈旧的时候呢?例如，在原来的人际关系中"感觉到知识的输出比输入变多的瞬间"，就是其中一个时机。如果这个时候你能够得到上一级人际关系层的人指点，当你再跟原来的人际关系层中的人一起工作或者交谈的时候，也许会产生"收获很少"的感觉。

迄今为止，人们都认为人际关系是"无限地横向扩张的东西"。但是商业活动中的人际关系却不是这样的，我们在构筑人际关系的过程中必须对"A:应该继续保留的人际关系集团"和"B:逐渐变陈旧的人际关系集团"严格加以区分。特别是当自己的人际关系得到提升的时候，有时候就只能保留"人际关系A"，舍弃"人际关系B"。为了继续向更高的人际关系层次发展，就要在各种各样的人际关系集团中择优除劣，只有幸存下来的人际关系集团，才能以上一层人际关系为目标继续发展下去。因此，人际关系是按照纵向积累的方式发展的。

就算硬要加强与"人际关系B"的联系，在这个人际关系中如果只是一味地扩大自己的输出，无法与对方保持讨论的水平和方向一致，就很难产生give&take(付出和索取)的有效的切磋交流。因此这种人际关系很自然就会被淘汰。

"人际关系受欢迎期"到来的时间因人而异。因此稍微残酷点说，如果在原来所处的人际关系中觉得只有自己一个人上升到了更高的人际关系层次，那么原来的这个人际关系还是早些结束的好。而且，当以前的人际关系层中那些朋友的周围发生上升气流的时候，你可以主动帮他们宣传标签和内容，协助他们创造上升到更高层次的契机。

当然，有时候你的朋友会率先一步登上更高的人际关系层。这个时候就要考虑创建更具魅力的标签，进一步磨炼自己的意志，努力追赶他们。说不定那位捷足先登的朋友会在你登上更高人际关系层的时候拉你一把。

重要的是要保持"一直以更高层次为目标"的积极进取的姿态。

在当今时代，"价值"的陈旧化周期越来越短。随着市场环境的变化及新技术的诞生，在半年之前还被认为是"能做这种工作的人市场价值很高"的人才，在半年之后就变得陈旧过期，这样的现象已经不再稀有了。

时常保持成长的姿态，坚持不懈地努力——这是掌握"能够获得提拔的人际关系"绝对不可缺少的要素之一。

为了使自己获得成长，将自己置身于"不得不跷起脚来努力的环境中"是很重要的。譬如在一个讨论的场合中，如果你发挥出80%的知识和能力就能应付自如，那么自己的思考能力和交涉能力就只能停在原地，不会获得更大的进步。只有在"虽然有点困难，但是使出120%的力气还能应付过来"的环境中反复体验，才能逐渐强大起来。稍微跷起脚来，做超出自己实力的事，获得成长以后就会感到脚跟已经着地。

人际关系层次也是如此，必须要尽量避免自己成为"井底之蛙"。每当达成一个目标的时候，就要积极寻找下一个新的目标发掘自己的潜力，否则就不能上升到更高的人际关系层次。

"给自己贴上标签"（自我定位）、"做出内容"（做出实际业绩）、"扩展朋友圈"（与朋友切磋交流）、"散播自己的信息"（让别人想起自己的优势）、"积极争取机会"（从事具有挑战性的工作）——这就是实现"人脉螺旋模型"的五个行动阶段。一旦螺旋形开始向上发展，你就能遇见比最初的目标人群更高一级的人，并从他们身上学到智慧，得到他们的一臂之力。不知不觉中"以前想做的事"也得以顺利发展，通过朋友之间的相互介绍："最近有这样一个有意思的人……"，自然而然与各种各样的人有机地建立起联系。

上升到新的人际关系层次以后，自己的标签和内容又将变得不为人知，所以必定又要从"I am Nobody"的状态下重新开始——与同一人际关系层的人相比深感自己的能力不足，一边努力挖掘能力一边重新获得成长，继续向着下一个层次进发。

在刚刚进入新的人际关系层次的时候，因为自己的认识和能力尚不完善，所以要重新经历"给自己贴上标签"的阶段，开始围绕新的人脉螺旋形旋转。旋转完第2周，接下来还有第3周、第4周、第5周——通过螺旋状上升逐渐积累实力，巩固与各方面人际关系的联系。最终，伴随着层次的提升各种高水平的、能够施展才能的机会就会源源不断地降临，自己本身的潜能得到扩展，找到自我实现的主题，通向自我实现的道路变会得越来越清晰。

其实，攀高枝并没有什么不对。生意场上若能使自己的商品与某个名人挂上钩，销路自然大开。所以，在今天的人际交往哲学中，攀高枝是明智之举。

第十二章
努力提升你的人际关系竞争力

究竟什么是人际关系竞争力？相对于专业知识的竞争力来说，在人际关系中，人际关系网上的优势就是人际关系竞争力。换言之，一个人际关系竞争力强的人，他拥有的人际关系资源会比其他人更广更深。在平时，人际关系资源可以让你比别人更快速地获取有用的信息，进而转换成工作升迁的机会或者财富；而在危急或关键时刻，人际关系资源也往往可以发挥转危为安，或临门一脚的作用。有人说："人际关系与人力技能才是真正的第一生产力。"可见，朋友决定着你的竞争力，无论你从事什么行业，只要拥有丰厚的朋友资源，就会在成功的道路上事半功倍。

拓展人际关系竞争力的七个要领

究竟什么是人际关系竞争力?相对于专业知识的竞争力来说,在人际关系中,人际关系网上的优势就是人际关系竞争力。换言之,一个人际关系竞争力强的人,他拥有的人际关系资源会比其他人更广更深。在平时,人际关系资源可以让你比别人更快速地获取有用的信息,进而转换成工作升迁的机会或者财富;而在危急或关键时刻,人际关系资源也往往可以发挥转危为安,或临门一脚的作用。

(1)建立守信用的形象

"民无信不立",一个人的行为必须与自己的言语相符合,不能说一套做一套,言行不一致的人,很难建立良好的人际关系。同时,在现代社会中,讲诚信也是进行商业活动的基础,是获得经济效益的一种有效手段,信用与效益具有相辅相成的关系。

从个人修养来看,信用也是对人格境界的一种追求。守信用有三个层次,其一是小信,即表里如一;其二是中信,即在自己言行一致的基础上,督促他人守信;其三是大信,将个人的诚信服务于全社会。当然要做到这个层次很不容易,这也是守信用的最高境界。

我们普通人,若能做到小信,必能人际关系顺畅;若能做到中信,人际关系的竞争力将会得到大大的提升。

建立守信用的形象,需要从小事做起,哪怕是微不足道的一件小事,都要以守信用为要根本,持之以恒,留给他人的自然就是一个恪守信用的形象了。

(2)增加自己被利用的价值

前面已经讲过,人际关系存在的基础在于双赢,如果自己没有被人利用的价值,别人也就没有与你建立人际关系的必要。从这一点出发，若想提升自己的人际关系竞争力，你必须增加自己能被人所利用的价值，即尽自己一切力量去帮助他人。

你若能为他人做更多的事情，他人就越愿意跟你建立人际关系网。这就要求你要不断地学习各种知识、技能。"滴水之恩，涌泉相报"，你给别人以帮助，别人自然会感激在心，会寻求机会给你以回报。这样，你能为他人做更多的事，他人自然给你的帮助就越大。

（3）乐于与人分享

分享已成为现代社会拓展人际关系的利器。不管是信息、利益还是机会，懂得与人分享的人，最终总是比其他人获得更多。这是为什么呢？

一个人的关注面毕竟是有限的，可是社会信息量却越来越多，要想掌握更多的信息，只能与大家分享。

有些人很害怕与人分享信息，认为这样会把自己的机会都给分享走了。从短时间来看，或许是这样，但是如果将眼光看长远一点，就不会这样认为了。因为你一个人不可能赚走所有的钱，一个人也不可能抓住所有的机会。因此，你要有广宽的心胸，使自己意识到：你把自己在一段时间内赚不过来的钱，或者抓不住的机会与他人分享，使他人都能得到这一切，这个过程就像你把钱存在银行一样，在适当的时候，受益的人也会给你提供相应的信息。

乐于与人分享，是你在处理人际关系网方面的重要一环，与你分享的人越多，你的人际关系竞争力就会越强。

（4）增加自己曝光的机会

要多参与一些聚会、公益性质的活动，给他人认识自己创造更多的机会。这样的场合在日常生活中是很多的，关键在于你自己去发现。如读书会、做志愿者、参加各种培训班……都可以用来拓展你的人际关系网，而且，在这样的组织中，要尽量发挥自己的长处去帮助别人，扩大自己的影响力，在别人心中留下你的印象。

认识你的人多了，你的人际关系竞争力也会随之增强。一位建材公司的经理最初是做销售的，随着他参加各类展销会等各方面的销售活动，认识的人也一天天地多起来。后来他自立门户，不到半年的时间，他创建的公司就有了不少的收益，这都是得益于他以前做销售时建立的关系。他曾经深有感触地说："我认识那么多的客户，哪怕一个星期与一家做一单，两年我都做不完。"让别人认识你比你认识别人更重要！

（5）把握每个帮助别人的机会

助人者，人恒助之。高阳这么描述胡雪岩，"胡雪岩倒霉时，不会找朋友的麻烦；他得意了，一定会照应朋友。"胡雪岩取得的成功很大程度上取决于众人的帮助，这些人之所以要帮助他，是因为他们以前都接受过胡雪岩的帮助。投桃报李，正是人际关系的要义。

（6）永远保持好奇心

一个只关心自己，而对别人、对外界没有好奇心的人，即使有再好的机会出现，也会与之失之交臂。

我们都知道，认识一个人，首先是从对这个人感兴趣开始的，包括对这个人的长相、衣着、行为、所从事的工作，及一切关于他的事物感兴趣，而兴趣正是好奇心的体现。可以说，好奇心是我们认识别人，拓展人际关系的源动力。区别只在于，有的人是无意之中受好奇心的驱使，下意识地去结识人；而现代社会中更多的人则是有意识地保持自己对人、对事的好奇心，并在与人的交往过程中认真学习、弄懂并加以运用。这样的人比其他人更容易建立起人际关系，而且建立起来的人际关系网也更具竞争力。

（7）同理心

"以责人之心责己，以恕己之心恕人"，经常站在对方的立场上来考虑问题，是同理心的具体体现。

我们做任何一件事，在想到自己一方的同时，也要考虑对方的处境，并作出相应的措施来给予对方以方便，那么我们想做的事情必定更容易成功。别人与我们的相处将会更愉快、更轻松。这样一来，我们的人际关系竞争力也会越来越强。

许多人对人际关系竞争力的重要性没有深刻的认知，通常也不愿在这上面花更多的时间，往往到了关键时刻才发觉自己的人际关系资源太少。不妨改变一下观念，可能就会产生截然不同的结果。

只对某个专业进行耕耘，就只能是"一分耕耘，一分收获"，若能对人际关系进行耕耘，则将是"一分耕耘，十分收获"。

一旦你将人际关系的竞争力提升到一个新的高度，努力在人际关系的沃土上耕耘吧，你将发现，你的人生会过得如此轻松惬意、心想事成！

积累人气，能实现由穷到富的蜕变

以前我们认为，富人和穷人的最大区别在于他们的才华和智慧，如今，越来越多的事实证明，富人之所以富有，凭借的不仅是才华和智慧，更重要的是他们拥有像自己财富一样多的"富朋友"。

人们都希望日进斗金，实现由穷到富的蜕变，但又苦于不知如何摆脱穷困潦倒的状态。办法也许有很多种，但是最关键的一点是人气。富人凭人气而富裕，穷人因为缺人气而贫穷。一个穷人要完成向富人的转变，首要的就是去壮大自己的人气。

左小斌衣着简约，戴着细黑边眼镜，一副文质彬彬的样子，从外表看一点都不像拥有固定资产过千万的大老板。事实上，他的生意早已经走出上海，迈出国门，发展到了海外很多国家。而他在16年前还只是一个来自河南乡下的穷小子。那么他凭什么赢得了如此多的财富?用他自己的话说就是"我能有今天，靠的都是朋友的帮助"。是人气造就了他这个千万富翁。

而左小斌积累的这些人气，在他事业的一步步发展中，担当着不可或缺的角色。

左小斌毕业于郑州的一所大学，毕业后，他在郑州工作了一段时间。然后在一个朋友的推荐下到了上海，去了一家珠宝公司任总经理，负责在上海筹建业务，开设零售店。在工作期间，左小斌逐渐认识了第一批朋友。这些朋友中，做各种各样生意的都有，其中有很多都是在上海的香港人。在这些香港朋友的介绍下，他加入了上海香港商会。后来香港商会一位副会长的朋友由于工作调离上海，推荐左小斌为香港商会的副会长。而利用香港商会这个平台，左小斌又认识了一大批在上海工作的香港成功人士。据了解，在上海工作的香港人超过几万人。

之后不久，左小斌辞去了珠宝公司的职务，一家美资烟草公司请他担任上海首席代表。当时左小斌手下只有2人。推广、调研、制定策略，他都亲自参与，把一小块市场拓展到江苏、浙江等整个华东地区。在烟草公司做首席代表的这几年里，也是他朋友发展最多、最快的时候。

后来，左小斌利用丰富的人气网，做了很多事情，比如他凭借自己认识很多的香港朋友，创办了香港体育会并担任会长，这是一个自发的群众体育组织，最初才20多个成员。为了运动的时候开心一点，大家凑在一起。渐渐地，大家在玩的同时成为好朋友，有些自然就成了生意上的伙伴。朋友带朋友，这个圈子越来越大，作为会长的左小斌，花费了更多的时间和精力来经营这项事业，也给他带来了更多的朋友。

再后来，左小斌就在朋友的推荐下开始投资房地产。由于当时上海的房地产已经火热起来，有时候即使排队都买不到房子。而在朋友的帮助下，左小斌通过一些朋友，可以很容易买到房子，而且还是打折的。几年后，在朋友的建议下，左小斌又陆续把手上房产变现，收益颇丰。

左小斌介绍，他目前的资产已经超过八位数。他说，自己的事业得到朋友的帮助，才会这么顺利。"包括开公司，介绍推荐客户和业务等，各种朋友都会照顾我，有什么生意会马上想到我。"

你在工作中遇到难题的时候，你百般思索而得不到答案的时候，你会希望有一名智慧的人来帮助你解决问题。其实，智慧型的人脉有很多，只是你不善于发现而已。很多大型企业家就是因为身边拥有众多的智慧型人际关系，才有了"一方有难，八方支援"的良好循环。什么样的人是智慧型的呢？

其实智慧存在于生活之中，每个人都有自己的智慧，千万不要小看别人而抬高自己，也不要过于仰视那些成功的企业家！在《CEO说》一书中，著名的管理咨询顾问拉姆·查兰认为总结小到鞋店，大到世界顶尖公司的管理咨询经验，优秀的CEO具备的一项最重要的能力就是：把复杂的生意分解成一些基本要素的诀窍。发展智慧型人脉的关键是要首先认识到他人的智慧，这样才能从他人身上吸取到智慧。而要认识到他人的智慧就应懂得和他人搞好关系。杰克·韦尔奇(通用电器前CEO,被《财富》杂志称为20世纪最伟大的管理者)、麦克·戴尔(戴尔公司CEO)、杰克·纳塞尔(福特公司CEO)、约玛·奥利拉(芬兰公司诺基亚的CEO)、出井伸之(索尼公司CEO)等商界巨子都是这样认为的。

所以,要想拥有智慧型人脉资源,也应首先学会发现他人身上的智慧。

首先,要懂得在和自己接触的人身上投资更多的时间,当你花时间和他们在一起的时候,要懂得为他们设想,建立起友谊。不管这种友谊是商业性质的还是私人性质的,建立友谊才能使彼此更好地交往。同时,在友谊的发展中,要表示出对对方的关心,你越关心你的客户,他们就越有兴趣和你做生意。关怀的感情因素是那么的强烈,价格、品质、交货效率、公司在市场上的规模等,往往都敌不过它的威力。

其次,要学会尊重你所遇见的每个人。常言道,一个人有所为有所不为,这都是为了博得你所重视的人对你的尊敬。每当我们感受到某人的尊重,我们就会对那个人特别重视。假如有人尊敬我们,我们就会认为那个人比较优秀,有判断力,有内涵,而且个性也比较好。一个人的尊严和自我肯定,大部分都来自于受到人尊敬的程度。你越在意别人的意见,别人对你的尊敬程度就越会影响你的行为。

第三,不要轻易地去批评和指责对方,而应站在对方的立场上考虑问题,当你听到别人提起竞争者的名字时,只需微笑地说:"那是一个很不错的公司(人)。"如果你听到你的竞争者在批评你,你也可以一笑置之。这是智慧的体现,这种做法也能使你结交到更有智慧的人!每当你羡慕一个人的成就、特质、财产时,就会提高他的自我肯定,让他更得意。只要你的羡慕、赞同、感谢都是发自内心的,别人就会因此而得到正面的影响。他们对你产生好感的程度,会与你让他们对自己及生活的满意度成正比。

最后,一定不要轻易和对方争吵,争吵是一种最不明智的做法。不管对方说什么,你只要点头、微笑就可以了。很多人喜欢和与自己英雄所见略同的人打交道,而不喜欢和爱抬杠的人相处。就算他们真的错了,他们依然不喜欢你把问题揪出来。把眼光放在建立关系上面,以建立关系的立场来考虑,你就会理智很多。

表现出对对方的重视就要集中注意力听对方说话,这是对对方最大的恭维,这种做法会使对方感觉到自己很有价值，很重要。社交中，永远要明确：你的任务就是成为一个人际关系高手，成为一个人际关系专家。你的任务是去成为一个在行业中最有人缘的人。

由此可见，一些人之所以能从穷人转化成富人，是因为他们非常注重对人气资源的投资，而一些人之所以一辈子都跳不出穷人的怪圈，是因为他们从来不懂得积累人气。所以，如果你想脱离穷人变成一个富人，那么就要有意识地去编织自己的人气网，并不断地去丰富和发展它。

人际关系不在多，而在于有价值

凭借名片的数量决定胜负的传统的人脉构筑法已经过于陈旧，与此同时网络的普及成为一种新的构筑人际关系的方式。网络的诞生使得人们所能接触到的信息量无限扩大，例如一个人想要寻找"有××能力的人"，可以使用检索工具找到相应的人，通过网页或者博客了解其为人，再通过邮件建立联系。如果使用SNS(社交网站)这样的交流工具的话，甚至可以一次建立数以千计的人际关系。

因此，持有很多人的名片、知道很多人的名字这种依靠数量取胜的人际关系越来越没有价值，只是认识或者只是联系过一两次，这种人际关系并不稀奇。就算是学生时代的同班同学这种关系，如果只是在校园里擦肩而过或者在食堂交谈过好多次，也不一定可靠。即便是遇见一个人并制造出交谈的机会，也未必能实际地建立起一起工作、相互切磋的关系。

另外，如果在商业活动中使用私人关系，会掺杂很多个人情感，例如："虽说如此，毕竟我们一起努力过"，或者"因为他人很好"等等，很多事都可以开绿灯。当然，私人的人际关系也是很珍贵的。但是这种关系能否作为商务人际关系而发挥作用呢？答案应该是很有限的吧。

我们在工作中需要的是"自己与对方互惠互利的win—win(双赢)关系"。如果不能建立这样的关系，那么就无法建立商务上的信任关系。

在激烈的商业竞争中，我们一定要付出时间和努力，用自己的双手建立"最适合自己的人际关系"，若非如此便毫无意义。

商务人脉的构成要素有以下几点：双方达成利益交换的共识；双方的期待值在某种程度上是一致的；有可能具有时间限制，不以关系的永恒为前提。

虽然这些说法很没有人情味，但事实就是如此。

如果打破了这个前提，天真地以为"只有一点点的话不也很好吗？"那么商务人际关系的关系是不能成立的。如果一旦被贴上了"不劳而获"的标签，在你的人际关系的强烈非议下，你很有可能遭到团体的排挤。因此，为了不给对方留下这样的印象，必须要做好"首先自己要作出贡献"的思想准备。

所谓商务人际关系，说到底是一个人作为商人，在自己所处的工作环境中，与对方共同成长，共同创造商务人际关系这个施展才能的源泉和基础。我们必须要深刻地明白，私人的人脉与商业活动中有效的人际关系在本质上是全然不同的。

所以说，即使盲目地参加不同行业的交流会，到处分发名片，与公司的客户喝酒聊天、亲密交往，这里所说的"被提拔的人脉力量"也不会得到提升。极端一点说，就算我冈岛把自己的人际关系介绍给广大读者，对你们来说也不一定有实际意义。因为对每个人来说，最适合自己的人际关系是各不相同的。

人际关系这种东西，建立的过程才是最具价值的。不管是规模多小的团体，如果能够在这个团体中与同伴相互切磋，提高自己的水平，逐步扩展自己的人际网，那么就可以将其作为最初的"人脉螺旋形"的基础，并以此为契机向下一个人际关系层进发。

相信读者朋友们已经理解，为了施展才能而创造提拔的机会非常重要，为了得到提拔而构筑人际关系也是十分必要的。在未来的时代，人际关系构筑力和重要性将会有飞跃性的提高。也许我的说法有一点激进，但是在未来的时代中，没有努力构筑人际关系的人就会被时代所淘汰。

如果你要想获得提拔，仅仅把你的名字和职业经历罗列在提拔候选人的名单内是不够的。在推荐者列举推荐理由的同时，如果有几个人提供企业可以参考的客观信息，你就更加有可能成为最佳候选人，从而得到被提拔的机会，提供参考信息的人可以是与你一起工作过的同事，也可以是知道你的"贡献欲望×学习能力×做出结果的能力"的人，等等。他们了解你的志向和工作态度以及人格秉性，能够向用人单位提供客观的信息，作为判断录用与否的参考条件。

如果有几个能够证明推荐理由的具体事例和参考信息，就可以增加自我评价的客观性，增加推荐理由的可信度，提高在竞争中旗开得胜的几率。

随着参照文化的普及，以得到提拔为目标的人，必须要在打造人际关系的时候结交以下三种"理解自己的人"：

（1）想起自己的人

在"提拔的机会"出现的时候，能想起自己、想起自己的"标签"的人。

（2）讲故事的人

他相信你的潜力，理解你的远大志向和现在的能力，他会像讲故事一样，结合你的标签和实际业绩把推荐理由讲给决策者听。

（3）后援者

他会向决策者出示你的实际内容和事例等条件，使用客观的参照信息推动决策者做出判断。

为了增加人际关系中理解自己的人，我们必须要在日常工作中以专业人士的姿态兢兢业业、踏实肯干，同时使用"人脉螺旋模型"中的方法，向对方传达自己的标签和内容，努力"让对方明确理解自己的贡献要点"。

同时还要注意，自我评价不能与第三者提供的参照信息有明显的差异。在平时就要把自己的人际关系层中的伙伴当作一面镜子，真实客观地看待自己，找出自身不足的技能和资质，作为挖掘能力的课题，从而不断地去补充完善。

为了慎重起见我还要告诉大家，如果"过分地注意人际关系构筑，过分地在意别人的评价，导致自己的实力不能得心应手地发挥出来"，那就是本末倒置了。希望大家把人际关系作为一件很好的工具，用它对自己的优缺点进行恰当的自我评价。

参照文化的普及逐渐要求"对人才的事例的背景信息也要彻底了解（知道一个人的工作情况具体是什么样的）"。"名片收藏家"认为"知道大量的人名和联系方式"就是拥有人际关系，但是，这样只注重"你认识谁"的人已经不能顺应时代的潮流。

另一方面，那些根据"人脉螺旋模型"来勤勤恳恳地实施"真正的人脉构筑"的人，则因为拥有适合自己的人际关系而获得了可喜的结果，那就是有可能会得到更多的"提拔的机会"。

朋友资源，决定你的竞争力

有人说："人际关系与人力技能才是真正的第一生产力。"可见，朋友决定着你的竞争力，无论你从事什么行业，只要拥有丰厚的朋友资源，就会在成功的道路上事半功倍。所以，从现在开始我们就要努力搞好人际关系，早一点规划自己的朋友网络，累积自己的朋友资源。

哲人说："读万卷书，不如行万里路，行万里路不如阅人无数，阅人无数不如与优秀的人举箸。"与优秀的人为伍，不仅能在关键时刻得一臂之力，更重要的是，你的身价也会在不知不觉中提高。

古语说："近朱者赤，近墨者黑。"这句话说的就是身边的人对你影响最大。所以我们应该深信"近强则强"的道理，努力让自己站到优秀的人群中去，主动去结交优秀的朋友，终有一日，自己也会变得像他们一样优秀。

伟大的人物才有伟大的友人，优秀的人才有优秀的朋友，这个道理适用于任何一个领域。也就是说，如果你想成为一个睿智的人，就去接近有才学的人，和他们成为朋友；如果你想成为一个富有的人，就去接近富商巨贾，和他们成为朋友。

结交一流人物能让自己更强，经常与有价值的人保持来往，多会见成功立业的前辈，多与比自己优秀的人一起行动，同时回避没有价值的人际关系，这样不仅能转换一个人的机运，还会为你拓展人际关系打通一条渠道。

任经海，现在是中国科学技术大学硕士研究生一年级的学生。他是一个从农村走出来的大学生，所以他一直觉得自己和城里的孩子有差距，也就是缺乏自信。但同时，任经海也知道，对于一个刚刚走入研究领域的学生来说，很需要这样一种信心去认识到自己有潜力，做出真正有影响力的工作。

于是为了能让自己更出色，他决定要通过与那些自己认为更优秀的人的接触，来提升自己的自信心，同时让自己变得和他们一样的优秀。就这样，任经海报名参加了微软亚洲研究院的访问学生。

初到那里，任经海就感觉到和优秀的人一起思考和讨论问题是一种享受。他会时刻感觉到思维的冲击和碰撞，这个过程迫使他更快地把对问题的认识提升起来；同时也让任经海认识到自我思维的潜力。因为即使再卓越的人也有无法想到的方面，而自己也可能有过超越他们想法和做法的可能。一期的学习生活结束之后，任经海不仅找到了自信，并且已经能像其他优秀的人士那样生活、那样去开拓自己的未来了。

站到优秀的人群中去，可以把注意力放在比自己先成功一步的朋友身上。这样，你既有结交的机会，也容易领略到对方的内涵。有人曾说过这样的话："如果要求我说一些对青年有益的话，那么，我就要求你时常与比你优秀的人一起行动；就学问而言或就人生而言，这是最有益的。"

阻碍我们成功的最大障碍，其实就存在于我们自己心中，自己战胜自己往往是人生中最持久最难决出胜负的艰苦战役。但如果你拥有许多比自己优秀的朋友，在这场看不见摸不着的战役中，很可能轻易取胜，因为他们会告诉你取胜的诀窍和方式方法——成功者的方式方法。

为此我们无需过多的怀疑忧虑，在人的一生中，该模仿的时候就应该模仿，如果什么都靠我们自己去研究、领悟和发现，那么我们一定落伍且因此变得呆板。所以，我们要欣然地与比自己优秀的人站在一起。

我们可以从劣于我们的朋友中得到慰藉，但只有与比自己优秀的人一起行动，才能对照出自己的不足，才是你成就事业的最好的参照物，才会使你不断地力争上游。

而且你应当牢记，与比自己优秀的人一起行动并不是太难的事情。首先将你所在城市的著名人士列出一张表，再把将会对你的事业有所帮助的人，也列出一张表，之后就是每星期去试着结交一位这样的人。这样不久后你就会惊奇地发现，你的人生会有所改变。

不少人总是乐于和比自己差的人交际，因为借此能产生优越感。可是从不如自己的人当中，显然是学不到什么的。你所交往的人会改变你的生活。与愤世嫉俗的人为伍，他们就会拉你沉沦。结交那些希望你快乐和成功的人，你就在追求快乐和成功的路上迈出最重要的一步。因此同乐观的人为伴能让我们看到更多的人生希望。而结交比自己优秀的朋友，则能促使我们更加成熟。

如果说，个人竞争力是一分耕耘，一分收获，那么没有朋友，个人竞争力肯定不足。若加上朋友，个人竞争力将是一分耕耘，数分收获。可以说，对于个人来讲，专业知识是利刃，朋友资源是秘密武器，朋友资源决定了你的竞争力。

之所以说朋友资源决定你的竞争力，是因为他们能在你需要帮助的时候给予你帮助。比如，一个朋友资源丰富的人，需要看病的时候有医生朋友，需要跟政府打交道的时候有官场上的朋友。这表现在生意场上，就更明显了，没有资金，有人借给你，缺少人才，有人给你推荐。这样的人做起生意来自然就如鱼得水左右逢源了，他们的竞争力相对那些朋友资源匮乏的人来说，自然强多了。

为了了解人际能力在一个人成功的过程中扮演着何种角色，哈佛大学曾经针对贝尔实验室顶尖研究员做过调查。他们发现，被大家认同的专业人才，专业能力往往不是重点，关键在于"顶尖人才会采取不同的朋友策略，这些人会多花时间与那些在关键时刻可能对自己有帮助的人培养良好关系，在面临问题或危机时便容易化险为夷"。这就是好人缘对竞争力的影响。也就是说，如果你在平时建立起了丰富的人际关系资源网，一旦出现了问题，只要有朋友的帮忙，所有问题便立刻都能迎刃而解。

朋友资源是无形的资产，虽然它不是直接的财富，可是没有它就很难聚积财富。即使一个天才，也不可能样样精通，碰到自己从未涉足的领域和难以解决的问题时，如果有好的人际关系，就可以在朋友资源里找到这方面的"专家"，及时解决问题，使成功变得更容易。

要想在事业上有所成就，除了有足够的金钱，还要有能力。如果有一个人能够在你前进的道路上帮你一把，那么你会产生飞跃。

一般人经常有这样的感慨：成就一番事业为什么就这么难呢？这是实话，因为成功的路上有很多障碍，要想提高自己的竞争力更是难上加难。但是，如果我们能够找到几个能帮助我们实现梦想的朋友，那么成功就可以变得不那么困难了。

李景全是香港有名的实业家，他就是一个得贵人相助而成为富人的典型例子。从一个一文不名的穷人，到香港小有名气的实业家，李景全的成功之路给了我们许多启示。李景全的建超实业公司，每年的营业额在7000万港元以上。当年独立门户时，李景全只有18岁，他在创业历程中曾得到贵人曾文忠的帮助。

不到18岁的李景全辍学后开始了给人打工的生涯。第一份工作是在一家电子公司当电子零件推销员。名为推销，实际上就是一个送货员。他在这儿干了一年，接触到了很多电脑行家，其中就包括曾文忠。

在工作期间，他逐渐对电脑业产生了兴趣，想自己创业当老板。于是年仅18岁的李景全拿出2万元积蓄和别人开了一家小型工厂，专替电脑商装嵌电脑界面板。但由于经验不足，加上合伙人的轻视，最后李景全和合伙人分道扬镳，退还了合伙人2万元入股钱，工厂便归李景全一人所有了。

此时的公司已经欠债20多万元，但李景全并没有被打垮，而是以积极的态度面对。他找来一帮同学帮忙，短短时间，他公司的每月生意额达到50万元，半年后便把所有的债务还清了。此后公司的业绩却一直平平，直到遇到贵人曾文忠。

曾文忠此时已是香港有名的电脑商。1985年，他的海洋电脑公司有意扩展业务，希望设厂进行生产。他就想到了以前认识的李景全。曾文忠认为李景全年轻有朝气，与他合作可以放心。而李景全正想企业能有个大的突破，于是双方签下合作协议，成为合作伙伴。

之后，有了曾文忠的支持，公司的业务蒸蒸日上。几年后他到深圳设厂，将台湾地区的业务也抢过来不少。到了1990年，工厂营业额已近7000万港元，成为香港生产小型电脑板的著名厂家之一。

李景全的成功，朋友曾文忠起了很大的作用。试想，如果李景全没有朋友帮助，那么，即使能成功，也不可能那么快。气球飞不起来，是因为它没有被打气；一辈子都不走运的人，是因为他没有足够的人缘！生命中如果没有一个朋友出现，你的人生道路就会艰辛。对于一个渴望成功的人来说，朋友就是其生命中的一个支点，凭着它，你可以轻松撬起不轻松的人生，让自己的生命绽放美丽的花朵。

放眼天下成功人士，在他们奋斗的过程中，都曾得到过朋友的支持，因为得到了朋友的支持，才度过了人生中最艰难的时期，缩短了创业的时间，走向了辉煌。同时，我们也看到许多事业初成的人因没有朋友相助，辛辛苦苦建立起来的事业大厦毁于一旦。可见，朋友相助对于我们的人生是多么重要。

筛选人际关系网，填补缺失的关系

要想在各个领域里办事顺畅，当然也不能少了有知识的朋友，某些关键时刻，他们摇身一变，就成了能助你一臂之力的贵人。所以，要乐于和悟性高的人一起相处，与可师者为友，让你的人际开始向"知识化"发展。

亚历山大是古代马其顿的国王，他天生就具备王者气质。他在20岁的时候就即位为国王。他从小胸怀大志，不同凡响，领兵征战，所向无敌。当然，他之所以成为一位伟大的君主，除了自身的素质以外，不能不提到一个人，他的老师、大哲学家亚里士多德。

亚里士多德担任亚历山大的老师多年，其中有三年时间二人朝夕相处。受亚里士多德的熏陶，亚历山大培养了广泛的兴趣，对医学、自然现象、地理学以及珍稀植物等方面颇感兴趣。他常说，他最尊崇的是亚里士多德，他爱亚里士多德甚于爱自己的父亲，因为父亲仅仅生育了他，而亚里士多德却教会他怎样做一个国王。

亚里士多德对亚历山大的影响是巨大的，亚里士多德是一个哲学家，但他培养了一个政治家，领域虽不同，但亚里士多德使亚历山大同样具有伟大的思想。

亚里士多德对亚历山大的影响主要在崇尚知识、尊重文化等方面。远征东方期间，亚历山大还命人返回希腊，为亚里士多德运回许多书籍。他赞助了亚里士多德在雅典的研究工作，派了众多人员供其支配，有打猎的、捕鱼的、养蜂的、喂鸟的等，分布在希腊和亚洲各个地区，这样为亚里士多德建成了一个规模可观的生物实验室。他还曾下令为亚里士多德征集法律政治资料，为其提供费用。

同样，普鲁士的腓特烈大帝也是一位雄才伟略的君主，他对当时的启蒙思想家伏尔泰非常崇拜，从伏尔泰那里，他受到了启蒙思想的影响，决心做一个开明君主。腓特烈大帝曾与伏尔泰长期通信，并请伏尔泰来普鲁士住了三年时间。

受伏尔泰的影响，腓特烈大帝热爱学术和艺术，精通音律，擅吹长笛，还是一个出色的军事理论家，写过《战争原理》。他具备那个时代伟大人物的一切优点，提倡宗教宽容、鼓励科学文化、放宽书报检查等，成为当时欧洲君主中出类拔萃的人。

可见与可师者为友有助于博学多闻，多与可师者交谈有助于互相教益。要使朋友成为你的老师，要让学问的用处和交谈的乐趣有机融合。

我们可能没有两位伟人那么幸运地找到伟大的可师者，但要记住，你的人际关系网络永远没有丰富到你可以停止扩大它的地步。管理人际关系网的一个重要目的就是了解你的人际关系网中尚缺少哪些资源，然后有意识地去补充。

刘阳毕业后的第一份工作是销售，最让他头疼的是走到哪里都是陌生人，虽然拼命陪笑脸，但是却签不到几张单子。造成这种局面的原因就是太缺乏社会人脉，如果能有几个有社会地位和成就的人就好了。

可是当刘阳打开自己的通讯录，看到里面基本上都是自己的同学。他们也和自己一样刚刚踏入社会，没有什么成绩可言，也没有什么社会关系。所以，郁闷的时候，他也只能给这些朋友打个电话，倾诉一下，但终究不是解决问题之道。

这之后，刘阳开始有意识地去结交那些生意场上的人，渐渐地他们熟了，彼此建立了友情。有了关系，他的销售额也直线上升。

这个故事说明，在刘阳的人际关系网中，缺的是对自己的事业发展能起到助推作用的人际关系资源。其实，每个人在人际关系网中缺少的资源都是不一样的，比如有的人有钱了，有地位了，身边的朋友越来越多了，而在自己的情感需要慰藉的时候，却发现自己错综复杂的人际关系网中根本没有一个可以交心的人。

换言之，你要经常对自己的人际关系进行筛选，然后去开发那些我们目前所不具备的，且对我们的未来有益的人际关系资源。

那么，在你已经对自己的未来有了一个初步的计划，明确了自己所缺乏的人脉资源之后，该如何去认识他们呢？

首先，要离开自己的习惯区。

每个人都有自己的"习惯区"。在这个区域里，你会感觉很舒服，但是一旦离开了这个区域就会感觉不舒服。

在畅销书《谁动了我的奶酪》里讲的那个故事，小老鼠在自己的窝里，觉得很舒服，一旦出去了以后，它感到很彷徨，很无奈，很恐惧，所以它就不愿意出去。这个窝就构成了它的"习惯区"。

的确，在自己的习惯区里呆着是安全的，放松的，但是这也限制了个人发展的空间。我们在与以前的老朋友相处时，感觉是习惯的，其实这也是一个习惯区，要想拓展自己的发展空间，我们就要勇敢地离开习惯区，走向你所向往的交际圈，而不是缩在以前的交际圈里享受习惯。

其次，利用聚会的机会。

在一些聚会或者婚礼场合，西方人大都会在出发前先吃点东西，并提早到现场。因为那样他们将有更多认识陌生人的机会。但是由于中国人较为保守和害羞，对这种场合，不但会迟到，还尽力去找认识的人交谈，甚至，好朋友约好坐一桌，以免碰到陌生人。也许在那些陌生人中，就有你想要认识的人，尽管认识的机会就在你身边，但很多人总是平白地让它流失了。

最后，用诚恳的语调请求对方协助。

如果我们没有更多侧面的机会去认识我们想要认识的人，那么与其消极等待，不如主动一点，直接向那些有可能为我们提供帮助的人请求协助。但是请求的语调和措辞是非常关键的，先让我们来听听下面的话——

"最近业绩实在很难做，你帮我介绍几个客户可以吗？"

"你先帮我介绍几个人，下次我一定好好报答你。"

"我知道你很忙，可能没空帮我，我很怕麻烦你……"

"我最近想换个工作，老同学认识那么多人，帮我介绍下吧！"

"我想打入演艺圈，你有没有门路？"

听了这些话，如果你作为被求者，你会感觉舒服吗？这种强制性的语言，没有考虑对方的感受与立场，估计大多数人都不会痛快地接受请求。那让我们再来听听下面的语气，是不是更好一些呢？

"我需要的客户是……你有没有认识类似的人呢？"

"我可以介绍几个朋友给你认识，如果下次你的朋友有需要我协助的地方，请不吝赐教！"

"我需要你的帮忙，我知道你是个大忙人，不过帮多少算多少。"

"我知道你在……方面很有经验，我很需要你的协助。"

"我想找……方面的工作，你有没有朋友比较了解这方面状况的？"

"你认识的朋友中，有没有熟悉演艺界的？有机会希望能够请教啊。"

如果有人用这一口气请求你帮忙，那么相信你一定会考虑去帮助他的。因为这些话听起来很舒服，对方的态度是诚恳的，有谁能拒诚恳于千里之外呢？

每天，我们都有机会去认识那些我们想要认识的人，只要我们能把握机会，就能以最快的速度填补所缺少的人际关系资源。

第十三章
外部人际关系不可忽视

　　现实社会的人际关系网盘根错节，每一件事都明里暗里交织在错综复杂的关系网中。不会搞人际关系、不善于依靠人缘的人是不可能把一件事顺顺当当办成的。而那些善于依靠人缘的人办起事来则如鱼得水，非常顺利，所以一定要善于利用自己周围的关系，把这些关系发展到最大的限度，为自己办事成功助一臂之力。大家都知道诸葛亮草船借箭的故事，很多事情不是我们的力量可以解决的，因此，只有学会借用别人的力量才会取得成功。而现实中像诸葛亮一样神机妙算的智者实在是太少了，借用别人的力量，更多的要靠关系。

人际关系优势互补，广纳四海财源

孔子曾说："三人行，必有我师"，在这个世界上，没有一无是处的人，任何一个人身上，一定会有你所不具有的东西。与更多的人交往，才更有助于优势互补，共同提高进步。而对于想要赚大钱的人，则更应如此，只有和自己的众多朋友建立其优势互补的合作关系，才能路路畅通，广纳四海之财。

"合作双赢，优势互补"是现如今最常被商人津津乐道的。意思就是双方共同做一件事时，最终各得其所，产生双赢的效果。毕竟这不是一个靠单打独斗能够轻易取得胜利的社会，做人光靠勤奋和埋头苦干是不行的，你必须善于与人合作，善于借助他人的力量来壮大自己。

在过去这些年，戴尔公司成为为数不多的能够站在全球 IT 浪尖上的企业。就在计算机市场最不景气的时期里，在其他竞争对手纷纷折戟沉沙、大吐苦水时，戴尔的市场份额却从 12% 攀升到了 15%。其中一个很重要的原因就是迈克尔·戴尔懂得"合伙的智慧"。

戴尔公司创立于 1984 年，以 1000 美元起家，创业初期缺乏资金、缺乏资信、缺乏资源，可以说非常的艰难。这时候，对迈克尔来说，要活下去就必须凝聚订单、凝聚资本，这要两手抓，两手都要硬。

这个时候，金融家沃克出现在迈克尔的面前。沃克因为一次投资的事而陷入"经济危机"之中，急需一个新工作为自己打开局面。正想聘请一位经理来帮助自己融资的迈克尔，于是采取了大胆的合作策略，他聘请沃克来做电脑公司的总经理。

迈克尔聘任沃克任总经理的真实意图并不是想让他帮助自己做大电脑销售额，而是要让他来帮助自己筹集资本。但沃克也的确需要这个工作，于是二人一拍即合，很快就促成了合作。

后来的事实证明迈克尔·戴尔的用人策略是多么英明，沃克是个大胆的资本家，他上任后的第一件事就是利用他在得克萨斯州商业银行的老朋友关系，为戴尔申请贷款支持，很快就打通了银行融资的大门。1988年6月，戴尔公司在纳斯达克公开上市，筹到3000万美元，此时公司的市值大约是8.5亿美元。

就这样，在优势互补的合作中，迈克尔成功创业，沃克顺利扭转经济困局，彼此都得到了自己想要的利益，合作的价值得到了完美的体现。

一个人的力量是渺小的，一个人的才智也不可能是全面的，只有优势互补，借助其他人的优势来弥补自己的不足，才能形成无坚不摧的堡垒。以更强大的力量、更殷实的财富，实现合作双赢，利人利己的最终目的。

这就要求我们，无论什么时候，不能只结交同一类型的朋友，"三教九流"都要有所认识，这样，才能在需要的时候，轻易地发掘优势互补的人际关系资源。

这就要求我们在结交朋友的时候，首先，要博采众长。

博采众长，为我所用。这应该是我们在选择朋友时的最基本原则了。我们交朋友的目的，就是让自己进步，所以对于那些在某方面比我们优秀的人，更应该注意结交了。

如果你自己某方面有缺陷，而另外一个人在这方面表现得很优秀，你就应该主动和他成为朋友，通过交往来取其所长，补己所短。其实，决定交往对象范围的主要因素，应该是"需要的互补性"，所谓缺什么就补什么，通过向优秀的人学习，而弥补了自己缺陷，给自己打破了各种无形的界限，让自己的能力范围进一步拓展。所以，我们应该根据自己改善生活和拓展事业的需要，积极主动的选择有益、有效的朋友。

其次，要看重一点，不计其余。

所谓"看重一点，不计其余"就是说，可能对方并不如你，在很多方面也很普通，但却有一点非常突出，也正是你所欣赏的，那你就可以与之做朋友。比如说，对方做事效率不高，反应也不够灵敏，但他非常有毅力，做事从来不虎头蛇尾，善始善终，而这一点正是你所缺少的。和这样的人交朋友，你就会从毅力方面受到鼓舞和鞭策，你们之间相互监督，就能弥补你这方面的缺陷。而对于朋友其他方面的缺点，你要警惕，不要让他传染给你，你应该主动帮助他摆脱这些缺点。这样你们就算是优势互补了。

当然，你也可以结交一些在性格上和你不一样的，甚至迥然相异的朋友。你还可以不只限于与同一文化层次、同一专业行当的人交际，还应发展与不同文化层次、不同专业、不同行业的人交往等等。最后，也应该结交一些忘年交。

我们为什么要有忘年交呢?因为年轻人和老年人在思想、感情、思维方法和心理素质上存在较大差异，但是这些差异都是彼此的独特之处，有优点也有不足，但我们需要的是取长补短，优势互补。老年与青年是推动社会文明进步的动力。所以，最好的办法是把两者的特点结合起来。

年轻人头脑灵活，容易接受新事物，藐视既往，性格犹如一匹脱缰烈马，勇于改革和实践。但他们在做事的时候往往缺乏理性精神，不去估量实际的条件和可能性，结果常常因浮躁而失败。老年人思考成熟，逻辑缜密，经验丰富，对待事物有比较客观冷静的态度，性格深沉内敛，做事圆滑、顾及全面。但是有时候会瞻前顾后，缺乏勇气，议论多于果断。

而忘年交正好把两者的优点结合起来，这样年轻人就可以从老年人身上学到自己正需要的坚定的志向、丰富的经验、深远的谋略和深沉的感情。而老年人也可以从年轻人那里找到自己的勇气和果断。所以，如果你是一位老人，在你的人际圈子中，年轻人是必不可少的;反之，如果你是一个年轻人，你的朋友中也应该有几位老年人。

如果你想创业致富，但是却苦于没有人力、物力、财力的支持。没关系，只要你懂得优势互补的道理，去向能弥补你不足的人寻求合作，这样就没有你做不成的买卖、赚不到的钱。

拉拢将来时人际关系资源

众所周知，独木难成林，没有朋友，没有良好的人际关系的人注定很难成功。但你可否知道，潜在的人际关系网也是人脉十分重要的资源，它不仅是日常生活的润滑剂，更会成为你未来事业成功的催化剂。

潜在关系网其实存在于每个人的生命里，有的很明显，有的是潜在的。最被我们所忽视的就是那些潜在的关系网，因为表面看来，他们可能对我们目前的处境没有什么价值。

所谓的潜在关系网，就是对你有所帮助，愿意及时伸手拉你一把的人，他们不求回报，对你无所求。有的是他们主动来帮助，有的需要你自己慢慢培养。如果你想让更多的潜在关系网出现在自己身边，那就要主动出击，去培养自己的潜在关系网，这是行之有效的方法。

每到一个陌生的环境中，你就应该留心观察，哪些可能是你的潜在关系网。然后主动亲近他们，与他们保持联络，让他们对你有深刻的印象。很可能在你以后的某个时候，他们就会充当潜在关系网中的角色。

面对市场，行业中价格战愈是硝烟弥漫，人际关系的作用和意义就愈重要。激烈的价格竞争通常会使客户举棋不定。所有供货商的条件几乎一致无二、难分上下。最终，你的客户所做的选择只能取决于双方关系的优劣程度。在很多时候，高质量的和谐关系免去你在价格战中亦步亦趋的辛苦。即使你必须为客户提供优惠的价格，也不会达到像你的竞争对手那般的"出血"程度。

所以，有长远眼光的人，一定会注意到潜在人际关系网的重要性；目光短浅的人必然会忽视"潜在关系网"所能带给他们的好处。他们从未想到，与在急于求成的谈判中节节让步、提供低廉的报价相比。如果把这笔损失的差额早些投资在维持和巩固良好关系上，结果可能更为经济划算。他们没有认识到，眼前的一份合同根本比不上与之建立潜在关系网来的重要，因为后者可以为他们奠定友谊的基石，令他们在日后的更多份合同中，在价格上不必大举"割肉"的前提下，就能轻松取胜。因此，与人交往合作的能力还包含了进行战略性的长远考虑和行动的能力。

对于将来时人际关系资源的拉拢，很多人觉得困难，毕竟已经不是上学的时候那样，大家都挺单纯的，聚在一起就可以有说有笑了。很多人进入社会后，就开始变得内向和不知所措了！到底该如何发现和拉拢将来时人际关系资源呢？

我们要明白一个事实，那就是无论你是内向还是外向，这个世界都在运转。你的人际关系资源的强与弱，并不是由性格决定，而是由方法决定。人际关系的投资，不是一两天能完成的事情，而是一项长期的投资。那么，你是不是有很好的人际关系资源呢？比如，你想要得到一个东西，在你打了一两个电话后，你就拥有了这件东西！可见，将来时人际关系资源的强大，可以使你将来一旦遇到事情时，能迅速找到帮你解决的那个人。如此一来，你节省了时间，别人也获得了满足！

那么，积累将来时人脉资源，需要在哪几个方面做出努力呢？

（1）多多尝试后才能有所选择

比如我们开篇所讲的一些聚会活动，或许一开始的时候，你只是盲目地选择参加一些社交活动，但是参加后却发现这里并不是你喜欢的地方，人也不是你喜欢交往的人。于是，你很不高兴地待上了一个小时……那么，之后呢？之后或许有人对聚会之事一律拒绝，而有人就懂得对聚会有所选择了。比如，他们可以在这些聚会中找到适合他们的聚会，并找到他们喜欢的人和喜欢的活动，从而培育自己的将来时人际关系资源！

（2）控制好自己的时间

将来时人际关系资源其实没有必要专门去培育，只要注意日常交往的人群就可以了。如果你确实想为自己创造机会去认识很多的人际关系，那么就要为自己制定一个上限，比如一个月只参加一两个活动。关系的建立需要很长时间，所以与少一点的圈子保持长期的关系比参加很多圈子却只能保持短暂关系要好。

（3）请对方吃饭

如果你遇到一个性格特别内向的人，而你觉得和这个人情投意合，于是你想把他拉入你的人际关系关系网中。那么，最好的方式就是请这个人吃饭了！比如，你可以下班的时候请他一起喝点咖啡，顺便闲聊。他一旦答应你，就意味着你们的关系会更上一层楼了！对于内向型将来时人际关系，一定不要等着对方请你，因为他或许根本不会邀请你，所以要想将对方拉入你的人际关系网，你必须先做出邀请。

（4）保持一定的兴趣

每个人都有自己的兴趣，而很多人往往会被一些事情影响而不能做自己喜欢的事情。事实上，那些长期保持自己独特兴趣的人，往往能在自己的兴趣领域中发现和自己情投意合的人，并将其发展成为人际关系财富！比如一名充满理想的小伙子参加一个为企业主和投资者开设的创业者论坛，很快他从中学到很多东西，但是那里的人却在6个月之后才开始认识他，一方面是这个小伙子没有太多的名衔在身，另一方面他的年龄和满屋子中年人的年龄也有差距。但是他却保持了自己的兴趣，并经常露面，日复一日，大家也就认识他了。经过交谈，很多人很佩服眼前这个年轻的小伙子，愿意为他投资。后来这个小伙子凭借在这里积累的人脉，创立了自己的公司，并赚取了很多的金钱！

（5）学会找到人际网络中的关键点

什么叫人际网络中的关键点?其实这很好理解，就是你所要做的事情中的当家人！比如，你想买一件商品，而你单单请一名销售人员吃饭，然后想让对方帮你降低价格。这名销售人员即使对你非常感恩，并很想帮助你，他也要请示自己的领导。但如果你事先直接找到他的领导呢?事情就会非常不一样了！如果你请领导吃饭,培养感情在先，之后你要买什么商品，只要向领导一提，领导就可以安排个业务员帮你办理。不仅价格优惠，而且少受周折！这就是战略！这就是人际网络中的关键点！

那么，我们如何去寻找这个关键点呢?找到关键人要花很多时间，首先你要对他们的工作性质及负责的工作内容有所了解，然后你要学会寻找理由和他们走近。如果你确实不喜欢人际网络，那么你一定要学会找关键人物，因为有时候你认识十几个关键人物会比你认识上百个非关键人物好上很多！

强强合作是把生意做大的首选

现实社会的人际关系网盘根错节，每一件事都明里暗里交织在错综复杂的关系网中。不会搞人际关系、不善于依靠人缘的人是不可能把一件事顺顺当当办成的。而那些善于依靠人缘的人办起事来则如鱼得水，非常顺利，所以一定要善于利用自己周围的关系，把这些关系发展到最大的限度，为自己办事成功助一臂之力。

世人都说创业难。难道创业真的那么难吗？以往人们强调自主创业，但现在很多人的观念开始改变，关系在创业中的作用逐渐加大，并日益成为创业信息、资金、经验的"蓄水池"，有时甚至在商业活动中起到了四两拨千斤的神奇功效。现在"朋友经济"在招商中的作用也日益显现。例如，北京大学中国金融投资家俱乐部的成员就包括投资公司老板、证券商、银行家以及政府部门金融方面的官员，他们手中掌握着上千亿元的资本和无限商机。

在现在这样提倡双赢的时代，单枪匹马的创业方式显然越来越不适应时代的需求。扩大社交圈，通过朋友掌握更多信息、寻求更大发展，日益成为成功创业的捷径。在你创业的过程中遇到困难的时候，关系是你最大的资源！多认识一些朋友，多帮助别人，积累资源，到了一定程度，创业其实并不难，而且可能很轻松！

马思宇在索尼做人力资源主管的时候遇到了一件棘手的事，公司里的一位员工在出差的时候摔折了胳膊。这样的事情以前从未发生过，公司怎么处理这件事，是否该赔付，赔付多少合适，没有先例。只因这件事涉及员工的利益，老板要求马思宇尽快地处理，拖沓足以说明公司对这件事不重视。要妥善处理这件事，必须兼顾到公司和员工利益，对内对外都决不能留下任何隐患。马思宇一时无从下手。最后半天的时间，他想到了外援。他给做人力资源的朋友们打电话，这些朋友给他提供了至少10条有用的信息，根据这些信息，他马上拿出了这个事件的处理意见，还写了部门处理类似事情的流程上报。老板对此给予了极高的评价。成功地处理这件事，在大型跨国公司任职的同行朋友给了他莫大的帮助。"那时我也常常参加人力资源各方面的活动，也认识了许多的同行，虽然大家没有固定在哪个时间见面，但却经常通过电话沟通一些信息，一个无形的关系网就这样地形成了。如果说谁有什么不懂的地方，只要打一个电话大家都会积极地并热心的帮助。另外在专业方面，通过关系网里的人帮助也不会出问题。"

得到老板赏识，避免工作中的错误，这就是人力资源关系网带给马思宇的好处。良好的关系网络对于销售第一线的员工也是极为有用的，好的关系能让他们以最少的精力达到最佳的销售业绩。

2004年前程无忧《人力资本》7月刊所刊登的又一例真实的案例。在现代这个讲究人际关系的社会，如果舍去了关系，整个社会都会变得冷漠、疏离而且空洞，许多的工商活动便被迫停止。每一个人都在一个无形的网络中工作与生活着，主要差别还是在于网络的大小、规模、紧密、松散与否。

可以说，关系网络已成为胜利的指标。关系网越大就越密集，进而表示个人在社会上活跃的程度，就可以作为事业成功的指标之一。作为一名成功的推销家，那就可以依此视之。

常言说得好：一人事，一人知，一人行，可谓独断专行；二人事，二人知，二人行，可谓合作无间；大家事，大家知，大家行，可谓众志成城。进一步衍伸其含义，人际关系就是同甘共苦，彼此相互砥砺，相互扶持；人际关系可视为二人间的交互行为，是一种动态的沟通。

就拿推销来说，人际关系在推销行为导向与购买目标导向的情况下，应用行为的知识、商品的知识、销售的知识，寻求商品的特点及优点与客户需求相结合，迈向共胜双赢，同时达到彼此之间都有满意的境界。人际关系是关系销售的基础，关系销售也是人际关系的升华和运用，只因在推销过程中创造了彼此的附加价值，良好互动的同时也增进了彼此之间的关系。

借助人际关系赚钱永远是实现财富梦想的首选，就像想赚大钱不能逞匹夫之勇一样，做大买卖也一定要找到合适的合伙人才行。势单力薄已经不能适应现代市场竞争的高淘汰率了，强强合作才是共襄盛举的不二选择。

松下幸之助说："松下不能缺少的精神就是合作，合作使松下成为一个有战斗力的团队。"

1952年，日本松下电器公司与荷兰菲利浦公司就有关技术合作问题进行商务谈判。为了保证技术合作项目的效益稳定，松下幸之助对菲利浦公司做了深入细致的调查研究。在调查飞利浦公司一个拥有3000名研究人员的研究所时，松下幸之助发现他们设备精良，技术先进，人才济济，每天都在进行着世界最新技术和最新产品的开发研究。

松下幸之助非常明白，如果依靠自己现在的技术和力量，想要创造一个这样大规模、这样高水平的研究所，要花上几年的时间、耗用几十亿日元。而如果通过与之合作，便可以充分利用飞利浦公司现有研究团队和研究技术，何乐而不为呢？

于是，松下幸之助以55万美元作为专利转让费，并且以总付形式一次付清。就这样，通过与飞利浦公司的合作，松下幸之助得到了来自飞利浦公司的技术支持。还有他们的研发技术、理论知识和管理经验等等。

虽然这笔相当于两亿日元的技术转让费对松下公司来说是一个相当沉重的负担。但是，在双方的合作期间，松下公司便利、迅速地获得了飞利浦公司最新的技术发展。双方的合作，为松下电器公司发展成为驰名全日本乃至全世界的公司打下了坚实的基础。飞利浦公司称雄世界的技术实力，使松下公司最终发展成为世界著名的电子工业公司。

独狼并不是强大的，只有独狼合群才能让它们的力量达到空前的强大，为此才有了"猛虎也怕群狼"之说。而对于我们人类来说，尤其是经商者，强强合作的生财方式，才是把生意做大的首选。

在1873年，摩根与费城第二大金融公司的老板——安东尼·德雷克歇联合，组成了德雷克歇—摩根公司，该公司成为全国最强有力的金融投资商行。摩根以无可争议的实力，在欧洲分配主要证券，统治着美国公债市场。

1884年开始于银行破产的第二次金融危机在欧美发生了，这次危机，又迅速波及证券交易所。然而由于摩根买下了被惊惶失措的投资者和投机者们倾销到市场上的各类证券，才使这次危机没有演变成如1873年那样的大崩溃。

摩根在华尔街的地位显赫。他又开始把眼光投向了铁路、钢铁等其他领域。他先是夺取了全美最重要的一条铁路——萨斯科哈那铁路的控制权，接着又为范德比尔特的纽约中央铁路公司成功销售了2500万美元的股票，还不断地把各家倒闭的铁路公司收购下来，到1900年摩根公司成为美国最强大的铁路公司。与此同时，摩根用融资的手段合并了美国中西部的一系列中小钢铁公司，成立了联邦钢铁公司，接着又收购了一些大的钢铁公司，于1901年，摩根通过多年的合作经营理念，终于成立了US钢铁公司。

事业经过合作努力必然会获得财富，不管是为了生存，还是为了获得豪华生活而努力积聚物质财富，这些努力占去了我们在这个世俗世界挣扎奋斗的大部分时间。如果我们无法改变人类天性的这种物质倾向，我们至少可以改变追求财富的方法，那就是把"合作"当作是追求财富的基础法则。

所以，我们要乐于与朋友合作，朋友的支持和帮助就是力量，只有与朋友合作，力量才会更大，生意也会做得更大，赚的钱自然也就越多。

靠住现在时人际关系资源

随着人们对人际关系资源的看重，越来越多的人开始关注人际关系经营了。不管什么样的人际关系，都需要长期地付出才能在看似不经意间逐步建立起来。对此，那些超级大富翁们提出，人与人之间的竞争，进行到最后也将发展成为人际关系的竞争！只要你善于开发现在人际关系，在你的人际关系网络中的每一个人都会成为你的金矿。

在英语语法中，"现在时"是指现在发生的事情。而在人际关系资源中，现在时人际关系资源指的也是现在拥有的人际关系资源。这个定义其实很好理解，凡是现在和自己有某种关系、对自己的事业有所帮助的人际关系，都属于这个范畴。比如现在的领导、同事、客户等，都属于现在时人际关系资源。对于这部分资源，大多数人心里都很明白，不会轻易放弃他们。但是，在和他们的交往中，我们到底该如何做，才能将这部分资源牢牢地抓在自己的手中呢？

柴田和子就是一名懂得灵活运用现在时人脉资源的销售女神，在日本她连续11年获得日本寿险"终身王位"称号，她还是国际组织MDRI（国际百万圆桌俱乐部）会员。她的业绩相当于804位业务员业绩之总和。

柴田和子有一个习惯，那就是总会以清洁、明朗的形象出现在她的同事、上级及客户的面前，对此她的解释很简单，她觉得自己的身材浑圆，没有明显的特征，在初次会面时无法吸引对方的目光，因此，她一般借着服装给人强烈而明朗的第一印象。之后，她会主动和她的人际关系进行交流和沟通。柴田和子积累的这些人际关系对她将来的发展起到了很好的促进作用，比如柴田和子高中一毕业就到三阳商会任职，直到结婚为止，而其周边人脉资源也给了她极大的帮助。她最初的人脉资源完全是以三阳商会为基础，然后通过他们的介绍而来的。

柴田和子是如何把握住自己的现在时人脉资源的呢？

首先，柴田和子懂得把握住现在时关键人物资源，比如她是首先从老板开始的，这是最有效率的做法，因为老板是有决定权的关键性人物，只要使他说"Yes"，剩下的就只是事务性工作了。因此，在把握现在时人际关系资源的时候，我们必须要能洞悉谁才是问题的关键。

其次，柴田和子认为有效率的做事方法，就是将已经建立的人际关系资源活用于企业集团之中。每个人总有亲戚、校友和乡亲，可以从这些关系中开展她的事业，可以将这些人际关系资源灵活运用于工作中。比如在合作的过程中以企业的母集团为着眼点，只要与某企业集团旗下的公司签订契约，则该公司所属企业集团的人际关系资源也可收入囊中，从而迅速地扩大自己的市场。

最后，是培养人情的营销方案，柴田和子绝不耽误别人的时间。她绝对不带给别人不愉快。即使是自己的秘书，她也认为让他在严寒或是酷热的地方等候是不对的，如果一定要让某个人受热或受冻，她宁可自己来承受。

总之，对待现代时人际关系资源应懂得体谅别人，不能一个人唱独角戏，不能一味拼命地埋头苦干。如何使对方打开心扉、使对方信赖自己，才是最重要的。要达成这个目标，相对的就是要体恤对方，要有为对方着想的心意。对此，柴田和子总结出几条秘诀：确立明确长远的目标，并想方设法去达成它；时常站在客户的立场上考虑问题；像"爱的使者"一样出现在客户面前，用真诚打动客户。

对于我们来讲，应该学习的是将自己的人际关系资源看成上帝，对待我们现在的领导、同事、客户、朋友等人际关系，我们应该保持自己的原则，用细节去打动他们，并逐渐培养起自己的人际关系资源。

首先，我们可以经常帮助别人，同时又不让对方感觉到被帮助；在工作的过程中，我们不去讨好谁，也不去挖苦谁，对待任何工作我们都是对事不对人，对事无情，对人要有情，做人第一，做事其次。在和别人的交往中，我们要经常检查自己是不是又自负了，是不是又骄傲了，这样做会不会使人产生被看不起的感觉？

其次，在遇到任何事情的时候，我们都要懂得忍耐，忍耐不仅是我们一生的必修课，在人际关系这个问题上，忍耐也能为我们积累一生的人际关系财富！忍耐一般都体现在一些小的细节上，比如新到一个地方，不要急于融入到其中某个圈子里去。等过了足够的时间，属于你的那个圈子就会自动接纳你。

再次，我们要有一颗平常心，不要把事情看得过重。遇到好事的时候不妨往坏处想想，遇到坏事的时候不妨再往好处想想。如果你不小心遇到了办公室恋情，也一定要以平常心对待。首先，你应明白这其实没有什么大不了的，但同时也要明白，如果你们的行为或言词被同事或领导发现猫腻，那就非常了不得了！因此，一定要尽量避免办公室恋情，如果实在避免不了，就应在办公室避免任何形式的身体接触，包括眼神接触。

最后，你应明白职场中不管你是领导还是员工，资历都是一件非常了不得的事情！因此，你千万不要和老同事玩心眼，否则你不仅会失去自己的人际关系资源，还会使自己陷入孤立的境地中去。

对于和你有所联系着的现在时人际关系资源，你一定要懂得待上以敬，待下以宽。即使你带领着一个团队，也不要在总结工作的时候把错误都推在别人身上，把功劳都记在自己身上，那样会使人对你有所看法，不利于人际关系资源的培养。你要懂得，当上司和下属同时在场时，要表扬你的下属。而批评一定要在只有你们两个人的情况下才能进行。

或许你觉得很奇怪，或许你还是很坚定地想着目前不靠任何人成就自己的事业！但是人毕竟要生活在群体中，你所认识的每个人都有可能成为你生命中的贵人，成为你走向财富之路的重要帮手。所以做生活的有心人，提升自身竞争能力和水平的方式就是随时随地关注开发你的人脉资源！

机遇是在适当时候出现的适当的人、事、物的组合体，我们无法控制这种完美的巧合何时出现。我们只能增强自身的竞争能力、提高自己的专业技能、通过时刻控制自己的人际关系来给自己创造更多的可能。

事实上，朋友之间的关系同样需要维护和经营，平时要多与朋友联系，同时适当拜访，这样可以培养感情。交朋友有功利目的，但朋友间的每一次来往并不是都要以利益来估价。友谊的培养需要从现在累积，这样的人际关系不但能持久稳固，而且会更光亮。

学会借力人际关系办事成功更容易

大家都知道诸葛亮草船借箭的故事，很多事情不是我们的力量可以解决的，因此，只有学会借用别人的力量才会取得成功。而现实中像诸葛亮一样神机妙算的智者实在是太少了，借用别人的力量，更多的要靠关系。

在当今这个社会分工越来越精细的时代，每个人的能力往往都局限于某一个或某几个有限的领域里。一个思维敏捷巧舌如簧的律师可能疏于业务能力，一个善于管理的企业家可能不懂融资技巧，一个技术精湛的专家型商人可能缺乏商业思维，一个能力出众的公务员可能不善于处理人际关系……这种局限能够在一定程度上突破，但是不可能彻底突破。没有人能够成为一个无所不能的超人。所以，我们要学会利用别人的能力。

每个人都应该认识到个人的能力是局限性，一个人永远无法做好所有的事情。即使一个人精力十分充沛，也不可能做好所有的事情，所以利用别人的能力是必要的。尤其是现在这个社会分工越来越细密，而工作却越来越复杂的社会，利用别人的能力，再被别人利用。企图拒绝这种利用别人的力量而独立行事，几乎就是妄想。

一个有良好关系的人，在工作和生活中办起事来自然会事半功倍。成功者都善于借力、借势去营造成功的氛围，从而攻克了一件件难事，为他们的成功铺平了道路。最重要的是，成功者还明白各种关系的良好互动，这是借力的第一步。

戴维·史华兹出身寒微，15岁就辍学自谋生路，但他有很强的进取心，小小年纪就立志要做一个大企业家，而且不露声色地执行着自己的计划。18岁那年，史华兹进入斯特拉根服装公司做业务员。这是一家著名的时装公司，史华兹在这里学到了很多东西，一年后，他决定创办一家服装公司，开拓自己的事业。

说干就干，戴维·史华兹同一个朋友合伙，仅用7500美元开办起一家约兰奴真服装公司。在他的悉心经营下，这家小公司的生意相当不错。但是，史华兹又不满足了，他认为，老是做与别人一样的衣服是没有出路的，他想只有设计出别人没有的新产品，才能在服装业中出人头地，这就需要找一位优秀的设计师做自己的合伙人。

然而，这样的设计师到哪儿去找呢？一天，他出外办事，发现一位少妇身上的蓝色时装十分新颖别致，竟不知不觉地紧跟在她后面。少妇以为他心怀不轨，便转身大声骂他要流氓。史华兹连忙解释，少妇转怒为笑，并告诉史华兹这套衣服是她丈夫杜敏夫设计的。

于是，史华兹心里就有了聘请杜敏夫的念头。经过一番调查得知，他发现杜敏夫果然是位很有才能的人，他精于设计，曾在三家服装公司干过。他最近刚刚离开一家公司，原因是他提出了一个很好的设计方案，而不懂设计的店主不仅不予嘉许，反而蛮不讲理地把他训了一顿。杜敏夫一气之下就辞职不干了。杜敏夫的遭遇，使得想找他做合伙人的史华兹更有信心了。

然而，当史华兹登门拜访时，杜敏夫却闭门不见，令史华兹十分难堪。但史华兹知道，一般有才华的人难免会意气用事，只有用诚心才能去感化他。所以他并不气馁，接二连三地拜访杜敏夫的家，要求会面。他这种求贤若渴的态度，终于使杜敏夫感动，接受了史华兹的聘请。

杜敏夫果然身手不凡，他不仅设计出很多颇受欢迎的款式，而且是第一个采用人造丝来做衣料的人，由于造价低，抢先别人一步，史华兹的约兰奴真服装公司的业务蒸蒸日上，在不到10年的时间里，就成为服装行业中的"大哥大"。

不用说，这里有很大的一部分功劳归属于杜敏夫，如果没有他的才华，史华兹的事业不会达到这样地步。而反过来，如果没有史华兹的帮助，杜敏夫也不会有发挥才华的舞台。二者利用别人的力量，求得了双赢，而且产生了 $1+1>2$ 的效果，这就是懂得利用别人的神奇力量！

一滴水怎么样才能不干涸？答案是将其融入大海。同样，一个人再有能耐，其力量也是渺小的，如同一滴水之于大海。所以，只有利用别人的能力，才能各取所需求得双赢。尤其是办事的时候更需要寻找一个好的搭档，借助他的力量，实现自己的目标。

一家大公司招聘高层管理人员，9名优秀应聘者经过面试，从200多位面试者中脱颖而出，闯进了最后一轮的复试。

复试是由老板亲自把关的，他把这9个人随机分成甲、乙、丙三组，指定甲组的三个人去调查婴儿用品市场，乙组的三个人去调查妇女用品市场，丙组的三个人去调查老年人用品市场。

老总说："录取你们，是要你们去开发市场的，所以，你们必须对市场有敏锐的观察力。现在我把你们分成了三个小组，希望你们互相合作，全力以赴。"大家一个个也都暗中较劲，都希望自己成为最优秀的那三位。临走的时候，老总又交代他们到秘书那儿领取相关行业的资料，以避免盲目调查。

三天后，9个人都把自己的市场分析报告递到了老总那里。老总看完后，站起身来，走向丙组的三个人，分别与之握手，并祝贺道："恭喜三位，你们已经被录取了！"

看着大家疑惑的表情，老总说："请大家找出我叫秘书给你们的资料，互相看看。"

原来，每个人得到的资料都不一样，甲组的三个人得到的分别是本市婴儿用品市场过去、现在和将来的分析，其他两组的也类似。而只有丙组的人互相借用了对方的资料，补齐了自己的分析报告。甲、乙两组的人却分别行事，抛开队友，自己做自己的，形成的市场分析报告自然不够全面。

老总说："其实我出这样一个题目，主要目的是考察一下大家的团队合作意识，看看大家是否善于在工作中合作。要知道，团队合作精神才是现代企业成功的保障。"

现如今，赤手空拳打天下、白手起家的神话已经基本不存在了，那种想法也不现实了。大凡成功的人必是善于依靠他人，从而使自己拥有一对翱翔宇宙的丰满羽翼，比其他人升得更快，飞得更远。

人际关系网就好比是一条八脚章鱼，每一条八脚章鱼在每一天每一分钟里都在不停地集合、交错，只是我们常常不自知、不在意，因而常常擦身而过。不要只看着关系中的显贵，太看重显贵而忽视其他更多的普通人。在适当的时机，任何一个普通人都可以扭转乾坤，成为你的大贵人。

当我们办事不顺或者四处碰壁的时候，一定会想："如果我能有足够多人际关系，他们一定可以帮我顺利地完成这件工作的。""如果和那位关键人物能够牵扯上什么关系，那么做起这件事情来就方便多了。"但是关系不是一朝一夕就能够建立，关键还在于我们平时多注意培养，只有平时注意多为自己拉关系，才能够在遇到困难时有所依靠。

那么应该怎样建立自己的关系网呢?首先，要建立真正的人缘，就要结交可信的朋友。如果你时常会听到一些人自称说有某某关系，或碰到那些把跟某某有关系挂在嘴边，又跟某某一起吃饭了之类的人，最好离他远点。这种人基本上没有太大用处。而真正有好人缘的人嘴巴是非常紧的。所以要建立真正能够用得上的人际关系，仅仅停留在吃喝水平上的朋友就算了吧。

还要注意，不能为了建立人缘而打造人缘。也就是说，如果这个跟你办事没有丝毫联系，那就不应在他身上浪费时间。如果你有时间、精力和金钱，不如花在能为你办事的人身上，这样你的收获会大得多。人际关系只是你达到目标的一种手段，跟你平常出去见客户请客户吃饭等正常商业手段没有多大区别。

从办事的艺术上来讲，善于利用人际关系，你办起事来，将如虎添翼，一顺百顺。一个人的精力和金钱毕竟有限，而今天激烈的竞争，既残忍又充满诱惑，一个人被打倒，就很难站起来，所以，与其一个人打拼，不如寻找合伙人，集中两个人的能力与智慧，成功的机会就大大增加。